發展政治經濟學

第二版

宋鎮照　著

五南圖書出版公司　印行

在台灣，「政治經濟學」可以說是一個相當時髦的名詞，從上世紀90年代開始，便開始在台灣的各大學裡受到重視和歡迎。當時不乏學者專家對政治經濟學興致勃勃的投入，而學有政經專長背景者也大有人在。在當時國立成功大學也順應學術潮流，於民國八十二年捷足先登，成立國內第一所「政治經濟學研究所」，強調政治與經濟科際間的整合。在近二十年來政治經濟學在台灣的發展，已經頗成氣候，有如「顯學」一般。儘管如此，環視國內有關政治經濟學書教科書類的出版，卻少之又少，如數家珍般，難以滿足市場需求。筆者有鑑於此，斗膽才疏學淺，不自量力的撰寫此書，希望能發揮拋磚引玉的效果，呼籲更多的學術先進或志同道合者，共襄盛舉，讓政治經濟學能在台灣生根發芽，成為名符其實的顯學。

本書內容著重在「發展」政治經濟學相關的理論部分，書寫的方式原則上是從不同的觀點角度、層次面相與範圍，分別介紹其整個理論原委、脈絡與發展，企圖從不同的政經研究觀點，來分析或解釋國家發展的狀況。當然，本書也試圖提供一些理論研究架構，甚至努力地連結理論與歷史間的關係；在其中也可以掌握住發展政治經濟學的整個結構與內涵，進而對發展政治經濟學的領域與研究有所了解。

因此，在撰寫的同時，筆者的寫作方式，一直希望是游刃於教科書之理解性與研究論文之詮釋性兩者之間，那麼才能既適合初學者，也能適合已升堂入室者。假如這不能算是一本教科書的話，那至少也是一本工具書或資料參考書。

這本書可以說是筆者在過去多年來的一些研究心得，尚不成熟，疏

漏謬誤之處，也自所難免，筆者除自我期許努力求進外，尤望學術前輩先進，不吝指正賜教是幸。最後，仍要感謝五南圖書公司的用心，針對個人已經出版二十多年的「發展政治經濟學」一書，試圖就理論部份稍做調整，再行付梓問世，不僅給予筆者有再行出版的機會，也對國內政治經濟研究之推展，有相當程度的助益。

宋鎮照 謹誌

2019年8月

在台灣，「政治經濟學」可以說是一個相當時髦的名詞，在各大學或研究所裡頗受到歡迎，也不乏學者專家對政治經濟學興致勃勃，學有政經專長者也大有人在，而且國立成功大學也順應學術潮流，於民國八十二年捷足先登，成立國內第一所「政治經濟學研究所」，強調科際間的整合。近年來政治經濟學在台的發展，頗成氣候，有如「顯學」一般。儘管如此，環視國內有關政治經濟學書籍的出版，卻少之又少，如數家珍寶般，難以滿足市場需求。筆者有鑑於此，斗膽才疏學淺，不自量力的撰寫此書，無非是想扮演拋磚引玉的角色，呼籲志同道合者，共襄盛舉，讓政治經濟學能生根發芽，成為名符其實的顯學。

本書內容分成理論與實踐兩部分，書寫的方式原則上是從不同的觀點角度、層次面相與範圍，分別介紹其整個理論原委、脈絡與發展，企圖從不同的政經研究觀點，來分析或解釋一國（或一地區）發展的情況。當然，本書也試圖提供一些理論研究架構，甚至努力地連結理論與歷史間的關係：在其中也可以掌握住政治經濟學的整個結構與內涵，進而對發展政治經濟學的領域與研究有所了解；最重要的是，莫過於提供政經理論與實務間的結合，彼此相互驗證，這些均是本書的主要特色。因此，在撰寫的同時，筆者的寫作方式，一直希望是游刃於教科書之理解性與論文之詮釋性兩者間，那麼才能既適合初學者，也能適合已升堂入室者。假如這不能算是一本教科書的話，那至少也是一本工具書或資料參考書。

這本書可以說是筆者近年來的一些研究心得，尚不成熟，疏漏謬誤之處，也自所難免，筆者除自我期許努力求進外，尤望學術前輩先進，不

咎指正賜教是幸。最後，要感謝五南圖書公司，有意出版一系列有關政治
經濟學的專書，不僅給予筆者有出版的機會，也對國內政治經濟研究之推
展，有相當的助益。

宋鎮照 謹誌

1995年3月

目 錄

第一章

何謂政治經濟學

壹、政治經濟學之緣由與內涵

「政治經濟學」（political economy）一詞最早在西元1615年首先由蒙特奇雷汀（Antoyne de Montchretien）所提出，認為政治經濟學是研究國家經濟的管理，如何累積國家財富的經濟理論，試圖以經濟活動為手段來增加國家的力量，這也正反映出當時重商主義盛行的氣氛，足見政治經濟學之萌芽與重商主義的興起有著相當的關聯性。當然，這並不表示在十七世紀以前，政治經濟學的研究與概念全無。事實上，從亞里斯多德（Aristotle）以降，由於受到宗教與道德的限制，經濟學（economics）的發展一直受到壓制，也常附屬於政治學（politics）領域中（Staniland, 1985）。以往強調如何利用國家力量來管理本國經濟活動，可謂是早期對政治經濟研究的起源。蒙氏的概念，在史督瓦特（James Steuart）和亞當史密斯（Adam Smith）的延伸強調下，更篤定了政治經濟學的意涵。如史督瓦特（1761）在其《政治經濟原理之探討》一書中，強調國家經濟有如家庭經濟一般，如何以最有效率方式，來滿足社會成員之需要與推動國家經濟發展。而亞當史密斯（1776）在其《國富論》（*The Wealth of Nations*）中即強調政治經濟學的目的：第一、為人民提供富裕的生活物質與收入；第二、提供國家機關（the state）足夠的財政來源，以便從事公共建設與服務（public services）。然而，史督氏與史密斯氏的觀點有別，前者是重商主義的發揮，重視國家本身的利益超乎個人之上，國家負起發展之責；而後者傾向個人主義與自由主義，重視社會上的每個人要追求自身的利益，進而促進國家經濟的發展，即個人取代國家機關，成為國家經濟發展的主力（Staniland, 1985）。

政治經濟學（political economy）一詞雖由來已久，但是它成為一門學科卻是近幾十年的事，它整合了政治學（politics）和經濟學（economics）研究範圍，分析政治和經濟間之相互關係；換言之，它是一種科際整合（inter-disciplines）的研究，探討市場機能（market function）運作和政府機關（the state）之互動關係，也就是結合了政治學

的「權力」（power）和經濟學的「利潤」（profits）觀念分析。將政治學和經濟學視爲兩獨立學門，已不足以充分解釋當前複雜的政經發展過程，無可否認的，政治干預經濟對國家發展有其重要性；同時，經濟運作也連帶影響到政治權力的分配與發展過程。基本上，政治經濟學所關心的是國家機關的經濟干預與自由主義的市場機能運作間的相對關係，亦就是國家機關對經濟事務（economic affairs）之管理（management）方式。

很清楚地，政治經濟學並不是政治學加上經濟學。政治經濟學的出現帶來了一個重要的爭論（debate）：國家機關之責任（the responsibilities of the state）與經濟（economy）間的相互關係。它有兩層意義：第一、國家機關是否應進行經濟干預或讓經濟自由運作；第二、民間的需求（wants）（如住宅、醫療、教育、交通、福利、公共安全等措施）是否由國家機關來提供，或是由私人部門提供。當然，這種爭論國家機關與經濟的關係，也反映在資本主義與社會主義的經濟管理理念上。這爭論也衍生出兩極化的研究觀點（approaches）：一是強調經濟市場具有自我調節的功能（self-regulating function），重視私有與利己的原則，對國家機關之干涉經濟持反對與懷疑的立場；另一是強調國家機關對經濟發展的主導角色，爲求經濟發展與穩定，國家機關應有效的調整與控制經濟。

整合政治和經濟的研究原則（the disciplines of economics and political science），以便深入了解世界或國家發展的助力或動力（forces），有其必要性。這些助力包括貿易、財政、貨幣、匯率與利率金融事務、市場價格運作、提高關稅的保護主義、經濟發展策略、通貨膨脹、工業化、薪資政策、勞資衝突、國家機關干預程度、權力分配、跨國企業、國家資本累積、國際經濟關係、就業率與人口成長、土地與住宅政策，甚至環境保護運動等，政治經濟學整合了這些助力分析發展動向和過程，並提供了一套研究方式企圖縮小政治學和經濟學的距離（即政策分析與市場價格），探討政治和經濟間持續不斷之互動關係（如public policy and economic development, state and market, power and profit, and intervention and liberation）。因此，政治經濟學主要是研究政治經濟制度，以及政治與經濟互動的關係，這互動關係決定了未來經濟發展的型態模式。其實，

政治經濟學之研究典範也建立在這些動力上，它提供了一套其獨特的方法論，超越了政治學與經濟學研究領域，旨在解析政治（國家機關）與經濟（市場）的互動關係。

Gilpin（1987: 8）強調國家機關（the state）和市場（the market）的相互互動（mutual interaction）和平行共存（parallel existence）便形成政治經濟學，缺一不可，否則將變成純（泛）經濟學，由價格機能和市場力量決定經濟活動的結果，或純（泛）政治學，由國家機關統籌一切資源和權力分配。很清楚地，當代政治經濟學是一門政治的經濟學理論（the economic theory of politics）或經濟的政治學理論（the political theory of economy）（Toye, 1991）。它包容了此兩種向度上的研究，將之整合於一種的研究架構網上（framework）。

假如政治經濟學係整合政治與經濟兩個領域，那麼有兩點關於政治與經濟兩現象的相互關係，必須加以澄清與說明的：一是政治與經濟間在本質上存在著有機連帶（organic linkage），也就是說政治與經濟間並無明顯的分界，例如，貨品與勞務的配置會發生在市場中，也會發生在政治結構裡，又如那些政經組織，像銀行（banks）、利益團體（interest groups）、公會（unions）、企業（firms）等，這些均可屬於政治面，也可屬於經濟面的變數；另一是政治與經濟間是相互獨立分開（separation）的現象，政治經濟學面對這問題時必須加以商榷政治與經濟現象之不同，找出連繫此兩者的重要因素，以及在理論層次上找出（identify）政治與經濟的關聯性（Caporaso and Levine, 1992）。

當然，上面的兩種關係並非是孰是孰非的二擇一問題，政治與經濟間的關係往往會因一些內外在因素不同與情況改變而有所不同。基本上，政治與經濟間有時是相對重疊關係，有時或許是絕對的獨立事件；但無可否認的，政治與經濟會產生對彼此的影響作用，兩者間相互的影響過程即是政治經濟學所欲研究的重點。當然，這彼此的影響也會受到前面所涉及的兩種關係型態特質的影響。而政治與經濟間的相互關係，也便是我們所意指的「政治經濟學」領域。

然而，欲了解何謂政治經濟學？必須加以簡單地將政治學與經濟學

各別說明。事實上，對於政治經濟學的理念建立在政治與經濟分開的情況是不尋常的；在現象上，政治與經濟雖是兩個實體（realities），但在相互關係上，政治與經濟是彼此牽連互動的。就如蕭全政所強調的「經濟行為通常會被當做達到政治目的的手段，而政治行為也常被用來達到獲取經濟目的之手段」，結果，經濟與政治行為最終只不過是用來汲取社會資源（如權力與利益）的兩種並行而不相悖的重要方式與手段。首先針對政治學與經濟學的研究重點加以各別分析說明，將有助於對政治經濟學內涵的了解。

在政治學上，人類之所以有政治問題，基本上涉及到兩個不可避免的處境，一是人類永遠面臨到有限資源與分配的問題，另一是人類必須在團體中生活，不能離群索居。因此，在團體中如何將有限資源做分配，而且由誰來分配？誰可享有？便成為一個重要的問題。誠如大衛伊斯頓（David Easton）所言「政治是對價值的權威性分配」（the authoritative allocation of values for a society），所以政治是一種手段，可用來獲取更多的利潤與權力，而且，政治也是一種解決分配的手段。進一步言，在政治學中強調了政治權力與社會資源分配關係的研究，而且著重在對政治權力是如何地影響社會資源之分配。基於此點，政治所關心的也只不過是如何極大化地汲取社會資源而已，因此，政治權力的最終目的與應用必定是會對經濟過程與發展有所影響。

在經濟學上，由於人類的慾望無窮，而資源卻有限，因此產生了經濟的問題；也就是說假使人類的資源無限，人類將無經濟的問題，每人將可取其所需。大體上而言，經濟問題（資源稀少）可衍生成四個主要原則或經濟邏輯：第一、即是選擇（choice）的問題，也就是機會成本（opportunity cost）的問題，它亦深受著規範性與實證性價值的影響；第二、分配的問題，一方面是因資源稀少，另一方面是因經濟利潤的產生，必定造成分配的問題，該如何分配以及分配的多少，又將會因分配的不平均，造成貧富差距的擴大以及社會分配的不平衡；第三、如何生產的問題，既然資源有限，對於資源的運用，必然要做最有效的配置（allocation）；第四、理性原則，以最少成本獲取最大效益為訴求，也

就是「極大化」利潤的觀念，但對資源的利用則強調「最適境界或極佳化」（optimum）。在一方面，以上的經濟原則往往會受到政治權力之影響；但另一方面，這些經濟原則也會影響到政治權力之分配。最後將會如Elliott（1984: 74）所言：「政治體系將會成為一種反映經濟化過程的現象，而經濟體系也會成為一種權力化過程的結果。」政治權力與經濟利益的互動關係，也牽引了國家機關與經濟市場間的對應關係。

大有為政府（國家機關）（perfect state）／政府失靈（state failure）與市場萬能（perfect market）／市場失靈（market failure）成極端的現象。通常一國政治經濟型態均介於兩者之間，當市場失靈時，國家機關則增加其干預程度，而在某種程度來說，政府失靈也漸顯示出市場機能的重要性。因此，在國家機關與市場間的互動關係可從兩方面加以說明：從國家機關的立場而言，國家機關對市場方面的影響可從其所扮演的角色顯現出其自主性程度，最典型極端的例子便是「社會主義」（socialism）的計畫經濟制度，也就是政府萬能。國家機關主導市場經濟，主要以「累積國家資本」為目的；而且，國家利益在個人之上，推行社會福利政策，發展國營企業，而常以稅賦、金融、貨幣等政策用來引導經濟發展，抑或只是扮演提供經濟之基礎設施與適量的公共財與服務、生態環境的保護、競爭情報的公開、財政支出之有效評估與考核、維持市場競爭與機能，與解決團體衝突等。在另一方面，從市場萬能的角度來說，它基本上是以自由主義為主的市場經濟，它是資本主義（capitalism）的信條，也是相信完全競爭的市場運作；國家機關（或政府）不應該介入市場經濟，應讓其完全自由競爭操作。

然而，對於「市場失靈」（失敗）問題的產生，主要在於它忽視或喪失了其競爭市場所致，以至於讓市場機能不具效率，破壞了競爭市場的功能。這時也就需要國家機關的干預，透過「立法」或「經濟法規」以加強市場的競爭性，或由政府直接提供所需財貨參與市場為手段，以使資源做更有效的配置（effective allocation）。一般而言，市場失靈常肇因於公共財（public goods）之無排他性、外部性（externality）問題、大規模報酬遞增率（increasing return to scale）、風險與不確定性（risk and uncertainty）、租稅扭曲資源配置（tax distorted resource allocation）、所得重分配（income redistribution）、與經濟穩定政策（economic stability policy）等（林華德，1990；宋鎮照，1993）。因此，市場失靈常發生在壟斷、寡占、獨占，與專買等市場型態裡。但是，政府失敗或失靈有時亦會發生，當政府無法提供一穩定的政經局勢，政治處於動盪不安，抑或是嚴重貪污腐化、瀆職、行政效率極低落，均會降低政府政經能力，讓整個政經結構喪失其運作功能，使整個社會面臨崩潰。其次，當市場機能失靈時，國家機關對政策之擬定與經濟效益追求有必要進行干預。對於國家機關制定所謂最適政策的考量，往往會隨時空的不同而有所變化，從政治面來說，今日最適政策到了明日可能不是，也就是說，隨著國家需求與環境的改變，往往會影響政策的最適性。因此，政策的不一致性（或政策的改革）也多少能反映出國家機關的應變能力，國家機關應提出一套適宜的經濟政策，來追求經濟成長。

　　政治經濟學的研究分析方式（research levels）可分成兩種：宏觀（總體）分析（macro-analysis）與微觀（個體）分析（micro-analysis）。宏觀分析是從結構層面（structural level）加以探討，政經結構間的互動關係，某一政經結構的改變，自然牽引其他政經結構的改變，在結構層面絕無個人的影子，只有政經各部門（sectors）的互動關係，而其所關心的是政經體系內的穩定、秩序，與均衡狀態等問題上研究；常採用研究分析的單位（unit of analysis）是一個類屬（attribute）（如國家機關、社會階級、跨國公司等）抑或是一個狀態（如失業、經濟不景氣、通貨膨脹、貿易）或政策（如貨幣政策、進口替代或出口導向工業化、匯率與利率政策、財政政策等），可用來處理結構面的互動關係。而微觀分析則以（個人）行為層面（behavioral level）為出發點，即以探討個人自利行為為主，也就是理性抉擇（rational choice）的問題，探討個人如何將有限的資源，做最有效的配置，以獲取最大的利益。而所謂的「個人」即是一個「行動者」（actor），其實國家機關亦可被視為是一個行動者，基本上，行動者本身會追求其利益、權力、目標，但是卻因兩者（個人與國家機關）的牽引互動對象層次不同，當然會造成不同之結果。總之，微觀所

處理的問題是個人層次的分析，而宏觀所探討的問題是結構層次的互動關係。

政治經濟學的研究向度（dimensions）亦可區分為兩種：即動態（dyna-mics）與靜態（statics）。大體上，動態的研究是偏向於歷史發展的分析，它是縱向（vertical）的探討，可以檢視政治經濟發展的因果關係，對於一個國家經濟發展或個案的分析，從歷史發展過程的進化觀點，可以得知發展的動力因素與其長期政治經濟的互動關係。而靜態分析是水平橫向（horizontal）的研究，偏向社會政治與經濟結構與制度的互動關係分析，注重結構或制度因素的改變（如政策改變、失業人口大增、人口成長、勞資關係、工業化），對整個社會政治經濟結構全面的影響，以及如何尋求因應策略，進而調整與修正相互依賴的結構關係。簡言之，即是結構主義（structuralism）或制度主義（institutionalism）或貨幣學派（monetarists）的探究法。雖然有動態與靜態之別，但原則上，政治經濟學者大多（或多或少）傾向整合此兩者向度，即所謂的「歷史結構分析法」（historical-structural analysis）。

政治與經濟目的的考量並不往往一致，事實上，常會發生對立衝突的現象。此種政治與經濟目的的衝突，主要是導因於其本身運作目的之重點與方向不同所致，例如，公平（eauity）、公正（justice）、權力配置、生產（production）、消費（consumption）、分配（distribution）、效益（efficiency），以及經濟成長（economic growth）等等。一般說來，政治運作方面比較偏向「公平公正」原則的訴求，尤其是對經濟利益或對社會資源公平公正的分配或享有，免於因其所握有的社會資源有限（如權力），而喪失其對社會上其他經濟利益之享有，因此政治在其正統性（legitimacy）或權力合法性的考量下，福利政策正是反映出政治處理公平問題的結果。另一方面，經濟考量是比較傾向於生產效益方面，如何對現有的社會資源作最有效的配置，以獲取最大的利潤為主要目的，進而提高經濟之成長；當然，這可能會造成資源之分配不平均，貧富差距擴大的問題。或許可以如此說，越是傾向政治那一端的發展，社會主義的發展策略越明顯；越是傾向經濟這一端的發展，資本主義的發展氣氛越濃厚。以

越是政治手段方式來解決經濟問題，越是傾向社會主義的經濟型態；而越是以經濟手段方式來解決經濟問題的，越是傾向資本主義的經濟發展模式。雖然說，政治與經濟間的關係非常密切，但是政治與經濟各有其不同之方向與目的，兩者間的衝突基本上也多少反映出政治經濟學研究分析或欲解決的問題。

新自由主義（the neo-liberals）從理性選擇（rational choice theory）與遊戲理論（game theory）出發，企圖結合政治與經濟學的規範和實證模型（normative and positive modes），強調國家機關是否做最合適的自由化政策（liberalization policies），對資源是否做最合適的「分配」與「運用」（Manor, 1991）。一方面國家機關超越了政治與經濟實體之外；縱然如此，在另一方面國家機關仍然深受著其在政治與經濟上正統角色與責任之考量，接受規範性的約束與管理。除這些原則性的規範策略影響外，國家機關亦有其自主獨立發展實證策略的空間，以便謀取經濟與政治最大的「利益」和「權力」。根據Hartley（1977）的說法，規範性解釋是從Pareto的資源最適配置模型所引申出來，什麼樣的現況最合適，或應該如何（ought to be）的方式，反映出一種價值判斷的研究；也就是說，哪些是所謂好的政策目標，哪些是好的政策措施，政府應該如何推行和達成，可說是唯善與唯美的分析（例如平等、公平、合理分配、福利等）。實證性解釋卻偏向於研究各種政策目標與措施，在實施後會發生何種效果，可作事前的預測和事後的評估，可說是唯真的工作（例如效益、理性、現實）。前者是著重於對策略方向的決定，而後者是針對政策過程之評估與預測。

當政治經濟學興起成為一門學科之時，新馬克思理論（neo-Marxism）與新自由理論（neo-liberalism）也隨之崛起，「社會因素」對政經發展影響也開始受到重視。畢竟，政治與經濟均建立在社會實體基礎上，唯有從社會層面開始解析，政治和經濟關係才能被深入與落實探討；不知社會結構與現象，單從政治與經濟觀點來分析問題，將失其真實性，不足以完全顯示其間之關聯性和整體結構之了解。也就是將國家機關帶回其位置（bring the state back in），重新評估其重要性之際，我們必須將

階級（classes）的概念首先帶回至研究國家經濟發展的理論架構裡（bring the class back in）。因為，階級就是社會的中心，它是權力分配的主體，亦是市場消費與生產的對象，也往往因為社會階級的權力鬥爭造成權力分配不平均，對利益的分配也不平均，也正因為「權力」與「利益」的分配不平均，遂增強社會階級壁壘分明的對立。因此，將社會階級忽視，對政治經濟學分析而言，無異是將其基礎（base）或立足點削除去，在沒有根基的情況下，政治經濟學的發展將被吊在半空中搖曳，無法找出其真正癥結之所在。

貳、政治經濟學之研究途逕

事實上，當代政治經濟學分析，已經開始重視社會、政治，與經濟問題之間的關聯性和相互的關係，強調任何一問題皆無法孤立於其他兩個問題層面的影響。當代政治經濟學在研究理論架構上與方法論上，已逐漸整合社會學、政治學，和經濟學三領域，社會（society）、國家機關（the state），和市場（market）已經變成此門學科之重點與研究對象，這一科際整合的新產物勾劃出當代政治經濟學的新領域與範疇。

再者，政治經濟學究竟包括了哪些重要議題和分析問題？在社會層面上，主要處理之問題有勞資衝突關係、社會階級關係、中產階級的抬頭、種族的對立關係、社會群眾運動、社會結構與社會的不平等、環保意識的興起、社會福利的重視，與社會變遷和資本主義的發展等。在政治層面上，它主要針對政黨、輿論、政策擬定、權力分配、公共行政、政府財政預算、國家機關與利益團體代表，與政治結構關係等。而在經濟層面上之研究，主要分析放在市場機能、投資與儲蓄、財富分配、資源分配運用、公共財政、國際貿易、通貨膨脹、供給與需求、匯率與利率政策、貨幣與財稅政策、薪資政策，與自由主義或保護主義策略等。

這些項目提供了政治經濟學研究的「概念」（concepts）與「變數」（variables），這科際整合的研究，檢視了社會、政治，與經濟間的相互

關係。它是以一種全盤性（holistic）的觀點（perspective），試著以其邏輯推理方式，來解釋這些變數在不同社會、國家，與地區之發展過程中，有某種程度的一致性與關聯性，然後從其間找尋出政治、社會、經濟，三者間的因果互動關係。其次，配合以歷史結構分析研究法（historical-structural perspective），來剖析政治社會的變遷和經濟發展的關係，強調「縱向」的歷史演變研究，有效的導出因果關係（causal relations）；重視「橫向」的結構功能分析，可探討出體系內之結構改變與互動變遷。因此，這種探討途徑提供了一種研究架構（research framework），分析了政經社三者關係本質之變遷與發展。

　　當代政治經濟學分析發展及低度發展的問題，重視了「平等」、「分配」、「公平」、「效率」、「理性」、「正統」、「公權力」、「正義」、「利益」等原則，深入探討國家機關（政府，the state）、社會（階級，social classes）、經濟（市場，the market）之間的互賴關係，以及如何直接或間接地影響一個國家經濟的成長。三者共存於一個結構實體上（structural reality），此一結構實體所產生的活動空間，提供了政治、社會、經濟三者間互動的競技場（arena）。社會階級的衝突與妥協，可以反映出政治制度的趨勢，決定權力之分配，重組政治權力結構；同時，政治權力結構與分配，也直接影響到社會階級活動的性質，政治力量可以支配社會資源的重新分配；而且，社會也提供了一個經濟活動的市場。社會群體不僅是需求消費者，也是供給投資者，藉由市場的運作，追求最大之己利，這種追求經濟利益的活動是社會階級形成的基本要素，誠如馬克思學派所主張的政治與社會制度工程是上層結構（superstructure），是由下層結構（infrastructure）以經濟爲基礎的社會階級型態所反映出的現象，此種經濟決定論（economic determinism）表達了經濟的重要性。

　　國家政治實體既可控制、干預，和支配社會活動與行爲，更遑論對經濟的干預與支配；事實上，一個社會結構的改變和經濟的發展，也會導致一個國家政治實體結構的改變。國家機關（the state）與市場（market）之相互關係產生了「理性」、「公平」、「效率」，與「分配」的考量。

社會與經濟結合成社會經濟學（social economics），它重視「福利」、「所得分配」、「平等」的理念；社會與政治之活動形成了政治社會學（political sociology），它強調財富分配、權力分配、階級關係，與政治體系的理性化等。對經濟而言，市場機能的目的是如何有效率的應用有限資源，製造出最大的利益，也就是極大化的理性原則；對政治而言，國家機關是權力中心，權力（power）便意涵著對市場經濟利益進行分配，如何尋求權力加以分配福利（profit）是國家機關的政治運作；對社會而言，社會階級的爭鬥是決定權力的分配，此權力分配影響政治的結構。因此，與其單單稱之為政治經濟學（political economy），倒不如稱之為「社會政治經濟學」（socio-political economy）更來得貼切與實際些。即以「政治權力」（political power）來解決經濟問題與利益分配，以「經濟市場」（economic market）為手段來爭取最大經濟效益，解決社會階級的需求與分配，同時「社會階級」反映了權力分配的方式，三者間的交叉互動關係，才能構成政治經濟學研究的較佳典範（paradigm）（郭建中，1992；蕭全政，1988；宋鎮照，1993）。

此外，市場就是政治（market as politics）也是政治經濟學的重要概念，也是一種新概念典範。（Fligstein, 1996）市場不再是單純的經濟議題，或只是買賣交換的場地和空間，而是來自政治領域的運作，市場不僅只是來自制度的建構，那怕是市場的供給和需求，或是對於商業契約或是履行公平交易的面向，其實已經不是單純的經濟問題，而是擴展到政治運作，如何制定市場交易、生產和分配的制度和規範，其實都跟政治運作和建立制度有關。甚至透過政治運作與政策制定，市場會出現所謂「競租」（rent-seeking）的現象，所以市場就是政治，也說明了政治與經濟是分不開的現象。

再者，市場經濟就是市場社會（market economy as market society），簡言之，市場的主體就是社會，社會是經濟市場的支持體。沒有社會主體，就無市場可言，沒有社會大眾的生活需求與供給，也不會產生日常經濟市場的運作。市場的需求與供給，其實主要是來自社會的生產、消費與分配，同時是用社會平台來支撐經濟市場，所以市場與土會也很難切割，

往往也是一體兩面的實體平台。

　　雖然說政治經濟學已開始重視政治、經濟，與社會三者的互動關係，其實也突顯國家機關的重要性，在國家機關的運作下，使得政治、經濟，與社會的互動關係更密切，或許可以說，國家機關是串聯三者的重要媒介，也是三者交集的一個實體；同時，國家機關對此三者皆有其各別的職能，如支配、管理、提供、保護、分配等的功能。國家機關之政治職能有：法律規範之制定、提供社會控制之手段、目標之釐訂、防禦外來侵略、維持行政體系運作、權力之分配，與國家內部秩序之維護等；而國家機關之經濟職能則有：如提供適量的公共財、競爭情報的公開、維持物價之穩定、調整供給與需求、增加就業率、所得重分配的功能，更重要的是其生產、消費，甚至保險的角色等；而國家機關之社會職能則有：維持社會治安與制度的確保、提供必要社會公共設施、生態環境的保護、社會安全福利與保險之推動、教育文化之推展、社會階級的和諧關係、勞資糾紛之解決等。在這些角色中道出了國家機關在政治經濟學領域研究中的重要性，也說明了國家機關亦是一個重要的變數與主體。

　　總之，政治經濟學並不等於政治學加上經濟學，它的研究訓練（discipline）是科際整合方式，誠如周育仁（1992: 6-7）所言，政治經濟學並非一固定的學科，也並非是一個有明確系統的研究架構，欲掌握何謂政治經濟學的眞相（picture），可從五種特徵來加以界定：第一、政治經濟學的內容涵蓋了規範（normative）與經驗（empirical）或實證（positive）的層次；第二、政治經濟學研究是以政策爲取向（policy-oriented）；第三、當代政治經濟學者嘗試在歷史的脈絡中來探述。也就是偏向於歷史結構分析法（historical-structural analysis）；第四、政治經濟學之研究組合了結構與行爲的分析層面（structural and behavioral level），即上面所述之宏觀與微觀（marco-analysis and micro-analysis）之別；第五、強調國際政治與經濟之互動。除此之外，更重要的是強調了國內政治經濟與國際政治經濟的互動關係，重視兩者間的牽連（linkage），如何影響一國經濟的發展與整個國際政經關係體系之形成。

　　進一步而言，誠如宋鎮照（1993: 54-60）所提，政治經濟學對爾後

的經驗研究（empirical research）方向，必然涉及到六個層面的問題，這六個層面的研究分析，也可當做本章的結論，歸納出政治經濟學研究的特質：第一、強調「社會階級」的重要性；第二、強調「實證性」（positive）的研究層面勝於「規範性」（normative）的研究；第三、強調「歷史」與「結構」層次分析的架構網（framework）；第四、採行「行為主義」（behavioral approach）的研究觀點；第五、重視「三角聯合」（triple alliance）互動關係的分析；第六、「全盤性」（holistic）的分析替代「局部」（partial）分析方法，也就是所謂的「整體總是大於部分之總合」的意思（the whole is greater than the sum of its parts）。

一、強調社會階級的重要性

事實上，政治與經濟兩實體是建立在社會面上。廣義的說，政治是社會的一個權力結構的縮影，經濟不過是社會生計的一種消費、生產、分配，與交換的運作面相；就狹義而言，政治與經濟獨立於社會之外，也就是國家機關與市場超然於社會的範圍。社會無疑地便被縮小到社會階級（social classes）的層次上，形成政治、經濟、社會三者間的互動關係，超越了傳統的研究範疇，多強調一個社會階級的變數影響，形成國家機關、市場，與社會階級的互動。社會階級的鬥爭造成權力之分配與形成，而國家機關是權力機構的主體，一方面國家機關提供階級鬥爭（class struggle）的一個競技場，來決定權力的分配，這會影響到國家機關的領導特質（the nature of the state）；另一方面，國家機關又有獨立於社會階級之上，超然階級鬥爭的影響，此為所謂的國家機關相對自主性的問題（relative state autonomy）。社會階級在市場上的影響也擴展到資本家與勞工階級的互動關係，國內私人企業與跨國企業，甚至與國營企業的發展，均會影響到市場機能的運作，對生產、消費、交換，與分配結構上也會有所改變，可知，其間的三角關係益形複雜，似乎也越能解釋一個國家之政經發展。其實，此三者間的互動關係結果是決定政經發展模式的動力，因此，也就是前面所提及的，在將「國家機關」或「市場」帶

回（bring the state or market back in）政經發展的研究領域之前，我們勢必先要將「社會階級」帶回（bring the class back in）才行（Soong, 1991; Fatton, 1988）。

二、強調實證性（Positive）的研究層面勝於規範性（Normative）的研究

實證性與規範性的政經研究，可以說是政治經濟學裡重要形式的方法分析。所謂「規範」（norms）係社會裡所公認的行為標準，提示人民或政府在何種情況下哪些行為與政策可以做？哪些不可以做？一般說來，規範性的研究分析重點擺在對那些「何謂是『好』的政策目標？哪些是『好』的政策措施（Hartley, 1977）？」關心某些重要的價值問題，在理性評估的選擇下，強調應該如何的方式（ought to be），什麼現況是最合適的？政府應該如何推行與達成？反映出來的是一種價值判斷的研究，也比較偏向於陳述性的描寫，這種層次也較偏向於福利經濟與政治合法性（legitimacy）的研究，例如：國家機關與市場之最適角色為何（周育仁，1992；Harpham and Stone, 1982）？或是規範出政府該如何做？以及建議政府應如何？為什麼要緊縮公共投資或控制通貨膨脹？甚至政府應該做什麼決策？以及該如何達成經濟的成長？

所謂「實證」係一種科學、理性，與客觀的研究態度觀察社會現象，藉此科學研究態度整理一些法則，可供預測未來的發展途徑（path）。因此，實證性的研究分析偏向於解釋各種政策目標與措施，在實施推展後會發生何種的效果？可作事前的預測和事後的評估，這也就是經驗性（empirical）的探討。通常是用來檢視規範性理論與假設，例如，通貨膨脹的惡化將對國家財政會有何影響？貨幣、利率，與匯率政策是否有抑制通貨膨脹的效果？哪些因素導致通貨膨脹惡化？勞資衝突與工業投資與生產有何關係？國家機關在決策過程中如何受到各利益團體的影響？甚至階級鬥爭對國家機關權力分配影響，進而會如何影響到政府財政預算的分配比例？

　　總之，規範性的研究是政策或發展方向的決定，而實證性的研究是著重在政策形成與發展策略之過程評估與預測。

三、強調歷史與結構層次配合的分析架構網（Framework）

　　政經研究強調採用「歷史結構分析法」（historical-structural approach），來檢視一個社會的結構及其整個社會的變遷（Cardoso and Faletto, 1979）。歷史結構分析研究法強調兩方面發展變遷動力之互動（interact）：一方面是重視「縱面的」（longitudinal or vertical）的歷史變遷（historical change）動力；另一方面探討「橫面的」（horizontal）結構變化（structural change）的動力。整個社會體系之結構變化，必須沿著一段時間才能顯現出變遷的現象，而且整個體系的歷史變遷必得藉一些結構的改變來完成。

　　在此藉由歷史結構研究延伸出的意向，強調一個理念，即是社會結構不僅限定了社會活動與生命，也是被歷史性的社會階級鬥爭、社會運動，與衝突塑造而成。結構的變遷產生了轉型（transformation）的動力，此也提供了另一種對發展（development）可能的解釋，不同於低度發展（underdevelopment）或依賴發展（dependency）之解釋。事實上，結構是有制約（condition）的力量，但卻非有完全的決定（fully determine）力量；結構加諸了限制（impose limitations），但也同時製造了發展機會（possibility or opportunity）。

四、採行行為主義的研究觀點（Behavioral Approach）

　　對在第三世界的發展，行為主義的研究強調主觀因素（subjective factors）的重要性，針對各別行動者（individual actors）以及行動者間的互動關係，探討他們的動機與行為，以及如何找尋其權力與利益（power and interest），「討價還價」（bargaining）便成為一種行動者間互動的整個過程。討價還價的現象也反映出行動者如何有效的施展出他們的權力（power）來凌駕其他行動者，以及降低從其他行動者來的壓力與限制

（pressure and limitation）。

　　國家機關被視爲是一個行動者（an actor or agent），一個行動代理人必然追求其結構性的利益（structural advantages）與最高地位，它的行動也是獨立的（acting independently）；但是它的行爲傾向可能是合作的，也可能是衝突的。它對發展而言也可能製造出機會（opportunity）或產生限制（restraints），它能施展出其影響力，加諸在其他行動者身上（如跨國公司、資本家、勞工工會等）。因此，國家機關常被比擬於一個「有機體」的行動者，相對於民間社會組織，甚至於市場本體與國外政府，也能顯現出其自主性與職能的變化。一般說來，一個國家機關有其主觀考量，追求權力與利益，這種行爲多少會影響到其社會結構的變遷；然而，不同歷史結構型態與緣由，也將對國家機關的行爲有某種程度的影響。

五、重視三角聯合（Triple Alliance）互動的分析

　　「三角聯合」的分析架構網（framework），源於彼得・伊萬斯（Peter Evans, 1979）對巴西之依賴發展研究。在政經研究中也強調三角聯合的互動分析，所謂三角聯合的分析方法係端視國家機關（the state）、國內資本家（local capitalists），與跨國公司（multinational corporations）間的互動關係，以及此三者互動結果，是如何影響到國家之經濟發展型態。然而，在政經研究分析中，所強調的對象與互動關係，則略有不同於伊萬斯的理論架構。

　　首先，在對象上，主要針對著國家機關、社會階級（social classes），與世界體系的動力（the forces of world system）三個層面的實體關係。在社會階級上，不僅討論資本家的權力與影響，也探討勞工工會的社會力量，甚至農人階級對國家機關的影響。而在世界體系上，除了跨國（或多國籍）公司的參與外，外國強權（foreign powers）之政治經濟政策內涵，也會直接影響到地主國國家機關（host states）的政策傾向，甚至其未來經濟發展的模式。在互動關係上，則著重在以國家機關（state-centered）爲主的互動結構，一方面強調內部互動（internal interaction），

即國家機關與國內資本家、勞工團體、農人等互動關係；另一方面則重視外部互動（external interaction），即國家機關與跨國公司的互動關係，或外國強權之意圖與傾向對國家機關決策的影響；對於國內社會階級與國外經濟政治機構的互動，則採取比較保守與保留的態度。在此基本上反對傳統依賴理論所持的結構決定論（structural determinism），認為國內的社會階級與結構均是受到國際經濟結構所塑造而成的，否定（忽略）了國內的歷史與社會因素影響。社會階級與國外機構均有其自主性與功能，其間的相對關係會影響國家機關的政策擬定，國家機關對此二方互動關係，也自然變成一個中間仲裁調節者。

六、全盤性（Holistic）的分析勝於局部（Partial）的方法

對於一個國家經濟（economy）之研究，應從整體（the whole）的架構來考量，以全盤性的探討才能織連一些相關的事件，以及找出其因果關係。在此所謂「全盤性的研究方法」是針對著內部因素與外部影響對一國經濟發展之作用，透過國家機關的反應，將國內社會結構與力量連結國外強權與跨國公司的行為，整體的勾勒出如何塑造其發展模式；同時，也透過其間的互動關係，更是可以明瞭其發展的過程。對於單一事件的研究或局部面的探討，均無法深入得知較廣泛而完整的發展過程，偏向於某一方面而忽視了其他方面的影響，往往造成以偏概全的謬誤，畢竟，整體（the whole）的研究優於各部分結合起來（the sum of parts）的結果。然而，這並不是只強調整體研究，而忽視了各別單位的探討；其實，這是兼顧了整體與部分的研究，唯有在彼此的相互對照與檢視下，才能完整的將一國經濟發展的過程與型態呈現出來。

參、政治經濟學與公共政策之研究途逕和議題

因為政治經濟學和政策分析（policy analysis）的密切連結，發展政

經領域開始面向政策研究或策略發展，「政策導向」的議題重點因而逐漸受到重視。特別是對於公共政策（public policy）的重視更是公共行政（public administration）與政治經濟學課程的核心，尤其面對全球化、自由化、民主化、區域化、電子資訊化、人權的重視等，都讓公共政策與政治經濟學的研究內容和議題，必須面對當前時代的改變與挑戰，要進一步去發現問題核心和公共政策的目的，如何能夠滿足人類社會的需求，都成為當前公共政策與政治經濟學研究探討的重要議題。

　　「公共政策」是政府、執政黨或其他社會公共權威部門，在特定時期為解決公共事務或公共問題所採取的政策、選擇，透過立法與司法機構所制定法規中會包含這些執政原則，通常會產生廣泛而深遠的影響或後果（羅清俊、陳志瑋譯，1999）。因此，公共政策主要是以政府的法律、法規、決策和行動所表現出來的執行策略。公共政策是政府施展其職能的主要手段，也是政府對整個社會的價值做權威性的分配。換言之，公共政策是政府為解決社會經濟問題，滿足人民需要所採取的一系列行動的過程，凡是政府選擇作為或不作為的行動即是公共政策，也會影響到公共政策的成效（陳恆鈞等譯，2004）。

　　Adam Smith（1776）其《國富論》（*the Wealth of Nations*）中即強調「政治經濟學」的目的，主要有三個：第一、為人民提供富裕的生活物質與收入。第二、提供國家機關（the state）足夠的財政來源，以便從事公共建設與服務。第三、更要透過一個健全的市場機制來完成政府與社會的需求。

　　如前面所言，「政治經濟學」是一種「科際整合」（inter-disciplines）的研究，亦即是探討國家機關（the state）與市場機能（market function）運作之互動關係。在國家機關與市場之間的互動關係也表現在政治學上的「權力」（power）與經濟學上的「利潤」（profit）關係之分析。由此論述則可以引伸出二種不同的研究途徑（approaches），一是強調國家機關對經濟發展的主導角色，為求經濟發展與穩定，國家機關應有效的調整與控制經濟；另一種則是強調經濟市場具有自我調節的功能，重視私有與利己的原則。但隨著民主化發展加上全

球資本主義的深化，配合上資訊科技的普及化，讓人權和市民社會的發展逐漸成為政治經濟學研究的新主軸，發展出市民社會（civil society）相對於國家機關的關係，以及市民社會為主的政治經濟學，而如何滿足市民社會的需求，便成為政經研究當前最重要的課題。

一、重視人類安全的議題處理

聯合國開發計畫署（UNDP）在1994年的《人類發展世界報告》中提出了人類安全（Human Security）的概念，二十年多年來，這一概念一直處於演變之中。世界面對的風險和威脅在變，人類安全的定義也在發生變化。此種安全觀強調的不僅是傳統的國家安全，更關注「人的安全」，以人為中心的人類安全，在研究途徑採「由下而上」（bottom-up）分析方式。

人類安全可包括以下形式：政治安全（人權和民主原則遭到侵犯）；個人和人身安全（衝突、貧窮、與毒品有關的犯罪、對婦女和兒童施加暴力、恐怖主義）；環境安全（空氣、水、土地和森林惡化）；食品安全（食物的數量和品質方面、食物的可追溯性）；衛生安全（疾病、傳染病、空氣污染造成的呼吸系統疾病）；經濟安全（失業、工作不安全、收入和資源不平等、貧窮和沒有住房）。

在國際關係一些次研究領域，人類安全試圖整合有關人權、人道干預、暴力、衝突防禦、維和行動、發展問題與外交政策等議題，而一些中型強權與區域強權（日本、加拿大、澳洲、南韓、紐西蘭）更將其嵌入至政策架構中。尤其在東亞，人類安全概念的發展與應用是足以論證其存在，這也是一種轉變中的區域秩序伴隨著安全研究光譜的改變，值得政治經濟學的研究去重視。

二、重視治理議題（發展、宗教、族群、性別、年齡、環境、能源）

首先何謂「治理」（governance）？根據聯合國全球治理委員會

（Commission on Global Governance）認為：治理是各種公共和私人與機構管理共同事務方式的總稱，它是使相互衝突的不同利益得以調合和採取聯合行動的持續過程。這包括了有權迫使人們服從的正式機構與規章制度，也包括各種人們同意或以為符合其利益的非制度性安排。世界銀行則認為治理是：一國在各個層面執行處理其經濟、社會資源之權力行為。而聯合國開發計畫署（UNDP）認為：治理被視為執行經濟、政治、與行政權威，以處理國家在各層次之事務，包含了機制（mechanisms）、過程（processes）、與制度（institutions）並由此使得公民、團體能明確表達其利益，運用法律權利以達到其義務與調和彼此差異。

　　「治理」概念泛指使用政治權威與行使其在社會中與其社會、經濟發展有關之資源處理之控制。包含了公共權威建立一個經濟運作功能與決定福利分配及統治者與被統治者間關係的環境。與統治不同的是，統治是一種公部門／國家（政府）由上而下的權力實施過程，私部門是被排除在這一過程之外，屬於被動接受權力的展現，服從此權力的運作。換句話說，治理具有四項特徵：它不是一整套規則，也不是一種活動，而是一種過程；治理的基礎是「協調」而非「控制」；治理涉及政府公部門與私人部門，也是一種持續的互動，以及非正式的制度。

三、重視創造信任與社會資本

　　在社會學、經濟學、或公共行政與政治學界中，「信任」在政府治理過程中扮演重要的角色，不僅是政治與行政制度的正當性的基礎，民眾對於政府的信任程度，也將影響公共事務的參與、影響民眾繳納稅金的意願、甚至影響民眾對於法律的遵循，而這些都是關係到政府能否正常運作，以及維持社會穩定的重要因素。

　　簡單地分類，則「信任」有政治信任（political trust）及社會信任（social trust）兩種主要型態。所謂的政治信任指的是在政治場域上對政治制度或政治人物的信任，而社會信任則是指人與人之間的一般化信任（generalized trust）。政治信任又可以對象以及信任產生原因兩種來進行

進一步分類；以對象而言，分成對政治組織（如政府）或制度的信任（如民主制度、選舉制度），以及對政治人物個人的信任；以動機來做分類，又分為理性計算產生的信任，以及心理道德認知層面的信任來源。

以往研究「信任」的焦點，大多集中在「信任」如何在社會系統或政治系統運作過程中產生影響（例如，人際信任或社會資本（social capital）能否影響經濟及政治成效？）。人際信任對經濟合作行為所帶來的影響，認為公平的制度設計與管制可為市場帶來穩定的效果，減少經濟交易過程當中的不確定性因素，讓行為者更能夠信任整個市場與交易對方，提升經濟合作的可能性。因此，民眾對政府的信任已經成為民眾是否支持公共政策的一個很重要指標。

四、重視資源共享與管理

所謂「資源」是指可以滿足人類生活所需之人、事、物、具體或抽象知識、信仰態度及社會制度均可視之，可以加以運用及整合這些有形與無形資源，有形方面包含有人力、物力、財力等看得見的要素，而無形資源則包含社區意識、倫理、參與、責任感等要素。

資源共享（resource sharing）是基於網絡的資源分享，是眾多的網絡愛好者不求利益，把自己收集或擁有的一些事務，通過一些平台共享給大家，但是隨著網絡和經濟社會的發展資源共享在社會中也暴露出了一些問題。故對於資源管理（resource management）與決策分析有其重要性，期能提昇管理決策之效率與效能，達成資源管理與決策之合理化、科學化與現代化，具有高度不可取代性。

五、重視建構網絡關係

社會網絡（Social network）是由許多節點構成的一種社會結構，節點通常是指個人或組織，社會網路代表各種社會關係，經由這些社會關係，把從偶然相識的泛泛之交到緊密結合的家庭關係的各種人們或組織串連起來。因此，社會網路可說是由一個或多個特定類型的相互依存，如價

值觀、理想、觀念、金融交流、友誼、血緣關係、不喜歡、衝突或貿易。

　　用最簡單的形式來說，社會網絡是一張地圖，標示出所有與節點相關的連結。社交網路也可以用來衡量個人參與者的社會資本。這些概念往往顯示在一張社會網絡圖，其中節點是點狀，連結是線狀。由此產生的圖形結構往往是非常複雜的。整個社會國家的結構圖像無非是政治、經濟、社會和文化的網路關係組合。

　　社會網絡分析是用來檢視節點、連結之間的社會關係。節點是網路裡的個人參與者，連結則是參與者之間的關係。節點之間，可以有很多種連結方式。一些學術研究已經顯示，社交網路在很多層面運作，從家庭、團體、組織、社會、到國家層面都有，並扮演著關鍵作用，決定問題如何得到解決，組織如何運行，並在某種程度上決定個人能否成功實現目標。

六、重視永續發展

　　永續概念的發展是從1972年的「聯合國人類環境會議」開始的，直至近十年才逐漸建立較完整之永續發展概念與系統。目前世界許多城市都在進行地方永續發展之相關策略、指標與執行之規劃。

　　「永續發展」（sustainable development）是指「人類的發展能夠滿足當代的需求，且不致危及到我們的子孫滿足其需要的能力」（Development that Meets the Needs Of the Present, Without Compromising the Ability of Future Generations to Meet Their Own Needs.）。永續發展的重要精神在於追求社會、經濟與環境三面向的均衡發展，即：（一）社會層面（Social）：主張公平分配，以滿足當代及後代全體人民的基本需求。（二）經濟層面（Economic）：主張建立在保護地球自然環境基礎上的持續經濟成長。（三）環境層面（Environmental）：主張人類與自然和諧相處。

　　因此，各城市在地方自治的精神下，就所面臨的環境、社會及經濟等層面做全面性及深入的思考，並考量在現行法令、技術及資源之規範及限制下，能有整體調整的策略及因應的措施，以具體落實「永續發展」理

念，才能達到所提出的發展願景。

七、如何面對公共政策研究分析

　　傳統上，究竟政府有那些政策工具？怎麼樣運用？如何正確地運用總體經濟政策的組合，將有助於國家經濟走出不景氣，以及改善對外貿易狀況，而不會因增加經濟活動而引起通貨膨脹。這通常是經濟學家的期待，但是這種理想已與越來越多要求政府應嚴格謹慎的主張有所牴觸。因此，政治經濟學的運用與分析就越來越重要，也越來越實用，更越來越有彈性。特別是當政府角色的重要性降低時，以「人」為核心的發展，以「社會」為核心的發展模式，便成為當前社會發展的主軸，也是政治經濟學必須面對的發展價值與議題。

　　其次，須知政治經濟學通常關切不確定性的政策角色及其侷限，以及政策制定者也並非永遠在做「對」的事；特別是如果能伴隨正確的組織體制，總體經濟政策將會發揮其功效。然而，應該注意的是：即使政策制定者有善良的意圖，但其結果卻仍可能弊大於利，以及政策制定者也將從事對自己最有利的事，但卻不一定對國家最有利。因此，政策制定的形成，包括政府或國會之干預，在制度上必須更加健全。而對人類安全政策的制訂，也必然成最合理、最有效的政策推動。

　　最後，在政治經濟學的領域裡，如何將人類安全、永續發展、人類和社會發展核心、創建信任與網絡關係、共享資源和管理、有效治理等的價值和理念，帶回到政治經濟學的研究上，轉變成迫切性的公共發展「政策」與提高「治理」動力，無疑地將成為政治經濟學的核心議題和教學重點。也是面對全球資本主義快速發展所醞釀的新挑戰與新議題之際，「人本」的發展觀無疑成為政治經濟學的核心主軸，替代了以往過渡重視國家機關的利益和市場資本主義的剝削概念。

肆、政治經濟學即追求人類安全的發展

假如政治經濟學研究的研究核心是發展的話，那麼發展的核心議題必然是人類安全（human security，或可以稱為人的安全）。所以政治經濟就是人類安全的研究（political economy as human security），自然也不為過，甚至說人類安全就是政治經濟（human security as political economy）也是很貼地氣的。畢竟政治經濟學研究的是人的議題，發展與安全更是人類生存的硬道理。

基本上，人類安全的議題還是一個相對比較新的概念，而且對全球和國家經濟與政治產生重大影響。目前人類安全還是一個正在發展的概念，尚未形成一個專屬理論。對於人類安全概念的研究或分析可從不同層面加以解讀，它可以是被國家作為訴求的政治議題，或是單純視為一項新的研究範疇，也可以是對安全研究過程之轉變或調整的觀察（蔡育岱、譚偉恩，2008）。

聯合國發展計畫署（UNDP）於1994年發表《人類發展報告》中，便提到人類安全概念為基礎。這份文件主要將安全聚焦於人的本身及其生活範疇，而不再以國家作為探析安全的主體對象。人類安全強調的不僅是國家的安全而已，更關注「人的安全」，從以往強調「國家」層次的安全，到重視「個人」層次的安全、也從透過武力確保安全到以合作和發展來實踐安全。

在1994年的《人類發展報告》中，以「人類安全的新維度」專章系統地提出人類安全的概念。其將人類安全從兩個方面來界定：一是所有人應免於受到長期的飢餓、疾病和壓迫；另一是所有人應免於日常生活遭受干擾與破壞（無論是在家庭、工作，還是社群生活中）。

其實，對人類安全概念的具體規範與發展，可以溯及到《聯合國憲章》以及1948年《世界人權宣言》（Universal Declaration of Human Rights）的提出，讓人權、種族、性別、宗教等權利的保護獲得重視。接著在1966年也通過了兩項重要人權公約的通過，使締約國有責任採取適當措施，以貫徹《世界人權宣言》中的人類基本權利。這些文件構成所謂的

「國際人權法典」（International Bill of Human Rights），將維護人權的概念推廣為普世所接受的一項價值（蔡育岱、譚偉恩，2008）。

至於比較具體的人類安全概念，其重要的倡議來源，諸如羅馬俱樂部（The Club of Rome）發表一系列針對世界性問題（World Problematique）專書出版的探討，尤其是在1972年出版《成長的限制》報告書，要求人類必須採取立即行動調和與自然關係，才得以維持永續的發展機會。以及1991年，斯德哥爾摩全球安全與治理倡議（Stockholm Initiative on Global Security and Governance）開始呼籲更寬廣的安全研究途徑，探討因發展失敗、環境惡化、人口急速成長和遷徙，以及欠缺民主政治所造成的不安全現象。

對於人類安全最重要和具體的揭示，莫過於1994 年聯合國的《人類發展報告》，明確揭櫫了人類安全的七大類型：即經濟安全（指工作上的基本收入之保障）、糧食安全（確保人人獲得所需糧食的充足供應）、健康安全（免於疾病和傳染）、環境安全（能夠獲得清潔水源、清新空氣及其它無污染的自然資源和未污染之耕地）、人身安全（免於受到肢體暴力與威脅）、社群安全（不同文化、宗教、種族、語言等權利的被尊重），以及政治安全（指基本人權與政治自由的保障）。無疑地，人類安全是一個多層面的「複合式」概念，人們要有能力照顧自己，並有機會達成其最基本的需求。

該報告進一步歸納出關於人類安全具有四項本質，即普世性、互相聯繫、預防勝於解決、以人為核心。首先，在普世性：國家不論強弱，人不分貧富，均是人類安全關注的對象，也均有人類安全的問題。其次，互相聯繫：全球化下的時空壓縮效應會讓國家和地區間之人民安全受到連結的威脅程度加大，諸如饑荒、傳染病、軍火走私、種族衝突等，皆是超越地理疆界的不安全問題。第三、預防勝於解決：尤以世界傳染病最為重要，如SARS、伊波拉病毒（Zaire Ebolavirus）、事先防治工作會比事後花數倍的人力、物力與時間來的有效。第四、以人為中心：重視個人的基本人權之維護，並提供較好生活條件與健康環境，這是個人應該擁有的權利，也應受到肯定與尊重。

第二章

古典與新古典政經理論發展

「自由主義」與「市場機能」（liberalism and market function）一直
是經濟學所堅持的兩個重要理念，從十八世紀以來，此兩種理念也一直支
配著經濟理論的發展，而古典理論與新古典理論便是在自由主義與市場機
能的理念下發展而成。古典與新古典理論提出對自由放任（laissez-faire）
與資本主義（capitalism）顯示強烈的支持，而這些理論極力地試圖探討
自由市場經濟體系是如何地有效運作，以及市場體系如何將經濟利潤極大
化。

　　自由主義是古典經濟與新古典經濟的基本假設，強調人有選擇的自
由和追求自身的利益，主張人是自我且理性的動物，時時在追取本身最
大利益；同時，自由主義學派大力伸張自由貿易與免除政府的干涉。唯有
確保私有財產、尊重個人之自由、追求自由運作市場，資源才能做最有效
的分配與運用，以增進社會福祉。經濟自由主義（economic liberalism）
源於自然法則運作，進行其經濟生產、分配及消費，透過自由市場（free
market）和價格機能（price mechanism），便形成一市場經濟（a market
economy）型態；再經由市場經濟的運行，以使資源和人力管理達到
最大效益與經濟成長。市場機能（market mechanism）自然成為經濟自
由主義之中心理念，也很自然地摒除一個國家機關的過度干預（state
intervention），也就是所謂的「干預最少的國家機關（或政府），便是最
好的國家機關（或政府）」，國家機關的存在只是在維繫著市場順利操
作，減少外力對市場經營與秩序的威脅。很明顯地，國家機關的干預程度
與自由市場運作便成為一相對的觀念與關係，而且其間的界線也很難劃
定，只因政治與經濟均難避免彼此相互影響[1]。

　　經濟自由主義大致上發展了三種理論：即古典理論（classical
theory）、新古典理論（neo-classical theory），和新自由理論（neo-liberal
theory），此三種理論對政治經濟學有相當的影響，其論點的不同，乃在

---

[1] 市場結構之類型可分為完全競爭、壟斷性競爭市場、寡占、獨占及市場失敗，說明市
場價格機能運作在完全競爭與不完全競爭之間變化，不同類型決定了不同程度的經濟
政策干預行動，矯正市場運作的失調（Hartley, 1977；蕭全政，1988）。

於對國家機關干預程度上的認定不同而已，然而，他們卻承襲了相同的基本假設。

　　從經濟學本身的發展過程來看，對其理論發展亦可劃分成四個階段或四個主要學派：第一階段，即是從1776年至1890年，也就是從1776年亞當史密斯（Adam Smith）出版《國富論》（*The Wealth of Nations*）至1890年馬歇爾（Alfred Marshall）出版《經濟學原理》（*Principles of Economics*）為止，是經濟學史上所稱的「古典學派」；第二階段，從1890年至1936年，即是從馬歇爾《經濟學原理》出版，到1936年凱恩斯（John Maynard Keynes）出版《就業、利息與貨幣的一般理論》（*The General Theory of Employment、Interest and Money*）為止，在經濟學史上稱為「新古典理論」，是經濟學全盛時期；第三階段，從1936年到1960年代，即是經濟史上稱為「凱恩斯革命」，這一時期凱恩斯學派可謂是顯學；然而，1960年後，即邁入所謂的第四階段，由弗利德曼（M. Friedman）為首的芝加哥學派，重建「貨幣數量說」，也被視為是「反凱恩斯革命」，在經濟學史上被稱為「貨幣學派」（monetarist school）。以下將針對這四個學派的發展與理論稍加說明，並企圖連接經濟學與政治經濟學兩者間之關係，使讀者對經濟層面政治經濟學有個粗淺的概念與了解。

壹、古典政經理論

　　古典經濟學考察資本主義社會，探討其生產方式和模式，以反對封建制度與重商主義為基本任務，以利己主義為出發點，以均衡和諧為依歸，越少政府干預對經濟發展越有幫助；簡言之，古典理論對資本主義之發展情有獨鍾，政治經濟學派便以研究資本主義之生產方式與交換規則為主。雖然，古典理論學家也認為政府有介入國家經濟活動的必要，但是古典經濟學家卻沒有將政治經濟學當作其主要的研究標題；甚至將政治經濟學與經濟學一起討論，同等視之，在觀念上並沒有顯著的加以分別兩者。儘管

如此，古典學派強調了國家經濟的成長與管理，尤其是資本的累積、財富的生產與分配方面。

　　亞當史密斯（Adam Smith, 1723-1790）之《國富論》（*The Wealth of Nations*）開拓了古典學派在經濟學的地位，發揚了資本主義之精神。他接納了重商主義（mercantilism）及重農主義（physiocratie）的許多概念，並針對當時英國資本主義的社會經驗，提出他個人對國民利益和財富與自由主義獨特的見解。自由主義是《國富論》的基本思想，私有財產是它的社會基礎，利己主義是它的基本前提，國民財富是它的研究對象（侯立朝，1975: 492），這些原則貫穿了史氏整個經濟思想體系，也是他對經濟學最突顯之貢獻。

　　史氏的經濟自由思想，深受十八世紀重農主義「自然秩序」之影響，是將自然秩序建立在個人利益上的一種社會秩序，主張自然價格、自然工資、分工、貨幣和資本累積，並提出放任自由的經濟（laissez-faire）與自由貿易，企圖擺脫重農主義之自然秩序的封建經濟體制[2]；也就是強調建立自然秩序在個人財富的資本主義社會體系，自由主義亦就是交換自由與市場自由。

　　利己主義是人類的本性，每個人都會追求自身的利潤，人類的經濟行為便是追求其私人利益之行為；反對以往重商主義所強調的國家利益至上，唯國家在追求其自身的利益。然而，史氏以利己本性為出發點，並非不顧他人之利益，而是建立在相互利潤上，以利己為原動力，表現出來的便是對私有財產制度之需要。將私有觀念與利己本性放在人的本質裡，是自由主義和自然秩序衍生出來的觀念與經濟原則。

　　國民財富是國家財富的基礎（the nature of a nation's wealth），主張

2　自然秩序是重農學派的整個經濟體系架構，深受法國啟蒙學派思想影響而形成。自然秩序主張人類在社會中存在，不以人們意志為標準，而以客觀環境規律為依歸，即以「上帝」或「君王」之意志安排秩序，或如封建外觀的自然秩序，它的目標是提倡明君政治，它的目的是追求人道主義，以為經濟應以農業為重，政治應以君主為中心，前者是為自然法則，後者是為自然秩序，兩者相一致才能產生最健康的社會。

自由市場競爭和私人財產之累積，藉由節約與勤奮勞動可增加國民財富；同時政府之干涉應予以限制與減少，透過市場過程之自然法則（natural law）能健全經濟運作，人民將製造財富使之極大化，進而極大化國家之財富。政府之干預不僅會導致減少國家財富，也會降低人民之經濟財富。國家資本的累積取決於國民財富累積的多寡；而國民財富的增加，卻依勞動生產率與生產勞動者數量而定。

　　除此之外，史氏對租稅的看法有四個原則：第一、平等原則，按照國民在國家的保護之下，依一定個人所得收入之比例，向國家繳納租稅；第二、確實原則，納稅之時間、地點、手續、金額等，必須使納稅者確實明瞭；第三、便利原則，一切手續使納稅者感覺到便利；第四、節約原則，租稅應該與人民負擔的數額與國家收入的數額相差越少越好。基本上，史氏的財政看法，傾向於財政經費極小論、租稅中立論以及公債破產論、政府預算必須平衡等。

　　這些主張促成了資本主義的擴張與中產階級之興起，重視人民與民間的經濟活動，減少國家主導發展工業的重要性。很清楚地，史氏的理論反映了十八世紀中葉工業革命後的社會，他是資本主義的代言人，確定私人經濟經營之資本主義發展，取代封建社會的經濟制度（Staniland, 1985；陳岱孫，1987）。

　　最後，史氏主張自由放任，反對政府干預經濟活動，冥冥之中有「一隻看不見的手」（an invisible hand）在主導著人類的經濟活動。史氏用「一隻看不見的手」來描述「市場」的神秘力量，並奉為市場運作機制，這隻看不見的手就是「市場機能」（market mechanism）。相對於「可以看見的一隻手」，那是政府干預的手。史氏認為市場是互惠的，不是施捨的，買賣雙方會根據各自的自利動機，來決定其市場價格，這種機能能夠讓社會有限資源發揮最大效率，滿足人們的生活所需。換言之，市場機能在自利前提下，產生供給與需求的市場機能，進而決定市場價格，這便成為自由經濟思想最重要的哲學基礎。

　　馬爾薩斯（Thomas Malthus, 1766-1834）之《人口論》（*The Principle of Population*）是古典經濟學的基本原理，他將《人口論》帶到

經濟學的領域中，使之具有社會經濟學（social economics）的特質。《人口論》的要旨非常簡單，即人口之成長會成幾何級數增加，然而，人類賴以生存的食物卻只能以算數級數增加，人口的增加將受限於食物供給的限制，一旦超過此限度，飢餓、貧困、戰爭便會發生，直到人口減少到食物可以供養的限度為止。

《人口論》主張也影響到工資與供給需求理論之發展，人口法則在解釋經濟現象時，使支配工資率及利潤分配與資本增加，他將人口當作主要的變數，決定其他經濟行為（如供給、需求、生產、工資、利潤分配等），相對於亞當史密斯與李嘉圖（David Ricardo）將人口變數併在勞動工資中，使之成為次要因素（依變數），甚至受到生產與需求供給之決定。

馬氏之有效需求論點也取代了以往價值論（商品內在價值），開啟了市場價格係由需要與供給兩者來決定，即是物品之價值不再取決於其自然價格（natural price），而是取決於市場價格（market price）[3]。「供給」意謂著「生產」，「需求」意謂著「消費」，其間的關係非常密切，然而其因果關係（是需求製造供給，抑或是供給產生需求），在經濟學中卻是爭論的要點。在另一方面，若消費超過生產，國家的資本必然減少；若生產超過消費，資本累積將會減少或生產動機會降低，如何取得均衡點激勵財富增加，實為主要關鍵。馬爾薩斯之理論對凱恩斯影響甚鉅。

李嘉圖（David Ricardo, 1772-1823）終結了古典經濟學，古典理論到了李嘉圖可謂是達到了最高發展階段（陳岱孫，1987）；基本上，李嘉圖和亞當史密斯皆強調資本累積對社會財富增加的作用，重視資本家產業之發展。如何提高生產力以快速累積資本，不斷的擴大資本累積，才能使國家致富，同時也發展了資本主義。不同之處在於，李氏強調從資本的開源方面來探討資本累積之形成和擴大的最大可能性，然而，史氏將資本累積形成歸因於資本家之節流方面上。

---

[3]　請參閱侯立朝，1975，522頁。

　　李氏進一步闡揚勞動價值論、分配論、利潤與地租論、比較利益問題。在勞動價值論上，他認爲勞動是一種資本形成的過程，勞動者僱用的多少，影響到資本的累積，勞動和資本利益是一致的；勞動者創造了商品價值，勞動工資卻取決於工人之最低生活必需，不應多得。在分配問題上，他討論了剩餘價值應該如何分割？找尋決定剩餘價值量的因素；在分配過程中，所產生的利潤應該由誰來獲取？這利潤分配的問題形成階級經濟，繼而演變成階級間對利潤分配的爭奪問題。在利潤與地租上，以爲利潤決定於工資、利潤分配和地租；工資是一個定數，利潤實際上受地租和利潤分配多寡影響，利潤分配造成勞動階級和資產階級的衝突，而地租的變數也會影響到地主和資本家之利益衝突。在比較利益上（comparative advantage），他強調自由貿易，唯有在無任何政治干預情況下，以及在比較利益的前提下，相互貿易交換，才能增加彼此的利益。

　　資本累積得自利潤，利潤之本質即是古典經濟政經研究的主題。利潤來源與分配，涉及了資本主義的剝削關係；同時，在利潤分配不均的情況下，造成了資本家越富有，而勞工的利潤卻越減少，勞工階級與資本階級間利益對立更爲明顯。

　　簡言之，其理論反映了工業革命時期的產業資本意識型態，進一步探討階級的經濟學原則，以爲社會收入矛盾形式是資本主義社會的階級矛盾所引起，也就是利潤與工資在分配中的矛盾，抑或是利潤和地租之間的矛盾。而李嘉圖理論開啓了資本主義經濟和社會主義經濟之研究，他在政治經濟學的研究架構中，反映出社會發展現象，由進步與貧窮結果分歧爲二，即以資本家階級爲主的資本主義經濟理論和以無產階級爲主的社會主義經濟理論（蕭全政，1988）；前者奠定了新古典經濟之發展，而馬克思理論便承續了後者主張。李氏在政治經濟學發展過程中，可稱得上是承先（Adam Smith）啓後（Capitalism and Marxism or neo-classicals and socialism），此兩派兩極化了政治經濟學之研究領域，其差別稍後各別加以討論。

　　馬爾薩斯與李嘉圖接受亞當史密斯之經濟學的自然法則，在經濟運作中，有一種自然秩序，政府必須遵循放任自由主義，讓自然法則自由地操

作，即所謂的「一隻看不見的手」效果。馬氏與李氏之貢獻拓展了古典經濟學（classical economics）之領域，兩者進一步強調市場機能與過程，自由市場力量如何能支配經濟運作，然而兩者並不完全同意史氏對於自由放任主義之結果抱太樂觀的看法。政府的經濟適當干預，不僅是難免，也是必須；爲達到合理分配和人類福利之改善，兩者對大多數人未來的福利改善持相當悲觀的看法。縱然如此，兩者之理論預測至目前爲止尙未完全成爲事實，但卻提供了經濟學發展相當紮實的理論基礎。

　　馬氏與李氏之間也有極大的爭論，是因彼此持相反的立場所致。李氏在價值論上採行勞動價值論，商品的價格取決於勞動量（時間）；而馬氏以需求供給論來解釋商品價值，企圖排除商品內在價值。其次，在生產供給與需求消費方面，李氏根據「賽伊法則」（Say's law）[4]，供給創造需求的觀念，否定了一般生產過剩可能的說法；然而，馬氏則否定「賽伊法則」，提出有效需求理論，即需求可以有效刺激供給，生產過量將造成可怕的後果。最後，在農產穀物條令方面上，馬氏贊成穀物條令，保護農業政策，認爲外國穀物的自由進口，將致使本國穀價和工資下跌；相反地，李氏反對農業保護政策，支持自由貿易。這反映了兩者各自代表不同出身階級的利害關係—地主與資本家階級之爭（陳榮貴譯，1985）。

　　基本上，古典政治經濟學與古典理論大致相符，起於十七世紀中葉後，完成於十九世紀初；古典自由學派企圖分析經濟凝結（economic aggregates）的決定因素從亞當史密斯的《國富論》，馬爾薩斯的《人口論》，李嘉圖的經濟成長、地租論、國家貿易、勞動價值論，西斯蒙第（Sismondi, 1773-1842）的商業財富論等，均強調資本累積（capital accumulation）對社會財富增加的重要，也是經濟發展的動力，進行累積私人資本（尤其是資本家資本），擴大私人財富，進一步發展資本主義經

---

[4]　Jean B. Say係古典學派的法國經濟學家，賽伊法則（Say's law of market）認爲需要永遠大於供給，供給可以製造其需要（supply creates its own demand），只要能生產，便能銷售，生產過剩是不可能存在的事實，而且強調市場操作的自然平衡傾向（natural balancing tendency）。

濟，是古典學派的中心思想。

貳、新古典政經理論發展

　　新古典學派理論是建立在「實證」（positivism）基礎上，強調排除任何非經濟因素影響，將經濟學正位，驅除政治權力影響。也就是將經濟與政治學分開，各自成為一個獨立的學科（Staniland, 1985），主張「量化」和「客觀」之研究，排斥價值判斷與泛道德化或泛政治化標準。

　　資本主義經濟學在1870年代後產生巨變，古典經濟學應用了「劍橋學派」與「邊際學派」論點，蛻變為新古典經濟學理論（蕭全政，1988；Sundrum, 1990）。在歷史背景上，隨著資本主義在先進國家達到成熟階段，市場機能也逐漸成為主導經濟的理念。彌勒（John S. Mill, 1806-1873）是位關鍵人物，他可說是古典學派的終結者，雖然整合了古典理論，但也挑戰了古典經濟學理論（尤其是李嘉圖的理論）。他的生產論反對李嘉圖的「工資鐵則」（the iron law of wages）與「地租論」，認為窮人並非無法改善其生活水準，財富分配也並非只依靠市場過程，政治與社會過程（即法律與規範）也將影響財富的重新分配，強調社會進步能改善社會分配與平等；他的經濟學介於「資本主義」與「社會主義」之間，力言勞動生產物的分配，不應根據利己主義，而應依據「公正原則」來進行。彌氏建立了經濟學之「福利」概念，也喚起了對實證經濟學的注意與研究，並開啟了「劍橋學派」之新古典理論。

　　新古典理論亦深受「邊際主義」或「奧國邊際學派」（the marginalism or the Austrian marginalist school）的影響，邊際學派主張以邊際效用和成本（marginal utility and cost），取代過去以生產成本當作交易的基礎（蕭全政，1988）。馬歇爾（Alfred Marshell, 1842-1924）結合了邊際理論融入劍橋學派理念，充實了新古典經濟理論[5]，也將它帶入了以

---

[5] 馬歇爾之巨著《經濟學原理》（*Principles of Economics*, 1890），啟風氣之先，他開創

實證爲主的經濟科學時代（Bowden, 1985）。

　　馬歇爾可說是新古典學派眞正創始人，他批判勞動價值學派，也攻擊邊際效用學派。他企圖整合此兩種理論，採折衷之說，主張以「需求」、「供給」與「價格」來探討人類經濟行爲，認爲「供需法則」決定市場價格；同時，邊際消費效用決定其需求，邊際生產成本決定供給。需求乃價格的函數，決定商品的需求價格；供給量則是生產成本的函數，供給函數決定供給價格，這便是馬氏之供需法則。他的經濟原理將國家管理經濟分析，轉向針對個人行爲分析，發展出個體經濟學之研究。

　　瓦拉斯（Leon Walras, 1834-1910）首先提出「一般均衡理論」（the theory of general equilibrium），亦可說是邊際效用學派的創始人之一[6]。均衡理論分析是瓦拉斯對新古典經濟學最顯著之貢獻，它是建立在供需法則基礎上，價格函數決定了需求量、供給量和價格，當需求量與供給量相等時便決定了價格；均衡理論之觀點，不是基於「因果關係」，而是基於「函數關係」。

　　均衡理論可分爲部分均衡（partial equilibrium）與一般均衡（general equilibrium）。部分均衡分析是指其他狀況保持不變（everything else stays the same）的情況下，試探什麼可能會發生，例如，生產過多的香蕉和供給不足的蘋果之情況下，香蕉價格將會下跌，且人們會大量吃香蕉，而且減少生產香蕉；相反地，蘋果價格會上揚，人們將會減少購買，同時會增加生產蘋果，即需求與供給只受商品價格的影響，便是所謂的部分均衡。

　　一般均衡分析是指在其他狀況沒有保持不變時，探討所有可能會發生的相關因素。一個變數的改變會影響到其他變數的改變，表現在數學模型上，便是兩個以上的方程式連結在一起；每一個方程式代表著一部分的經

了現代經濟學理論，完成了最完整體系之個體經濟分析（參閱湯慎之，1977）。

[6] 在1870年代，瓦拉斯與其他兩位經濟學家（奧國的梅格，Carl Menger, 1840-1921，與英國的傑渥斯，W. S. Jevons, 1835-1882）同時提出邊際效用理論，承啓了奧國學派（the Austrian school）或邊際學派（the marginal school），企圖從個人對財貨效用的主觀評價來決定商品的價格。

濟現象，結合所有相關方程式，便自成一完整的經濟體系；換言之，所有商品的需求供給函數同時加以處理，藉以尋求均衡價格的決定，便是一般均衡理論。

除此之外，瓦拉斯是自由社會主義者，綜合自由主義與社會主義的論調（有別於馬克思之社會主義），主張尊重個人的自由，自由競爭能發揮最大的經濟效益。同時，意圖透過國家政策來謀取社會的平等化，認為從「勞動」和「資本」取得的收入應歸於個人；自「土地」而來的收入，則應歸於國家，「土地國有化政策」便是其目的，這可達到所得收入分配的平均化、縮小貧富之差距、提高社會福利、保障個人權益與自由。

新古典學派延襲了古典理論，其間最大之差異乃在於古典經濟學派強調政治經濟學（political economy）概念與原則，而新古典學派則強調純經濟學（economics）之概念原則研究[7]，這從古典學者常冠以政治經濟學為其著作名稱，而新古典學者則單以經濟學為主，便可窺知一二。古典理論可說是國家經濟的經營管理，而新古典理論是市場經營管理，排除國家之干預經濟，個人或廠商成為主要研究單位[8]，重視人類的經濟行為之實證科學性，掃除一切價值判斷和非經濟性因素；新古典經濟理論對現代政治經濟學（modern political economy）有相當的影響，偏重於理性政治行為模式對政策擬定與選擇，做最理性之決定，以達謀取最大多數人之最大福利，修補資本主義下市場失敗之缺失。

古典與新古典理論隨著資本主義社會發展而大行其道，且相互輝

---

[7] 例如，馬歇爾的 *Principles of Economics*（1890）；披哥（Pigou）的 *The Economics of Welfare*；盧賓申（Joan Robinson）的 *The Economics of Imperfect Competition*（1933）；哈洛德（Harrod）的 *Towards A Dynamic Economics*（1948）；薩穆爾森（Samuelson）的 *Economics: An Introductory Analysis*（1948）；馬爾薩斯的 *Principles of Political Economy*；李嘉圖的 *On the Principle of Political Economy and Taxation*；彌勒（J. S. Mill）的 *Principles of Political Economy*；傑渥斯（W.S. Jevons）的 *The Theory of Political Economy*，經濟學不再冠以「政治的」，乃是從馬歇爾《經濟學理論》啟風氣之先，完成個體經濟學之研究。

[8] 請參閱蕭全政，1988，14-20頁與湯慎之，1975，1-10頁。

映。新古典理論引導著資本主義經營方式,而資本主義經濟也刺激著新古典理論的強化;資本主義的發展似乎也說明了新古典學派的發展,綜合言之,新古典理論超越了古典理論。然而,古典理論針對著資本主義的整體性,新古典理論卻忽略了對資本主義制度做整體性觀察,只關心各種經濟概念的分析[9]。

新古典經濟學模式在技術上強調供需如何決定價格,以及價格又如何運作和引導經濟系統,嚴守經濟科學中立精神,主張價值中立與客觀事實的存在。基本上,新古典理論融入了七種理念:個人主義、自由主義、心理主觀偏好、外在客觀標準、理性主義(極大化)、均衡狀態,與功利主義(極大化最大多數人之最大利益)。這些基本的經濟理念形成其研究架構(蕭全政,1988;Bowen, 1985),且演繹出極大化行為法則,例如:比較利益理論(theory of comparative advantage)、邊際效益理論(theory of marginal utility),與貨幣數量理論(the quantity theory of money)。

新古典經濟模式著重在個體經濟學(microeconomics),將邊際理論應用到自由競爭市場操作;新古典經濟典範(the neoclassical paradigm)用來建立市場機能,有效地分配資源,配合消費者偏好,以達最大的經濟效益(economic efficiency)。從這些概念和基本理念,在現代政治經濟學上,新古典理論推演出兩個主張:第一、在自由市場中,政府政策必須強調個人利益,政府應追求個人利益;第二、在自由市場中,應該免除國家干涉,減少以政府力量去提升所有人的財富(Burkitt, 1984)。

總之,新古典學派之基本前提與假設(premises and assumptions),可歸納為下列幾個重點(Soong, 1992; Gilpin, 1988):

1. 自由主義(liberalism)──強調個人主義、自由企業和放任主義(自由貿易)。

2. 市場機能(market mechanism)──經由「供需原則」決定「價格」,而供需與價格也會影響選擇。

---

[9] 請參閱陳榮貴譯,1985,12-20頁。

3. 在長時期，市場經濟會傾向於穩定與均衡狀態（a state of equilibrium and stability），即供給量等於需求量。

4. 在資源稀少與受限制的情況下，個人以最少成本，追求其最大利益（in search of self-interests）。

5. 個人（消費者，individuals）、廠商（firms）、家庭（families）是研究的最基本單位（取代以往以國家爲主）。

6. 依據其理性行爲，決定其經濟活動與抉擇（choices）。

7. 經濟學與政治學必須加以區別，強調純經濟學之實證科學與政治中立，排除政府干涉市場經濟，除非市場運作失敗（market failure）。

參、凱恩斯之政治經濟理論

凱恩斯（John M. Keynes, 1833-1946）改變了以往以自由經濟理念爲主的經濟理論操守，對自由主義的信念，即市場本質上趨向於社會利益的均衡，持著懷疑的態度，而贊同國家機關之經濟干預，能刺激就業與投資，此論點已經對基本的古典與新古典之自由主義的理念構成挑戰。所謂「凱恩斯革命」（Keynesian revolution）基本上是將「國家機關」（the state）再帶入其經濟研究分析之領域，重新評估國家機關之經濟角色，並對自由主義（liberalism）表示質疑。

基本上，凱恩斯反對李嘉圖，卻推崇馬爾薩斯，親重商主義，在現代經濟思潮中，影響西方各國政府之經濟政策最爲顯著，即使是開發中國家，亦尊奉其學說。由於 1930年代發生世界性的經濟大恐慌，失業率高達30%，凱恩斯認爲傳統的自由主義已不能解決嚴重的經濟危機，對古典與新古典學派之假設立論深表懷疑。凱氏之反對自由主義的經濟學說，可從四方面看出：第一、社會上的人力及資源會充分利用，也會達到充分就業狀態的看法，這與現象或事實不符；第二、反對賽伊市場法則（Say's law），即「供給創造需求」，認爲要創造有效需求，取代賽伊法則；第三、眞實工資等於現有就業勞動力的邊際反效用。第四、認爲市場無法自

動調節，須要國家干預市場。摒棄亞當斯密「看不見的手」之市場機制，主張強而有力的政府干預。

　　凱氏進一步強調，研究的重點應該擺在如何促使現有的社會經濟資源做充分的利用；再者，凱氏在方法論上利用觀察統計資料，分析資料來建立理論，針對整個國民經濟生產之產品與勞務總量和價格來分析。凱氏之研究途徑與古典學派一樣，但與一般之新古典學派不同，他從總體宏觀經濟著手，所提到之需求、消費、儲蓄等觀念，並非指個人，而是整體社會的。同時，在前提與方法論上也與古典及新古典學派截然不同，凱氏之經濟學說重視短期的分析，短期比長期來得合乎實際，因此被稱之為「凱恩斯革命」，經濟學史上稱之為凱恩斯學派（Keynesian school）或稱為凱恩斯主義（Keynesianism）。而凱氏的經濟理論，主要來自其1936年經典之作《就業、利息及貨幣的一般理論》（*The General Theory of Employment, Interest, and Money*），這一本書最具代表凱氏之經濟理念。

　　「凱恩斯革命」主要反映在下面五個重要經濟命題上：第一、提出有效需求決定供給，對賽伊市場法則的否定。有效需求係指整個經濟社會的總需求，而有效之意義是指需求必須隨之有實際的購買力，認為需求決定價值或價格，也決定就業與所得水準。

　　第二、貨幣的供給需求決定利率，否定了傳統利率論與貨幣數量論的觀點。新古典理論認為，儲蓄與投資決定利率水準，但是對收入與就業不產生影響，但是凱氏卻認為儲蓄與投資所決定的便是就業量與國民所得，不是利率，利率是決定於貨幣的供給量與靈活偏好程度，是貨幣市場的供需關係決定，而非商品市場之資本供需關係所決定。

　　第三、勞動市場上形成的實際工資水準絕非勞工所願接受的最低工資，否定了自願失業的說法。新古典理論認為在勞力之供需所決定的工資率下，不會有「非自願性之失業」存在，只有「自願失業」，當勞工不願在此工資率下工作，而願意賦閒在家。凱氏認為社會上總有一些人願意接受比實際工資較低的工作報酬，仍無就業機會，這些人就是屬於非自願性失業者；其次，勞工所要求的工資是一個最低限度的貨幣工資，而非最低限度的實際工資。非自願性的失業主要是有效需求不足所引起，絕非勞工

本身的問題所造成，而且，當眞實工資下降時，勞動需求並不增加，足見非自願性失業之存在。

第四、用刺激總需求政策來取代自由放任政策，否定一切任由市場機能運作，重視政府在經濟中的干預程度，認爲政府可以利用財政政策、貨幣政策、工資政策與貿易政策等，來解決就業問題與提高有效需求，進而促進經濟的成長（李任初，1992；湯愼之，1975）。

第五、延續第四點，分析凱氏之財政與貨幣政策主張，強調政府參與經濟活動的重要性，以財政政策來管制經濟活動。他主張政府應採取赤字財政，放棄均衡財政，擴大財政規模，放棄緊縮財政，而且擴大公共支出，特別是公共投資，作爲誘導社會投資的重要因素，來創造就業機會，提高社會的消費傾向；否定以往政府支出越少越好的主張（因爲政府支出的財源來自人民，若政府多支出，會減少人民的儲蓄、投資及生產），也否定了財稅收入，應以應付支出爲主，才能健全財政。再者，凱氏建議政府採取高度累進稅率，加重富者之徵稅，促使總需求增加，便能刺激投資需求的提高。除此之外，凱氏更主張對儲蓄課稅，以降低社會的儲蓄傾向，基本上他認爲「節約是種惡德」，而「消費才是美德」，人們不從事消費，而一昧的節約，乃是資本主義的弊端，有異於古典學派將「節約視爲美德」之看法。最後，主張在不妨大量發行公債，大量發行紙幣，終能導致經濟的平衡，防止通貨膨脹，以及過度投資之害，否定了以往反對公債，與公債阻礙儲蓄之主張（陳榮貴譯，1985；林鐘雄，1993；Bowden, 1985）。

凱氏的理論主導了西方工業國家的經濟長達四分之一個世紀，而且國民生產總值增長了好多倍。在1913年到1938年的二十五年間，工業生產之成長率不到1.7%，而在1946年到1970年間的二十五年裡，工業生產成長率高達6%，國際貿易大增，失業率與通貨膨脹率下降，世界經濟一片看好，先進工業國家皆相繼進入大眾消費階段（mass consumption stage），或是社會福利國家，此階段可以說是資本主義體系下，工業化國家之經濟發展黃金時期，也就是所謂的「凱恩斯時代」（李任初，1992）。

凱恩斯主張政府應運用財政政策與貨幣政策，來解決大蕭條時期的

大量失業問題，以及通貨緊縮問題。以擴大政府支出創造有效需求，可以解決嚴重的失業問題，以及災生產、就業及所得的增加下，也會增加政府稅收，財政赤字問題便能迎刃而解。凱恩斯不認同古典經濟學主義的自由放任態度，若政府不積極干預，人們會因為經濟蕭條而失業而受苦。難怪凱恩斯說了一句名言：「長期來說，大家都死了。」（In the long run, we are all dead.）便是說明不能消極地自由放任，依賴市場機制，必須有立即的干預作為解決經濟問題。

　　1970年代開始，凱氏的理論面臨困境，通貨膨脹的問題日益嚴重，政府各項經濟政策的效率下降，美元出現危機，布雷頓森林國際貨幣體系（Bretton Woods system）也面臨崩潰的命運，加上1970年代兩次世界石油危機，導致世界經濟的不景氣，出現了高失業率與高通貨膨脹的問題，凱氏的貨幣與財政政策的主張，不僅面臨挑戰，也陷入財政赤字危機中，反凱恩斯學派的理論紛紛而起，凱恩斯學派內部也發生分裂現象。

肆、貨幣理論與芝加哥學派

　　貨幣理論緣起於1950~1960年代，在美國出現的一個經濟學流派，又被稱為「貨幣學派」，其創始人是芝加哥大學教授弗利德曼（M. Friedman），弗氏以制止通貨膨脹和反對國家干預經濟為核心，強調貨幣供給量的變動，會引起經濟活動和物價水準發生變動。弗氏認為通貨膨脹在任何時間、任何地點都是因為發行過多的貨幣現象。若是發行過少則會造成通貨緊縮。弗氏主張貨幣發行量的成長率要保持一個固定的速度，讓經濟中的個體對通貨膨脹有完全的預期能力，這種貨幣機制又被稱為「弗利德曼」規則。

　　由於二次世界大戰後，英美等高度資本主義國家，長期推動凱恩斯主義的擴大有效需求的管理政策，雖然刺激了經濟成長，但也引發了通貨膨脹問題。因此，自1960年代後，由於美國面臨物價高漲、通貨膨脹與高失業率的影響，凱恩斯主義的理論無法有效作出解釋與政策解決辦法，也讓

貨幣學派的發展能順勢而起。尤其在布倫納（R. Brenner）於1968年使用「貨幣主義」（Monetarism）一詞確定貨幣學派的基本特點後，便開始廣泛被沿用於西方經濟學的文獻裡。

貨幣學派源起於貨幣數量學說（the quantity theory of money）[10]，貨幣數量學說乃是從貨幣供給量的變化來解釋貨幣價值之決定與變動，其一般的理論強調物價水準的變動與貨幣數量、貨幣流通速度是成正比的，而物價水準與所購得的財貨、勞務數量成反比關係。此傳統的貨幣理論（主張物價水準的變動，主要受到貨幣供給量的變動來決定），受到凱恩斯的質疑與批判，凱氏以為決定貨幣之需求變化，並不是物價水準，而是利率，致使傳統之貨幣數量說的影響力下降。直至1950年代後期，美國芝加哥大學教授弗利德曼（M. Friedman）才重建貨幣數量說的重要性，在其1956年發表之《貨幣數量說新論》（*The Quantity Theory of Money-A Restatement*）是為代表作，堅持此新貨幣數量觀點的學者，被稱之為「貨幣學派」（monetarist school）。

弗利德曼之貨幣理論是對抗「凱恩斯革命」的反革命。弗氏將貨幣數量論界定於貨幣的需求層次上，在傳統的貨幣數量學說裡未曾提及，貨幣的需求決定於物價水準與所得水準，而貨幣的成本也會影響貨幣的需求。貨幣的成本通常有兩種：一是不持有貨幣貸出所能賺取之實質利率；二是持有貨幣卻不支出，而損失購買力，使物價水準上漲。一般而言，新貨幣數量論認為有四項因素可以決定貨幣之需求：物價水準、實質生產及所得水準、實質利率、物價水準上漲率，前兩項因素之變動，與貨幣需求的變動呈正向關係；後兩者因素的變動，與貨幣需求之變動呈反向關係。

弗氏對通貨膨脹的看法是，就長期而言貨幣供給量的變動，會導致物價水準的變動，而且貨幣供給量之快速增加，且超過產量增加的速度時，通貨膨脹就會發生；反之，當貨幣供給之成長率低於產量之成長率，便能穩定通貨膨脹的問題；同時，一國貨幣之供給量完全由政府來決定，政府

---

[10] 貨幣數量學說應始於十六世紀法國學者波丁（Jean Bodin, 1530-1596），分析大量金銀流入歐洲，使貨幣數量增加引起物價上漲，幣值下降之說。

應負起通貨膨脹問題的責任。基本上，貨幣供給會不斷的增加，主要受到政府開支迅速增加，以及政府推動充分就業政策，以擴張貨幣方式來刺激經濟與投資，最後是中央銀行實行錯誤或不當的貨幣政策所致。貨幣學派主張市場機能能合理配置資源，比任何經濟模型都有效，歷史上任何一次重大的經濟波動，都是由於政府錯誤的政策造成，政府最好的政策便是採取「放手政策」（hands-off policy）。同時否定凱恩斯之貨幣與財政政策，認為財政支出與收入不能適時地成為調節經濟的平衡器，因為議會政治對財政預算與提案之通過，往往曠日耗時，以致延誤時效；其次，財政與貨幣政策之效應與作用，往往需要一段相當長的時期才能顯現出來，短期政策無效，政府該做的是維持固定的貨幣成長率；再者，以財政擴張持續發生有效的成長，政府通常會經由創造貨幣，即大量印製鈔票，這種做法必然導引通貨膨脹。因此，弗氏進一步指出，凱恩斯的貨幣與財政政策是經濟不穩定的根源（李任初，1992；Bowden, 1985；Dolan, 1986；林鐘雄，1993）。

　　最後，對貨幣學派與凱恩斯學派做一簡單之比較，其實，凱恩斯與弗利德曼對利率有一共同的看法，即市場利率（名目利率）應等於實質利率加上物價水準的上漲率（即通貨膨脹率），只不過後者對貨幣需求的利率彈性，比起前者所假定的利率彈性來得小。基本上，兩學派間有幾個層面的不同：第一、貨幣學派認為當貨幣供給量增高時，國民所得會提高，物價水準也會跟著上升；而凱恩斯則認為當貨幣供給量提高，一種現象是利率會下降，然後投資會提高，國民所得會增高；另一種現象是，當貨幣供給量提高時，稅收下降，國民所得提高，抑或是稅收下降，消費提高，生產量增加，國民所得提高。第二、貨幣學派主張控制貨幣供給量；而凱恩斯則主張控制利率方式。第三、貨幣學派認為消費與投資相當穩定，政府政策的不當是造成經濟景氣波動的主因；而凱恩斯學派認為消費與投資相當不穩定，此兩者才是造成經濟景氣波動的原因。第四、貨幣學派認為工資與物價水準可充分伸縮，價格機能的發揮，能使民間支出的波動穩定，不需政府干預；而凱恩斯學派認為工資與物價水準有向下僵固性，價格機能無效，政府應主動干預解決問題。第五、貨幣學派相信最好的政府便是

採取放手的政策，只要維繫固定性的經濟規則即可；而凱恩斯學派認為，政府應採取權衡性規則，主動積極的解決問題。

第三章

現代化與依賴理論

壹、前言

　　當代對第三世界發展（development）與低度發展（underdevelopment）的研究，主要是受到兩個理論的支配，也就是現代化理論（modernization）與依賴理論（dependency）。此兩種理論對於尋求解釋相同的實體（reality）發展現象（即是第三世界），卻有明顯截然不同的緣由（orientation）與觀點（perspective）。自從二次世界大戰後，學術界竭盡努力地試圖從不同的層面來解釋有關第三世界之發展與低度發展的問題（issues），例如，外援（foreign aid）、貿易（trade）、資金（capital）、資源（resources）、技術（technology）、跨國公司（multinationals）、現代價值（modern values）、制度（institutions），與國外直接投資（foreign direct investment, FDI）等。事實上，現代化與依賴理論發展至今天，對第三世界之發展與低度發展已經產生了許多不同的解釋模式（modes）。

　　以下將針對現代化理論與依賴理論，來分析第三世界之發展與低度發展問題，基本上將從三方面加以探討：第一、從現代化理論的觀點來討論第三世界之發展與否之問題；第二、將從依賴理論之角度來對第三世界低度發展的問題做進一步分析；最後，將提出一套模式與分析架構對現代化理論與依賴理論之發展做深入的比較。

貳、現代化與依賴理論之歷史背景

　　一般說來，對發展與低度發展概念之研究，必須考量一些歷史的重要特徵（histroically determined characters），事實上，大多數人認為，歷史的環境提供了一個可以被理解的背景，而這些歷史背景在理論上是可以被歸納成為一些社會變遷與經濟發展的形式（forms）（Corbrige, 1986; Peet, 1991）。如此，歷史的過程是暗示著所謂「發展」與「進步」（progress）的概念，甚至亦意謂著社會的低度發展可能性。

　　社會的發展與資本主義的出現（emergence）有著密切的關係，對於社會發展決定論的簡單邏輯，已經被置於資本主義的實體（reality）上，資本主義不僅僅被視為是一種自然的發展動力（developing force），同時也被視為是低度發展的因素（underdeveloping factor）（Larrain, 1989）。而資本主義的每一個發展階段，均顯現出特別的特徵，此特徵與發展和低度發展理論頗為一致；資本主義本身所顯現出的問題（issue），也反映在資本主義世界經濟（capitalist world economy）的成長，與核心和邊陲之間的結構衝突上；因此，資本主義假如不是經由工業化來推動核心地區之發展，就是經由剝削（exploitation）造成邊陲地區之低度發展。資本主義的歷史發展提供了一個基礎，給予發展與低度發展理論成長的機會，而這些理論的發展，事實上也是透過資本主義生產模式變遷的歷史發展而來。

　　根據Larrain（1989: 3-4）的說法，資本主義歷史過程可以被劃分成三個主要階段：第一個階段是從1700年到1860年的競爭性資本主義（competitive capitalism），也就是早期資本主義與重商主義的擴張（the expansion of mercantilism）；第二階段是從1860年到1945年間，也就是資本主義的擴張期，例如殖民主義與帝國主義（colonialism and imperialism）；最後的階段是從1945年後至今，這是後資本主義（late capitalism）時代。每一個階段皆擁有其獨特的發展特質，這些特質也都造成不同理論之形成，相對應於每個發展階段，可以發現古典政治經濟學與歷史唯物論的觀點支配了對第一階段發展的解釋；而對第二階段之發展卻由新古典政治經濟學與帝國主義古典理論所支配；對於後資本主義之發展，則由現代化理論、依賴理論、新自由主義（neo-liberalism）、世界體系、國家主義（statism）、新帝國主義，與新政治經濟學等典範（paradigm）所支配，企圖對於一個社會之發展與低度發展是如何發生，做一個比較完善的解釋。

　　現代化理論與依賴理論之興起是企圖針對戰後第三世界國家發展與低度發展的問題，此兩種典範的出現與歷史的事件有著相當深切的關聯；其實，現代化的意義被揭櫫，主要是因應著對殖民地在政治上的瓦解（political decolonization），以及戰後新興國家普遍貧窮的現象。同時

隨著民族主義（nationalism）的壓力，新興的政府必須盡最大的努力來追求國家發展，以解決或滿足人民所需，向人民換取其統治權的合法性（legitimacy）。這些新成立的政府趕緊進行推動大量的經濟發展與技術變遷計畫，而已開發國家也為了援助（assistance）或策略性權力利益或相互利益的目的，也紛紛擴大與開發中國家進行合作事宜。在此情況下，第三世界國家都熱誠的相信，現代化是必須的，而且是可能達到的，甚至與西方富裕相當（Dube, 1988: 15-20; So, 1990: 17-18）。因此，西方化（westernize）變成第三世界現代化的目的與動機（motivation）。

對第三世界現代化之研究已開始強調發展的資本主義過程，其前提假設是第三世界國家將能克服其障礙，並發展資本主義至與先進國家同樣的水準。現代化觀點已開始大力關心內部因素（endogenous factors），例如，傳統的價值（traditional values）、制度的弱點、資金的短缺、技術的落後等。事實上，現代化的概念是西方社會科學為解決戰後第三世界所面臨挑戰的一種反應，也就是說，在資本主義世界中，現代化理論的誕生是戰後發展理論的第一主流（mainstream）；在理論與現實上，研究者已開始體認（recognize）到對提供第三世界國家一些典範，來修正或形成其發展計畫（programmes）公式（formulation）的需要。

在1950年代晚期至1960年代中期，現代化理論發展達到最高峰，「反共產主義」（anti-communism）與「愛國主義」（patriotic imperative）被視為是現代化理論的道德核心（moral cores）（Caute, 1978: 22）。直到1960年代晚期，現代化理論才開始失去其理論訴求的重要性，特別是當第三世界國家之發展遠落後在其應有的發展程度時，現代化理論更是面對了多方面不同學派的批判；懷疑是否資本主義或現代化有能力推動發展，為什麼或為誰現代化也開始變成了一種意識型態（ideology）或一種神話（myth）。

依賴理論之歷史脈絡可以被追尋到拉丁美洲經濟委員會（Economic Committee of Latin America, ECLA）上，此聯合國地區性機構是在1948年成立的。ECLA認為傳統的經濟理論偏向於核心資本主義國家，並不適用於去了解第三世界國家的發展；ECLA也拒絕比較利益理論，不認為核心

國家之工業產品與邊陲初級產物（primary goods）之交換對所有的國家皆有利益；也認為國際貿易最終將有助於核心國家，進而刺激其技術的進步與工業的再升級。邊陲國家（指拉丁美洲）過度依賴初級產物的出口，在價格下降與需求彈性小的影響下，將不可避免地造成傷害其對外貿易的成果，因而使得拉丁美洲國家緩慢了其進行資本累積的速度。這個觀點主要來自Prebisch的論調，影響了ECLA傾向於贊成邊陲國家採用進口替代工業化策略，也就是說，國家機關必須扮演一個主動的角色，透過關稅保護鼓勵國內生產以替代從國外進口工業產品。ECLA也建議吸收國外資金與跨國公司的投資，這可促進技術的移轉與新管理技術的學習（Peet, 1991; Oman and Wignaraja, 1991; So, 1990; Larrain, 1989; Blomstrom and Hettne, 1984），結果，這建議卻廣被許多第三世界國家所採用。

在1950年代的拉丁美洲國家，許多民粹（主）（populist regimes）政權，透過進口替代，實行保護主義與工業化，來追求其經濟的成長，甚至是種追求民主的方式與手段。然而，在1960年代初期，此進口替代之經濟擴張轉變成經濟不景氣，造成高失業率、通貨膨脹惡化、貿易之衰退，以及其他嚴重的經濟問題；這些嚴重的經濟問題，也導致了民粹政權的崩潰，更讓威權軍事政權（military authoritarian regimes）有興起執政的機會。因此，ECLA計畫就如同現代化理論一般，無法進一步解釋為何經濟不景氣的現象，此點深受到許多拉丁美洲研究者之質疑，而由於此ECLA計畫的失敗，也使得依賴研究者提出一套更激進的發展計畫與策略。

對於依賴理論的興起，有幾個因素可以加以說明：首先，依賴學派企圖對Prebisch與新古典經濟理論持用相似的分析方式予以批判；依賴學派極力反對ECLA的見解與解釋，同時也提出一套新馬克思學派（neo-Marxism）的觀點來分析發展。其次，依賴理論的興起與第三世界國家剛興起的中產階級（middle classes）利益有相關，在依賴學派的訴求中似乎也反映出中產階級的利益，同時也認為惡性循環（vicious cycle）的影響主要是來自國外，因此需要一個合法政府的干預來支持國內的工業發展，並對付國外的壓力與衝擊。

最後，似乎依賴理論的興起，也可能是因為那時古典馬克思學派對於

國家利益與發展的解釋非常薄弱，它不再能被用來有效解釋發展與低度發展的現象（Brewer, 1990）。有些人認為依賴理論是修飾了馬克思學派而發展出來的研究，然而另外一些依賴理論學者卻認為依賴理論絕沒有接受馬克思的理論觀點。事實上，上面的爭辯與結構或是制度的歷史面向研究方法有關聯，一般說來，綜合結構與歷史面向的研究，是形成所謂依賴與低度發展理論的重要觀點（Girvan, 1973; Preston, 1987）。

參、現代化與發展（Modernization and Development）

現代化理論源自二次大戰結束後，盛行於1950~1960年代，當時在美國與西歐的學術界特別受重視，舉凡政治、經濟、社會、文化、心理、教育、工業、企業、法律、工程、醫療、衛生、人口等等，均強調現代化發展的意涵。由於二次大戰後，許多新興國家為「戰後重建」或「獨立建國」，對於戰後現代化發展的思潮與需求相當迫切。

基本上，現代化的主要意涵有幾個層面：首先，從發展歷程和過程上來看，就是由「傳統社會」朝向「現代社會」的發展，透過不斷創新與進步的變遷過程，達到西方化、現代化、工業化的目標。其次，從社會結構上來說，就是分化多元的現象，社會出現工業化、都市化、專業化、法治化、制度化、分工化、科技化、去貧窮化、社會流動等。第三、從價值和態度系統來看，社會重新建立新的價值觀與態度觀念來說，就是邁向理性化、世俗化、參與性格、普及化、民主素養、講究效率、成就取向、企業精神、成就動機高、都市性格、地理遷移等。最後，從發展策略上的應用來看，一個國家要追求現代化，無疑地勢必要擺脫依賴，要走向較高度的經濟自主，減少對原料產品輸出的依賴，讓經濟利益能夠分攤社會大眾。

在1950與1960年代，現代化的觀點是由非馬克思學派（non-Marxism）所發展出對第三世界發展的研究，現代化已被定義為一種階級間妥協的方式，而不是階級鬥爭的結果；事實上，現代化已被視為一種追求變遷（change），而沒有革命的過程。在馬克思學派的觀點，現

代化也就是等於資本主義的發展（capitalist development），國家機關（the state）是被資本家階級用來促進現代化之過程。然而，現代化觀點的一些議題（themes）建立主要來自社會學的傳統，也是對一些古典社會學所關注問題的重新解釋（reinterpretation）；基本上，現代化理論融合了進化論（evolution）、結構分化（structural differentiation），與擴散（diffusion）等觀念，除此之外，現代化理論也整合了社會學、心理學、政治學與經濟學之概念，對於價值、制度、個人動機、技術與資本累積等問題，做更深入的探討與研究（So, 1990; Peet, 1991; Dube, 1988; Etzioni and Etzioni, 1964; Hoogvelt, 1980）。

　　從進化論的觀點而言，人類社會不可避免地會經歷一種轉型，即從傳統過渡到現代化社會。發展的方式是累積的（cumulative）、繼續的（continuous），與單線的（unilinear），也建構出二分法的理想類型（bi-polar ideal-type），例如，Maine（1861, 1963）將社會發展區別為「地位」（status）與「契約」（contract）之類型；Töennies（1887, 1963）將社會分為社區（gemeinschaft-community）與社會（gesellschaft-society）；Durkheim（1883, 1964）強調發展是一種由機械連帶（mechanic solidarity）到有機連帶（organic solidarity）；Becker（1957）將社會分類為神聖（sacred）與俗世（secular）。所謂的階段理論也是一種進化論的型態，即社會進化一連串的發展階段，也是從社會變遷二分法類型所衍生出來的理論（So, 1990; Dube, 1988; Hagen, 1962; Hoogvelt, 1980）。

　　從結構分化（structural differentiation）的觀點來看，現代化的過程大致上是從社會分化與成長開始（Parsons, 1966; Smelser, 1964），社會變遷遵循著一個和生物個體成長極為類似的模式進行，社會分化（即社會分工）越大，就越接近現代化，而社會分化的增加與複雜將導致成長（Parsons, 1966; Smelser, 1959; Eisenstadt, 1966, 1973; Levy, 1966; Weber, 1968）。

　　從擴散主義（diffusionism）的觀點來看，汲取採用優良的文化項目，有助於使社會從傳統轉變到現代。「擴散效應」（即採用外來有價

值的文化項目）可說是社會變遷的內在動力（Parsons, 1971; Inkeles and Smith, 1974; Rostow, 1960; Moore, 1966; Lauer, 1973; Rogers, 1962; Bendix, 1967; Hagen, 1962; McClelland, 1961）；相對地，一個完全孤立的社會，因無外來文明的衝擊，將無法使他們獲取進步。

　　此外，從人類學的觀點來看，認為文化脈絡才是社會現代化的一個重要關鍵，文化模式影響到經濟行為和體制。韋伯學派亦有同樣的主張，文化之信念體系（belief system）有助於經濟之成長，基本上，韋伯學派的觀點，結合了經濟、宗教和文化等因素，建構了一套可以持續成長的價值（Hamilton and Biggart, 1988; David, 1987; So, 1990; Berger and Hsiao, 1988; Weiner and Huntington, 1987）。文化習慣是組織生活中非理性的、主觀的、規範的和可認知的範圍（Hamilton and Biggart, 1988; Inkeles, 1982; McClelland, 1961），文化動力的重要性現在盛行於新自由主義學派（neo-liberalism）裡，強調連結組織模式和合法權威的影響，成為新自由主義的主要研究之替代對象（McCord, 1991; Hofheinz and Calder, 1982; Harris, 1979; Cheng, 1990; Tai, 1989; Berger and Hsiao, 1988）。也就是說，新自由主義對文化的解釋，特別強調組織模式的重要，以及現代社會之政治社會化的影響。

　　現代化論者更進一步主張，認為先進西方國家的資本主義發展模式與軌跡，將是第三世界國家所採行且去遵循的最好模式。第三世界國家的發展過程，被視為歷史的新進者，無可避免地將跟隨著西方發展經驗的路徑而行。從「傳統」過渡到「現代」的發展論調中，強烈地反映出西方民族之優越感，以西方的標準用來衡量第三世界國家的發展程度，演變成「西方化」只不過是「現代化」的同義詞而已（Lerner, 1958; Hoselitz, 1960; Horowitz, 1982）。強調現代性是發展的主要緣由，而傳統文化卻是落後的主要根源；很明顯地，現代化和發展實際上是西方化的結果而已（Bendix, 1967; Frank, 1967; Gordon, 1989）。第三世界國家只能從與先進的或現代的社會有所接觸，依靠著引進一些「現代化項目」，例如新的價值、新的制度、資本和科技，才能獲得發展（Rostow, 1960, 1971, 1978; Parsons, 1971; Eisenstadt, 1973）。因此，這種具有意識型態解釋的現代化

觀點，具有相當高度之爭議性和質疑性。

　　在新自由主義（neo-liberalism）的觀點，「現代化」是民主化的基本表徵（Lipset, 1963; Huntingon, 1968, 1976; Moore, 1966）。政治民主與經濟發展是息息相關的，新自由主義假設社會之流動和資訊擴散的程度越高，社會系統之民主化程度會越高；而且當國家越富裕時，越有可能獲得民主，將政治民主視爲一個變數的分析，是西方資本主義自由主義論者的產物。因此，民主只有在先進國家中出現，而未曾在第三世界國家中被主動提及，也造成民主觀點與現代化聯想在一起的結果。實際上，新自由主義總是混亂了西方現代化的內在和外在的因素，這個論調已落入了因果秩序的邏輯繆誤，到底是政治民主導致經濟發展抑或是經濟發展導致政治民主？此外，政治民主與經濟發展間之關係，甚至成爲套套邏輯（tautological，即爲同義字之反復）。這個主張應用在第三世界國家的發展是有缺陷的，新自由主義的問題在於民主並不只是關係到政治和經濟而已，而必須考慮到其他如健康、教育、都市化、福利、人口、工業化和政治支配的社會運用等（So, 1990; Webster, 1990）。

　　這個觀點的基本問題是，過度地將變遷視爲線性的（linear）、目的論的（teleological）和反歷史的（ahistorical）發展過程（Taylor, 1979; Hoogvelt, 1980; Pieterse, 1991; Gordon, 1989; So, 1990; Black, 1991; Weiss, 1988）。現代化理論是過分簡化了發展之模式，更缺乏對歷史結構的考量，既忽略了社會階級關係與互動的歷史過程，也否認了發展和低度發展的實際現象，同時，現代化理論更散發出其具有理想樂觀主義和民族優越感的色彩（Pieterse, 1991; Gordon, 1989）。「進化排序了歷史，製造了帝國主義現象（panorama），銷毀了非西方民族之歷史，更甚者，從帝國主義本位的觀點，給予非西方民族建造歷史（Pieterse, 1991: 7）。」這與分化（功能主義）理論之論點頗爲相似，也揭露出其理論沒有考慮到歷史之發展過程，而只著重於社會機能與結構之分析。

　　這種研究途徑亦忽略了對衝突或變遷發生之可能性，現代化論者過分強調西方社會接受既存之理性的問題解決（problem-solution）與適應方式：第一、他們忽略了這種理論在發展中產生各種問題是否一致的程度；

第二、他們不同意第三世界國家具有解決自己問題與產生創新的能力。此外，現代化論者拒絕強調每個國家在發展歷史中存有興起、衰退與沒落模式的歷史循環理論。現代化論者認為發展是線性的和持續的，只有向前不會有退後的現象；它已假設西方文明不會衰退和沒落，將永遠是世界政經的領導者，這個主張很明顯地充滿非常民族主義之優越感，以及理論本身的問題。而且，傳統和現代的二分法，對社會進行分類，也太過於含糊與簡單，這種二分法對社會發展分類，並不能進一步指出社會的差異性。例如，「傳統」包括了所有工業社會階段之前的範圍，擁有非常不同的社會經濟和政治結構，如封建帝國、部落帝國和官僚帝國的說法，實在太過於含糊與簡單化（Webster, 1990: 56）。

此外，他們忽略了擴散（diffusion）效果的負面影響。傳統社會採用現代之體制（institution）、價值（value）和科技（technology），可能不適於他們的發展。例如，先進國家的現代科技，主要是用來解決勞力短缺的問題（也就是進行資本密集工業和節省勞力之科技發展），現代科技引進到第三世界國家，可能會犧牲掉有效使用剩餘勞工的機會，以致無法提升勞工生產效率，並且產生失業問題；相同地，傳統的社會經濟和政治結構和價值體系，可能與現代價值體系和體制有所衝突。這些採借可能不適合第三世界國家發展的需要，而且更會因此而阻礙了他們的發展（Wong, 1988; David, 1987; Landsberg, 1979）。

無論如何，現代化理論提供第三世界發展的「內在」解釋，它假設第三世界國家有某些事物是有偏失的或者是無效率的，例如傳統價值和文化、人口過多、文盲、貧窮、投資太少和企業家精神的缺乏等，皆會導致低度發展（Rostow, 1960; Smelser, 1964; Levy, 1967; Huntington, 1976; Hermassi, 1978）。因此，此種對一個國家之發展觀點而言，大幅度地強調社會文化、經濟和政治因素的重要性，主要透過對社會個人或體制上的結構分化和價值變遷分析（Smelser, 1967; Inkeles, 1964; Rostow, 1960; Parsons, 1971）。

現代化理論雖然合理化（rationalized）了在第三世界的帝國主義之影響，這個理論暗示著，當一個國家若透過已發展的資本主義國家之影響，

將比那些未透過之國家，有更快更高的發展可行性。從這個觀點，現代化理論亦強調了帝國資本主義在邊陲地區擴張的正面效應，卻也多少忽略了帝國主義擴張所造成之負面效應（例如對邊陲地區的經濟剝削）。很顯然地，現代化理論是一個內在動力的發展理論；相對地，依賴理論是一個對第三世界發展，產生外在限制之低度發展理論（Cardoso and Faletto, 1979; Chilcote and Edelstein, 1974; Portes, 1976; Pratt, 1973; Landsberg, 1978; Wallerstein, 1976）。

現代化理論對國家機關角色解釋的缺陷，乃在於將之視爲國家現代化自主性的代理者（autonomous agent），這個缺陷在於國家機關是如何，以及爲何有可能判別什麼是發展所需要的，現代化理論學者忽略了描述自主性之國家機關，是如何引導國家開始發展。同時，現代化論者也忽略了外在的政治經濟依賴關係，以及對內在結構和價值形成的衝擊影響問題，亦即是他並沒有注意到國際秩序結構制約的影響（Valenzuela and Valenzuela, 1978）。

肆、依賴和低度發展（Dependency and Underdevelopment）

「依賴理論」又稱爲「依附理論」（Dependency Theory）或又稱爲「依賴學派」（Dependency School），是1960年代晚期由拉丁美洲學者所提出的國際關係與發展經濟學理論。其將世界劃分爲已開發的「核心國家」（core states）與較落後的「邊陲國家」（peripheral states），通常邊陲國家在世界體系的秩序和地位深受到核心國的宰制和支配，在不平等的交換關係下，會產生依賴的發展關係。

依賴理論有效地挑戰了現代化理論的觀點，從經驗資料的研究中，得出許多和現代化理論對立矛盾的結論，一個反歷史過程的研究，不能完全解釋第三世界國家的發展和低度發展的情況。第三世界國家不曾跟隨西方的發展路徑，因爲他們不曾經歷西方國家所經歷的（如帝國資本主義的發展）過程，而且也經歷了西方國家所未曾經歷的殖民主義之被統治經

驗，殖民經驗完全重建了第三世界之經濟結構，也改變了他們的發展途徑（也就是依賴發展）；資本累積形成只在於核心國家，而非邊陲國家。第三世界之低度發展的發展現象，主要是由於人為殖民支配之歷史經驗所影響的結果（Frank, 1967, 1969; Baran, 1973, 1957; Dos Santos, 1970; Sweezy, 1970, 1948）。

依賴理論從歷史和全球觀點來分析，建立了一個了解第三世界發展的新研究途徑，以代表從邊陲國家和第三世界發展為出發點的觀點，挑戰了從先進國家為出發點之現代化理論觀點，也就是從都會國家（metropolitan countries）的觀點來檢視發展（Blomstrom and Hettne, 1984; So, 1990; Horowitz, 1982）。依賴理論之可說是在1960年代之早期，對教條馬克思主義危機的一個反應，這種危機也就是從都會國家之觀點來檢視帝國主義。教條馬克思主義主張第三世界國家在無產階級社會主義革命之前，必須經歷無產階級工業革命的步驟；然而，1949年的中國革命和1950年代晚期的古巴革命，卻絲毫在沒有無產階級工業革命的情況下就先行發生。依賴理論深受新馬克思經濟觀點之影響，在本質上，這個研究途徑認為第三世界的低度發展，受到內在因素之影響甚少，主要歸因於外部帝國強權的經濟需要所影響。根據新馬克思之觀點，核心國家對物質需要之結構與本質，建立了貧窮的邊陲國家和富裕的核心國家之兩極化現象，結果，藉由剩餘移轉和剝削的零和遊戲（zero-sum game），造成了第三世界處於長期的低度發展情境（Baran, 1973, 1957; Sweezy, 1970, 1942; Frank, 1972; Amin, 1974）。

依賴理論的研究途徑，對第三世界國家達到快速經濟成長的結果，並不那麼樂觀，它認為第三世界之發展，不單純地只是採用已開發國家的現代化項目，來克服其內在傳統之障礙而已；依賴理論進一步指出，第三世界發展的真正問題在於低度發展國家與已開發國家間的外在結構關係所致。第三世界國家一般皆依賴於都會國家，依賴國家缺乏自己獲致發展的能力，因為它們本身就是處於依賴的情境，低度發展主要是導因於外在的帝國主義關係，如同Dos Santos所言：

所謂依賴意指一種情境，在這種情境中，某些國家的經濟爲其他國家經濟的發展與擴張所制約……而且被那些支配國家所剝削的邊陲國家，即處於一落後之狀態（1970: 180）。

也就是說，當一些國家（指核心國）能夠擴張而且自足，那麼一些其他國家（指邊陲國）之擴張與自立便受到制約，而受制約的國家發展，基本上，也反映出核心國家擴張之發展，這種關係就是所謂的依賴情境。而目前依賴理論學者將重點擺在第三世界國家之經濟、社會，與政治發展之內部過程，是如何地受到外部世界資本主義體系結構之運作，對依賴已開發國家之關係造成制約與模塑之影響。而這些對第三世界影響之外部因素，包括有外援、國際貿易、資源、技術與跨國公司之投資等。

依賴論者更進一步指出，資本密集工業的推展、外國投資和對外借貸等方式，將使邊陲國更加依賴核心國的科技、金融和資本；邊陲國家對它本身的發展選擇和控制能力是相當有限的，在新帝國主義的運作下，將使邊陲國家被塑造成核心國的代替品（ersatz）。結果，有工業化之進行，卻無發展跡象，便盛行於第三世界之發展模式中；同時，當工業化程度越深，國內財富分配越不平等，而且由外來投資之資本更獲取現代化的所有利潤（Cardoso and Faletto, 1979）。依賴論者認爲邊陲國家對依賴情境之解決辦法，一是採行民族主義（nationalistic），也就是對核心國家之帝國主義和支配作風，採取反彈積極的手段；另一是從世界貿易體系的不平等交換結構中隔離出來，藉由實行保護主義或社會主義，與資本主義斷絕任何的接觸。

然而，依賴理論的一個嚴重弱點是沒有分析國內階級關係（Leys, 1977; Petras, 1978; Friedmann and Wayne, 1977; Fitz Gerald, 1981），這是因爲依賴理論過分強調世界經濟市場對於邊陲國家發展的制約影響，而忽略了對其內部政治因素運作的考量（Baran, 1973; Skocpol, 1979; Evans, 1979; Chilcote and Johnson, 1983）。依賴模型基本上假設了第三世界資本家階級是一個依賴於外國資本的「失業的資產階級」（lumpen bourgeoisie），這些國內資本家既不會拒絕外來的支配與統治，也不會追

求他們自己國家之獨立自主的發展。除此之外，依賴論者更肯定地認爲，一個國家在世界體系結構中的地位，主要的決定因素是其發展和低度發展的程度，這似乎意謂著第三世界國家無能力建立任何顯著且重要的資本主義經濟發展，主要是因爲受到依賴核心國家所限制，以及受到核心國家所剝削。

很清楚地，依賴理論暗示著第三世界國家陷入到一個惡性循環的困境中，他們越是試圖著去發展，他們依賴核心國家的程度就越深，因而越是無法獲取發展（Chase-Dunn, 1975; Rubinson, 1976, 1977; Chilcote, 1982; Frank, 1972; Black, 1991）。因此，古典教條之依賴理論出現一個嚴重的弱點，在於其無法眞正解釋某些第三世界國家的快速經濟發展與現代化的事實，例如台灣和南韓的發展；這個缺點主要歸因於它忽略了階級關係之分析，以及不重視國內之國家機關（the state）在發展中所扮演的主動角色，只是過分地強調外部帝國主義對邊陲殖民地區域之決定論邏輯。

因此，依賴理論否認了第三世界會擁有獨立自主之工業化和資本主義經濟發展的可能性。在方法論上，依賴歸類了對第三世界之資本主義經濟發展之解釋，具有負面特徵與特性，而沒有企圖去處理他們之間的因果關係與連結（Werker, 1985; Palma, 1978; Banaji, 1980）；同時，這個觀點對第三世界國家之一般依賴發展模式是相當高度抽象的，甚至，所有的第三世界國家皆被視爲是相同的個案，而沒有考慮到他們之間存在著很大的社會經濟和政治結構的差異；最後，依賴理論在研究第三世界發展時，較傾向於運用演繹的研究途徑而非歸納法的研究途徑（So, 1990; Dube, 1988）。而在理論上，依賴理論忽略了階級關係、國家機關和文化因素等之社會脈絡研究，而且過度地強調外部狀態的影響（Chilcote, 1982; So, 1990; Fagen, 1983），因此，它無法有效地解釋爲何第三世界國家出現發展的現象。

伍、現代化和依賴

　　現代化和依賴在解釋第三世界之發展和低度發展，已經建立了其不同的理論和分析架構，正如Valenzuela和Valenzuela（1978）所言，現代化與依賴之間本質上最大的不同，可以被歸因於其不同的基本假設（assumptions）和研究時不同的方法論的策略。基本上，現代化的觀點將發展視爲兩個理想型態間的演進過程，即是「傳統－現代」的二分法，現代化只有在傳統之價值和體制被現代之價值和體制所取代時，才有可能發生於第三世界。這種發展型態純粹是一種本身內部本質之變遷，亦可被視爲是變遷本身的比較（分析時之基本單元通常是民族國家，nation-state），因此，在現代化理論裡，發展可以說是變遷之必要結果；同時，現代化理論不只是學術上的研究而已，最初現代化理論之形成更是依據核心國（特別是美國），對引導第三世界國家發展政策擬定與調整的反應，並且現代化理論有助於合法化（legitimate）美國對外的「改善的外援政策」行動，然後鼓勵美國跨國公司大舉在海外投資（Apter, 1987: 23）。然而，現代化理論的過度樂觀與理想化的預期，似乎也無法有效地解釋，爲何大部分的第三世界國家仍然處於低度發展的階段中。

　　相反地，依賴理論抱持著悲觀的預期論調，對某些依賴論者而言，低度發展是不平等交換（unequal exchange）和剝削關係不可避免的結果。在馬克思傳統理論脈絡中，依賴被視爲是特殊政治經濟領域的問題和情境（Palma, 1978），依賴理論成爲是一種低度發展的理論，而非是一種發展的理論。在依賴的分析典範裡，主要是由民族國家（nation-states）之間存在著許多不同形式之互動模式，所構成的全球體系研究。全球體系結構是由許多不平等關係所形成，形構出核心國家與邊陲國家在世界勞動分工的關係，而且整個國際間的發展，暗示著一種「零和遊戲」的現象，因此，爲增加享有世界有限的利潤，競爭是無可避免地互動關係。

　　更進一步而言，現代化理論視外來投資和外援爲第三世界發展的重要因素，而依賴論者卻將外來投資與外援，視爲是一種汲取剝削邊陲國家資

本的工具與手段；前者認為外來投資提供了獲取新式科技、管理技術和行銷技能的機會，但後者卻認為，在短期內，核心國家資本之外流，雖可建立邊陲國家一種被扭曲成長（distorted growth）模式，但長期而言，外資的流入將加劇了國內財富分配的不平等，甚至會阻礙經濟之發展。這種現象顯示出，第三世界只是在進行「沒有發展的工業化」之成長模式。

外來投資與外援被依賴論者視為是核心國家對邊陲國家剝削之政府支出組合過程而已（government-expenditure-component），外來投資因而被當作是核心國家獲取利潤、市場和原料的一種方式；而援助被用來當作是一種控制和謀利潤的工具，更是被核心國家用來支配世界體系的手段。因此，外援增加只是提高第三世界對核心的依賴而已，而且外援和外來投資被視為是用來打開第三世界市場、汲取其原料和從邊陲轉移剩餘到核心的策略性措施（Landsberg, 1979; Todaro, 1981; Evans, 1979; Jenkins, 1987）。

在1960年代和1970年代，拉丁美洲的例子挑戰了現代化理論的預測有效性；然而，在1980年代中，現代化理論對東亞經濟的興起，似乎頗能獲得印證。相對地，東亞經濟的發展不同於依賴理論的預測，卻符合現代化理論的一些基本主張，似乎現代化學派已從1960年代末期的危機，至1980與1990年代有復甦重新興起之勢，這對新依賴和世界體系研究途徑只強調外來因素影響，給予相當的刺激與理論調整（Portes, 1980: 224）。而且，新現代化之研究亦提供了一個更為嚴密成熟的分析途徑，也開啟了較以往更新更廣的研究議題空間。

實際上，在1970年代末期，現代化理論已經整合了一些其他的觀點，對其理論也加以適度地修正與調整，出現了所謂的「新現代化理論」，如同古典之現代化理論般，新現代化理論仍然著眼於對第三世界發展的議題上。所不同的是，新現代化理論之研究（例如Wong, 1988; Davis, 1987; Tai, 1989; Huntington, 1984）更進一步地特別強調那些屬於國家層次的變數，重視來自內部因素的衝擊，如文化價值和社會體制之自發性影響；又如So（1990）指出，新現代化研究首先避免了二元論之典範──即傳統與現代是一互斥的觀念，也就是說，傳統和現代是可以共存和互相

影響的（例如，家庭主義和宗教之影響）。

　　第二、有關方法論的改變和傾向於對個案具體之研究，透過歷史和比較的研究，可以表示出特定國家發展的特定模式。第三、它不再假設發展是一如朝向西方模式的單一發展模式途徑，取而代之，它同意第三世界國家可以追求其自己的發展途徑；它更進一步強調，多體制分析（如社會、經濟、政治和文化等）形成發展的多線變遷途徑。

　　第四、它對於衝突的現象也給予較多的關注，整合了階級衝突和鬥爭的觀念。最後，它較以往更強調外部因素的衝擊，給予外部因素在塑造第三世界國家發展時之正負面效果影響。總之，新現代化理論超越了古典現代化之研究，新現代化的觀點不僅已將「傳統」和「歷史」帶回到他們的分析架構之中，甚至也將「國家機關」和「階級」整合到他們的研究分析之中。

　　而在另一方面，新依賴理論（Neo-dependency）也出現在1970年代末期，新依賴論者和古典依賴的主張有著極為顯著的不同（So, 1990）。首先，新依賴理論為了解釋第三世界出現可能的發展現象，也開始強調「國家機關」在「依賴發展」中的主導角色（O'Donnell, 1978; Evans, 1979; Gold, 1986; Lim, 1986; Cardoso, 1973; Cardoso and Faletto, 1979; Gereffi, 1983）。「依賴」和「發展」並不是對立的觀點，依賴的動力形式可用來解釋經濟之發展，它不再強調依賴的結果是低度發展的唯一趨勢走向，依賴發展成為第三世界發展的重要動力形式。

　　第二、如同新現代化理論般，新依賴研究使用歷史結構分析的方法。依賴不是一個理論，而是一個第三世界依賴狀態分析的方法論，它傾向於描述依賴的歷史特定狀態，解釋依賴轉型之可能性；同時，探討何種之衝擊將會改變第三世界國家的依賴程度。第三、新依賴理論放棄了其偏狹之依賴的結構決定論邏輯中，而視依賴為一開放之發展過程，可能傾向於發展，亦可能造成低度發展。第四、它不僅強調依賴的外部狀態影響，也強調依賴的內部結構改變影響，依賴狀態下內部之社會政治間的鬥爭，建立了依賴轉型的可能性，「三角聯盟」（triple alliance）是依賴發展的一個典型型態（Evans, 1979）。這意謂著依賴發展根植於國家機關、社會

階級和外來資本間的互動，這種互動過程與型態塑造了依賴發展的模式。

　　總之，新依賴理論拒絕了其以往外部決定論、經濟依賴和結構低度發展的一些假設（So, 1990）。強調歷史特定內在社會政治過程的重要性，將此依賴概念轉化為一個「依賴發展」的動力形式，而非依賴的低度發展。

　　可以做一結語，在1990年代，似乎新現代化理論和新依賴理論已逐漸地變為彼此互補，這兩個理論典範已超出其簡化的發展／低度發展、支配／依賴、中心／邊陲模式的組合論調。依賴理論不再只是進行了解第三世界低度發展的方式，而是發展的探討；相同地，現代化理論不再只注意到發展的概念而已，也注意到第三世界低度發展的限制。

　　除此之外，最近，新政治經濟學（new political economy）—政治的經濟理論，傾向於聚合新現代化和新依賴理論，如Colclough和Manor（1991）所言，新政治經濟觀點使用了新古典個體經濟的假設。例如，方法論上的個人主義、理性效用之最大化和比較靜態的方法來解釋，國家機關如何採用「正確的」經濟政策來推動成長與發展，這種現象已為第三世界國家之國家機關研究所重視。除此之外，自1980年代以來，國家機關與經濟發展的研究，也出現所謂的「新比較政治經濟學」（the new comparative political economy）的研究典範（Evans and Stephens, 1988），透過結構、歷史與比較的研究方法論，分析國家經濟發展的情況，超越傳統依賴與現代化理論的範圍。新比較政治經濟學的研究特徵，包括了重視社會階級之間的互動關係，也強調國家機關在經濟發展過程中，扮演相當重要的角色；重視國際政經環境對一國經濟發展的影響，也重視市場機能與所得分配的影響。

　　新政治經濟研究途徑著重在社會結構上之研究，以及試圖經由農業生產體系、工業基礎建設、發展的時機和在世界政經結構中位置等的比較研究，來解釋各階級優勢和其行為差異性的影響（Black, 1991: 30）。新政治經濟分析同意現代化理論在發展和民主間正面關係的假設，亦肯定依賴理論的一些基本前提與命題（如第三世界在世界經濟結構的負面觀點），但也附帶了一些條件——第三世界國家機關可以以其較高程度的國家機關

職能，來改變其外部狀態而達到發展的目的。正如國際政經論者指出，外
資的流入（如援助、贈與、投資和借貸）不必然會限制邊陲國家機關的經
濟角色，也不必然會引起經濟停滯蕭條的結果。因此，很明顯地，目前對
第三世界之發展與低度發展的研究，並沒有鎖定在單一或某種理論的架構
下分析，對於邊陲國家之發展或低度發展程度，主要取決於其複雜內外
因素相互作用的結果，並無預設對一個邊陲國家必然發展或低度發展的立
場；同時，也更可顯示出，各種分析發展的理論趨勢有聚合的現象，這對
發展與低度發展典範的完整與成熟有著相當的貢獻。

第四章

國家機關與社會階級之政經互動理論

壹、前言

在研究有關第三世界之政治經濟發展（development）之時，常出現一個嚴重的問題，那就是缺乏建構一般性之整合發展理論，進一步來了解或分析政治、經濟和社會三者間的關係。同時，政治經濟學本身也不能僅限於某一個學科之發展，有必要以跨學科（inter-disciplinary）之方式，來整合彼此間之方法論和知識現象（例如社會學、政治學和經濟學三者間），進而提供一個較好的研究分析架構。目前政治經濟學（political economy）所強調的重點觀念是「發展」，以及針對國家機關（state）如何藉由對農業、工業和商業之發展策略手段，使其能獲得國家之經濟成長與最大利益。通常國家機關常會去主導或利用國內、國外市場之操作力量，來獲得國家之經濟利益，在此過程中，很明顯地，國家機關所扮演的角色，將是一個非常策略性的功能角色。

建構一個第三世界發展之整合理論的分析架構，用來檢視第三世界（依賴）國家的經濟發展，以及社會政治變遷是有其必要性。在理論概念的研究架構上，邊陲國家資本主義的發展（capitalist development）並不單純只是核心國家發展的翻版而已，而必須考慮到第三世界國家之市民社會（civil society）和國家機關（state）間互動關係之形成與發展；換言之，第三世界國家之資本主義的發展，深受到其國家機關採取之政經發展政策所左右，而此政策之探納（adoption）與形成（formation）卻往往又是國家機關與社會階級間互動關係的結果或產物。

一些著名的學者如Amin（1977）、Dos Santos（1970）、Sunkel（1973）、Cardoso和Faletto（1979）、Evans（1979），以及Gereffi（1983）的研究途徑（approach），皆著重於第三世界國家之依賴發展（dependent development）的情況。基本上，這些研究途徑並不能脫離因強調外在部門（external sector）衝擊的重要性，因而常造成發展因果關係的混亂；而且，也都沒有接受有關其依賴程度（degree of dependency）或依賴特質形式改變（change in the qualitative forms of dependency）的看

法，同時也極缺乏對一個從邊陲依賴之國家如何轉變成一個核心國家，以及其間發展過程之一套認定標準。

　　從政治經濟學的觀點來看，認為將國家機關和社會階級此兩變數（variables），與其視之為是對第三世界發展的限制，不如視之為依賴國家發展的機會或契機（opportunities）。然而，政治經濟學的觀點也同時注意到第三世界國家發展過程中的一些限制，更重要的是，重視國家機關如何與國內或國外的競爭對手做有效的互動，然後提高其影響政經決策的程度？當然這是有關於國家機關相對於社會（state-society）和國家機關相對於外國強權關係（state-foreign power）的國家機關自主性的議題。此外，政經政策如何影響到政治經濟之發展問題？這將涉及到國家機關相對自主性（the relative degree of state autonomy）如何決定或影響其國家職能（state capacity）的另一議題。總之，在解釋第三世界國家的國家機關和經濟發展的關係時，國家機關自主性和國家職能之程度高低，將是非常重要的兩個關鍵。

貳、國家機關的政治經濟學研究途徑

　　將國家機關在經濟發展過程中視為是一個行動者（actor），已經引發越來越多的重視與研究（Gerschenkron, 1962; Evans, 1979; Carnoy, 1984; Skocpol et al., 1975; 1985; Wade, 1990; Amsden, 1989; Haggard, 1990; Maxfield, 1990; Story, 1986; Kohli, 1986）。也就是說，國家機關的本質並不是簡單地只是統治支配階級（dominant classes）的工具而已，Poulantzas（1980）指出，國家機關是正統合法化權威的競技場，透過政治遊戲之規則，以及政府之領導方式和政策之擬定，提供一個合法的管道，給予利益團體競爭，來分配政治與經濟之資源。除此之外，相對於支配優勢階級，國家機關同時扮演著兩種角色，即可以代表和組織支配優勢階級的雙重角色，能夠在不同的特定利益團體和組成分子中，享有某種程度的相對自主性（relative autonomy）。國家機關對第三世界的發展扮演

著相當重要的角色，然而在不同的國家，其國家機關之角色與效能卻有所不同，其間的差異會被兩個因素所影響：第一、受到國家機關在維持其合法性（legitimacy）時，相對於抗拒大眾需求（mass demand）脈絡架構下，來自內在與外在制約（constraints）的影響；第二、國家機關確保其主權獨立及控制，相對於受到跨國公司影響的程度。

關於國家機關的本質，最近有越來越多的馬克思學者強調：資本主義之國家機關擁有相對自主性（Gold et al., 1975; Offe, 1974; Poulantzas, 1980; Skocpol, 1979）。一個擁有相對自主性的國家機關被假設是代表整體支配階級的利益，而非只代表某一特定的支配階級而已（Miliband, 1969, 1983）；因此，廣義地來說，國家機關是一個管理統治資本主義階級（dominant/capitalist class）利益的工具。

然而，馬克思學派之學者最近提出有關國家機關相對自主性，相對於其社會基礎之社會階級的問題（Gold et al., 1975; Offe, 1974; Poulantzas, 1980; Skocpol, 1979），國家機關擁有某種相對於社會支配階級的獨立（independence）程度，甚至施行某種社政經的改革，有助於被支配的弱勢階級，同時反對優勢支配階級的利益（Skocpol, 1979; Skocpol and Trimberger, 1978）。故此，關於國家機關之相對自主性的觀念需要進一步將其延伸加以討論，特別是其對於發展（development）能有何種的貢獻。

國家機關是一個實際掌控領土和人民的組織，可以和經濟支配之階級在某種程度上爭取人力和資源，這行動將傾向於削弱支配階級的既得利益。因此，國家機關之結構和政策對於第三世界國家之發展過程，以及其整個社會結構有重大的影響。「依賴發展」（dependent development）與古典依賴理論者最大不同處，乃在於依賴發展理論者認為一個強有力的國家機關，對於發展可發揮其相當正面的功能（Evans, 1979; Cardoso and Faletto, 1979; Caporaso, 1980），相對於古典依賴理論者較為悲觀的論調，認為國家機關總是處於弱勢的地位，而且淪為資產階級的工具而已。在對經濟發展過程之研究中，比起已開發之核心國家來說，對在第三世界國家之經濟發展，有更多的學者強調國家機關干預論的影響與重要性。

在意念上也造成一種印象，唯有國家機關進行有效之經濟干預，才能達到可能快速的資本累積，這是正當合法其現代化所需之手段，進而以便利於推動工業化（O'Donnell, 1973; O'Connor, 1974; Haggard, 1990; White, 1988）。

　　國家機關之經濟角色有必要加以重視與闡釋（O'Connor, 1974; Offe, 1973），在第三世界國家裡，強勢的國家機關干預對於持續其資本主義之發展是必須的。在許多經濟層面上的活動中，國家機關扮演著重要之經濟角色，例如在財政的活動方面，不僅是扮演著稅收之聚集者（collector）的角色，而且也是財政稅收的花費支出者；在金融活動方面上，則是兼具扮演銀行家、投資者和調控者之角色，來推展資本之累積與其合法性之地位。進一步而言，國家機關的經濟活動與介入，主要是對其為追求經濟之發展，所反映出的措施與對策；而國家機關的對經濟活動之作為和決策，卻是決定其推展經濟發展的成敗關鍵。

　　資本之累積對經濟的發展，既重要且必須。通常進行資本之累積有兩種方式或管道，一是馬克思主義學者之看法，主要是來自其對西歐國家經濟興起經驗的解釋，認為在經濟起飛（take-off）之前，必然要有原本或先前（original or prior）之資本累積。事實上，由於西歐國家之資本累積方式，主要是經由貿易、對殖民地的剝削、海盜掠奪行為以及其他相關之行為或手段來獲得，這些方式提供了西歐國家在推動工業發展，所需大量額度之投資基金。這個論點並指出，資本累積是國家機關發展（state's development）的首要先決條件，然而，在國際經濟之零和遊戲規則下，邊陲（殖民）國家往往成了核心國家經濟發展下的犧牲者，使得邊陲國家永無能力去進行累積其資本的機會，而喪失其經濟發展的可能，這種核心國家採行之資本累積方式，是絕對不適用於邊陲國家的。

　　另一種方式是由Gerschenkron（1962）所提出的「替換」（substitutes）概念，此觀念是主張國家機關在經濟發展過程中，能扮演一個重要的角色，進行資本的累積，來支助經濟的發展；這一點並反駁了一般現代化理論之建議，認為先引進先進資本主義國家之政治、經濟與社會體系之制度與價值現況，是開始其國家發展所必須的前提。而且主張在

國內來進行累積其資本，較其從國外來進行，還來得更容易與可行，例如，經由財政或金融制度／政策，國家機關可以創造出較高之稅收，以及鼓勵刺激儲蓄意願，累積龐大的資本，然後投資於工業部門中。這種由國家機關來扮演資本累積的角色，然後依靠自立救濟發展（self-reliance）的方式，是較適用於邊陲國家的。

國家機關在世界體系的地位與角色也相當的重要，國際間的互動和壓力可能致使國家機關的行為，採取違反支配統治階級的利益（Skocpol, 1979: 28-33），接著國家機關會即刻地產生較自主性的經濟政策。國家機關經濟角色之出現，成為解釋第三世界低度開發不同於傳統之理論，是一個具有爭論性的典範。這個國家機關導向之研究途徑，考慮了國家機關和國內社會階級的互動關係，以及國家機關在社會形成（social formation）所扮演的功能性角色，或是國家機關和其他資本家階級的相互關係，抑或是世界體系下國家機關（states）間的互動關係。雖然在世界體系的脈絡中，通常國家機關功能性的角色會過分地強調其外來力量對內在社會關係的決定論，而國家機關也會採取積極的行動，來增進、改善或維持它在國家機關之世界體系結構中的地位（Wallerstein, 1974; Chase-Dunn and Rubinson, 1977; Hamilton, 1982）。因此，對於邊陲或半邊陲國家之經濟發展而言，國家機關的功能確實能給予相當的發展潛力。

有關國家機關之行動對於邊陲國家發展的影響，有兩個重要議題值得討論，一是國家機關自主性（state autonomy）的程度，另一個是國家機關對外在或內在壓力影響之因應程度（Needler, 1987: 55-68; Crone, 1988; Lim, 1986）。一些相關的研究問題如下：國家機關是否能擬定形成或實行它的目標偏好？抑或是制度性之結構是如何地改變，來反應其受到國內或國際環境之影響？接著這制度結構的變遷又如何影響這些內外之環境（Krasner, 1984: 244）？針對這兩個重要議題，對於國家經濟發展之探究，勢必應將焦點擺放在強勢國家機關對政策制定之行動（actions）與反應（responses）上。

經濟之發展常伴隨著出現強而有力的國家機關（Haggard and Moon, 1982; Skocpol, 1979），也就是說，欲達成經濟之發展，唯有藉由一個強

而有力的國家機關才有可能。一個國家機關是否強而有力，且其程度為何，可根據兩個面向來推定，即是國家機關之自主性（autonomy）與國家機關之職能性（capacity）。自主性和職能性間存在著相當密切的連結關係，Skocpol已明確地定義出這兩個概念，但並未詳細或進一步的加以檢視。但是，Anglade和Fortin（1990）兩人卻認為Skocpol有時混淆了這兩個概念，國家機關自主性的討論，主要焦點是在於國家機關之職能性，是否能主動自主的介入經濟與社會中。因此，欲解決這兩個混淆的概念，唯有在對一個國家的經濟發展上做解釋，才能清楚分辨出兩者之不同。

一、國家機關自主性

根據Skocpol和Poulantzas兩人的看法，認為「國家機關自主性」是指國家機關能依其意願與能力來制定其政策或訂定出國家目標，而不只是反映出社會階級的利益和需求，再來擬定國家的發展目標。在他們兩人的論調裡，國家機關之自主性是被視為「絕對」的自主性，也就是說一個國家機關完全獨立於社會及社會階級的實體之外。然而，這個觀點卻被馬克思學派所主張之「相對自主性」（relative autonomy）的論調所質疑，對此一相對自主性之觀點，馬克思學派認為國家機關之本質是由社會階級所塑造出來的，國家機關不能脫離，也不可避免地將成為支配統治階級的工具；相對國家機關之自主性係指國家機關能獨立於支配統治階級和被支配階級之影響的程度，而能享有相對程度自主運作的範圍（Rueschemeyer and Evans, 1985）。

國家機關之自主性在此並非意謂著國家機關能完全脫離社會階級結構，甚至全球體系結構的限制與影響，然而卻是意謂著對於國家機關擬定政策的解釋，必須加以區分國家菁英在政治、經濟與意識型態理念的不同利益，而這些國家菁英有部分將獨立於那些僅是純粹經濟階級所爭取之利益。國家機關自主性的範圍與程度，關係到國家機關能超越那些有影響力之社會階級的實質利益，提高其制定政策之理性度（rationalization）。在這裡所使用的國家機關自主性之概念，整合了Miliband（1969）和

Poulantzas（1974）兩人對國家機關相對於社會階級關係的看法；而將相對國家機關自主性的程度，也完全地處理與整合這兩人的論點，也就是工具主義和結構主義長久以來的爭論。可知一個相對國家機關之自主性可詳盡地表達國家機關和社會階級間的互動關係，國家機關既不能完全獨立於支配統治階級之外，也不純粹只是支配統治階級的工具而已；也就是說，國家機關和社會階級之間不僅是一種客觀（objective）實體的結構與關係，而且國家機關機器和統治支配階級間也是一種主體（subjective）關係。

　　國家機關相對自主性的程度—即國家機關去選擇、制定和實行經濟政策的能力，是源自於國家機關在階級社會（class society）中的地位，以及此社會在世界體系結構中的地位。國家機關通常可以扮演消極的和積極的角色，在消極角色方面，就是國家機關和國內階級關係結構，以及國家機關與國際強權勢力結構關係兩方面，將型塑和限制國家機關的行動。國家機關的自主性程度受到三方面因素的制約：一是受到既存社會形式的限制，即是受到統治支配階級直接或間接的干預影響；二是國家機關的正當合法化，須經由非統治團體或被統治階級的反應而定；三是受到國家機關在世界資本主義體系結構中的地位而定。

　　國家機關的干預行動表現出國家機關之積極的角色，特別是對國家發展之主動角色而言，即使國家機關的權力是受到國家機關內部結構特徵，以及國家機關與其周遭結構的關係之影響，其實國家機關也可能在某種程度上或局部上，改變其與國內階級的關係，以及改善它在世界體系結構中的地位。一個強而有力的國家機關藉由政治和經濟的干預，對型塑其階級結構關係，或重組其與各種不同階級間的關係時，擁有一隻掌控之手（a upper hand）的重要優勢（Stepan, 1978; Skocpol et al., 1985; Poulantzas, 1980）。一個強而有力的國家機關也嘗試著與國際約束力來抗爭，並重新塑造其在國際經濟體系結構中之貿易、金融與投資的依賴地位。當一方面國家機關增強其勢力時，另一方面也絕對意謂到核心企業或國家壓力的衰減，因此，如果國家機關有能力來尋求或推動其工業化時，去了解國家機關如何建構其社會或重塑它的國際地位，比單純將國家機關視爲社會壓力

和國際強權干預的產物，更爲重要且來得有意義。

二、國家機關職能性

根據Skocpol的看法，「國家機關職能」（state capacity）係指國家機關相對抗於社會階級潛在之對立，來吸取資源和實行目標與政策的能力。國家機關職能可改變私人部門行動者的行爲，且接著引導去改變其社會結構，以及獲取經濟的發展；換句話說，國家機關職能是關於國家機關超越社會階級之抗拒，實行其政策「效能」的程度與範圍而言。

國家機關職能的重要性乃在於國家機關從事於生產活動，以及創造出更多的稅收資源。國家機關職能的程度界定出一個國家機關去實施其政策和製造利潤的能力，而且國家機關累積資本的能力，也反應出其貨幣控制、財政平衡、金融調節、外貿政策和外資流動的控制層面上；同時國家機關職能的程度也決定其政策工具（policy instrument），對國家收支平衡影響的重要性。進一步而言，國家機關的職能顯現出是一個推展資本累積的重要因素，然而，增加國家機關表現出自主獨立行爲的能力，也深受到相對國家機關自主性程度高低的影響。

國家機關職能性和國家機關自主性之間，有著高度的相關性，通常一個國家機關之自主性程度越高，其國家機關之職能性程度也會因此而提高；有了較高程度之自主性，國家機關便可以更容易地提高其職能程度，去實行政策和自主地行動。可知，一個國家機關擁有較高之自主性，是其國家機關有較高職能性程度的必要條件，卻非充分條件。一般說來，對於第三世界國家而言，高度之國家機關職能程度的出現，起初皆需要有較高程度的國家機關自主性；接著，高度的國家機關職能便能改善其經常帳之赤字，以及帶動經濟的快速發展。

參、社會階級與關係之政治經濟分析

世界體系／依賴理論的研究途徑，對於現代歷史（modern history）的研究無法完全探討到階級鬥爭和文化力量之問題（Petras, 1978; Fitzgerald, 1981; Chirot and Hall, 1982），這種缺陷與乏力感既不令人感到驚訝，也不是會特別令人值得注意的。在世界歷史脈絡中，對社會力量影響忽略的批判，常出現在主導的自由主義典範對抗世界體系分析的反應時，這是件非常顯而易見的事。將第三世界的議題以「依賴」或「世界體系的一部分」之方式，加以概念化，是常會忽視掉那些具有相當決定性之階級形成的過程，與社會關係之改變，或是社會力量的特定型構（configurations）（Petras, 1978: 33）。

一、階級鬥爭和階級關係

馬克思宣稱，社會擁有一種由特定支配之階級，所主導衍生出的生產模式。在資本主義社會裡，國家機關是被統治支配之資本家階級（即是布基爾瓦齊）所控制，也當作是一種增進它的利益和累積資本的工具（Miliband, 1969, 1983），國家機關推展統治支配階級的利益，來維持其既存之政經體系，抑制或犧牲了其他階級的利益。

從馬克思的觀點來看，國家機關的利益並不一定與統治支配階級之利益是相衝突的，階級是建立在那些經濟上相互衝突的團體所形成，而統治支配的經濟階級（即資本家）往往又是統治支配之政治階級。因此，政治力量是被用來維持和提增那些支配經濟階級的特權，國家機關只不過是被那些支配（資本家）階級用來壓制勞工，以及用來保衛或合法化他們自己財產擁有權的機構罷了。

在那些處於邊陲的社會裡，統治之支配階級常直接地由國家機關來代表，而國家機關也常結合了那些支配優勢階級，因此，統治之支配階級會去影響政策的制定，以期用來防禦和擴充他們自己的利益，國家機關已然變成統治支配階級操練的工具。然而，在國家機關與社會之關係模型中，

國家機關並不是統治支配階級的工具，而是國家機關之行動受到階級鬥爭與階級結構之制約而已。

　　已經有很多的學者強調，階級衝突的衝擊具有型塑其國家機關和其政策的影響（Block, 1977; Castells, 1980; Wright, 1978; O'Connor, 1974; Wasburn, 1982），而階級衝突和鬥爭兩者，卻有助於對國家機關權力結構的改變（Dahrendorf, 1959）。階級鬥爭會導致資本主義社會政治之停滯（Wolfe, 1977），同時國家機關難免受到階級鬥爭和資本主義發展的矛盾影響，也常會試圖去解決其間的衝突矛盾。雖然如此，階級鬥爭卻能推動資本主義的發展，藉由增加其生產力（Block, 1977）。階級鬥爭也變成是資本主義發展的經濟原動力，Block認為階級鬥爭卻可擴張國家機關之角色，對資本主義之經濟規範加諸更高度的理性。

　　國家機關和階級鬥爭間的互動關係最終將會改變其間互動的本質。階級鬥爭有兩種方式（Ossowski, 1963: 84）：第一種是統治支配階級和被統治支配階級間的鬥爭；第二種是階級之間在社會中為了權力的競爭。階級的鬥爭將影響國家機關的形成，國家機關是由社會的矛盾所型塑出來的，同時國家機關也會繼續隨著權力關係的改變而影響。國家機關必須要解決社會的衝突，重建其控制局面，以及從社會階級中獲致正當合法性，接著，階級鬥爭的本質也將被逐漸改變本質之國家機關所型塑。

　　階級鬥爭決定了國家機關之政策決定，同時國家機關之政策也直接或間接的受到被支配統治之團體或階級壓力的影響（Block, 1977）。被支配統治的階級會透過妥協和鬥爭，來獲得一些政治權力，因此，政策之決定不再完全只是受到支配階級在追求他們之政治和經濟利益特權的影響而已。

二、國家機關自主性和階級關係

　　國家機關之自主性關係到國家機關和統治支配階級，甚至是與各種不同的被支配統治階級間的關係。國家機關被視為是一種主權控制之科層組織的機器，具有其自己的自主性，與賦有其自己的利益，以及其政治的議

程，不再單純地只是社會階級的工具（或代理者）；更進一步而言，在相當大的範圍與情況下，國家機關是獨立於社會之外，並與社會本身相抗爭（Fatton, 1988; Callaghy, 1984; Poulantzas, 1980）。這意謂著，國家機關能夠反對或者是反抗統治支配階級的基本利益，這種自主性的解釋是有點不同於馬克思的看法，認為國家機關之自主性是可以免於資本家階級的控制，但卻不能免於資本家階級的一般利益的影響。階級關係和階級鬥爭的存在也暗示著國家機關的存在，而國家機關能為各階級的需求，製造出適當的社會、經濟和政治的結構（Carnoy, 1984: 89-127; Harrison, 1988），國家機關已然變成了階級鬥爭的競技場（Przeworski, 1979; Poulantzas, 1980）。然而，當階級鬥爭或階級衝突完成制度化之時，則國家機關將是提供和維持各種不同社會階級衝突和鬥爭的機制（mechanism），如此將能保證政治的穩定性。

在某種程度上，國家機關是置於社會之上的一個獨立的行動者，但是為大眾所認知的情況是，國家機關也在某種相當的程度上，與社會階級有連結的關係（Poulantzas, 1980; Robison, 1989）。為了獲取自主性，國家機關必須面對統治支配階級的種種限制，也要面對被統治支配階級的挑戰（例如中產和勞工階級）。階級鬥爭可以增強提高國家機關自主性程度的機會，也就是說，可以依著國家機關如何削減來自統治支配階級的限制，以及來自被統治支配階級的挑戰影響而定，或甚至動員被統治支配階級的行動，用來對抗統治支配階級，以提高國家機關的權力和利益，如同Fatton（1988）對階級的看法：

> 要了解國家機關，便得解讀階級權力的關係、階級形成的過程以及統治領導階級的支配傾向與特性（1988: 253）。

因此，在「重新檢視國家機關之議題」或「回歸國家機關」（bring the state back in）之前，進行「重新檢視階級結構與關係」或「回歸社會階級」（bring classes back in）是非常重要的研究重點。

國家機關和社會階級間的關係是相當複雜的，也就是說，國家機關

與統治支配階級，以及被統治支配階級有著戲劇性的連結互動關係。有時在馬克思的觀念裡是如此認為的，即國家機關是社會階級關係的表現或反應。有關階級的鬥爭關係中，國家機關擔任了兩種資本累積與正當合法性的功能，試圖去削減社會階級之鬥爭。基本上，在推展資本累積之同時，統治支配階級和國家機關之間是存在著一點衝突的，之所以如此，這是因為國家機關通常無法有自己的收入來源，而必須依賴著私人資本所致。存在於國家機關和統治支配階級間的衝突，主要是根源於階級鬥爭的基礎上，而社會變遷主要是來自於國家機關和統治支配階級間的衝突。雖然，國家機關並不單純地被認為是統治支配階級在政治機構控制的工具，其在行動上總是代表著統治支配階級，藉由刺激工業化的方式來累積資本，然而，國家機關和統治支配階級間的連結，共同控制著政治機構之機器，而與被統治支配階級來抗爭。國家機關對於管理資本家累積資本之反應與策略採取，常會受到其必須獲得來自勞動大眾之支持，獲取國家機關之正當合法性的制衡影響（Carnoy, 1984: 251），因此，社會階級之衝突是有關權威之分配與正當合法性，或社會利潤關係的一種衝突形式。正當合法性可透過國家機關之職能運作，來實踐和滿足各種不同之被統治支配階級的利益，以獲得較高的正當合法性，因此，國家機關是否會去順從資本家或勞工階級的利益，跟國家機關的自主性和正當合法性有著高度的連結關係。國家機關對正當合法性的重視與關切，不僅有助於被統治支配團體的利益，而且有時也有助於增加國家機關相對於統治支配階級的自主性。由於被統治支配團體擴張對國家機關壓力的結果，國家機關反而能提高其能力，並加諸較高程度的理性化於資本主義的發展上（Block, 1977），因此，相對自主性的國家機關與統治支配階級的關係，能提高國家機關之正當合法性相對於被統治支配的團體之關係。然而，國家機關政策制定和選擇的自主性程度也受限於正當合法性的需求程度上。「國家機關將會提高其社會福利的支出，去履行它的合法化（legitimation）功能，而合法化之成本代價將是造成其財政危機一部分的機制（mechanism），然而由於財政的危機，接著國家機關的自主性也會受到限制……」（Anglade and Fortin, 1990: 233）。社會福利支出的增加會造成財政的負擔，接著會削

弱國家機關相對自主性的程度。

國家機關處於一個獨立自主的地位，並且有它自己的利益考量和政治權力；國家機關也在進行資本累積和資本分配的過程中，對形成之階級鬥爭而言，扮演著一個超然的仲裁者角色（Offe, 1973）。國家機關超越在階級鬥爭之上，但它必須在國家系統下，消除和解決一些政治和社會上的矛盾（Wolfe, 1977），然而，在某些情況下，國家機關的利益是無法與社會階級的利益分離。國家機關的政策形成，主要是對來自階級鬥爭和關係結果的回應，這是因為國家機關一方面會嘗試去推行資本累積，另一方面又要維持它的正當合法性所致，例如，國家機關一方面需要對資本家補貼資本，推動工業化，而另一方面又必須增加其社會福利的支出，來獲得政治的共識和正當合法性。因此，毫無疑問的，在階級衝突和鬥爭下，可以擴張國家機關的自主性。

國家機關在階級鬥爭的關係脈絡下或對階級鬥爭的反應，被置於一愛恨交加的情境中，國家機關的目的是去實現它的理想目標，和去尋求自己的利益（如提高稅收）。國家機關為了維持它的正當合法，也必須去滿足不同社會階級的需要，以及來推展不同社會階級的各別利益，因此，它本身在政策制定的同時已發生衝突的現象。如果沒有社會階級的鬥爭和來自社會運動的壓力，國家機關將不會斷然地採取進取的改革策略，社會階級鬥爭已變成國家機關政策決定時，一個相當重要的刺激和參考來源，例如，當統治支配階級的勢力漸轉弱化，而被統治支配階級勢力漸漲，國家機關將傾向於反應或滿足後者的需求，而非前者；然後，國家機關將提高社會福利支出，來滿足勞工階級的需要，而非提高對資本家階級的補助。然而，太注意被統治支配階級的需求與福利，卻會妨礙國家資本的累積速度，結果，國家經濟會因剝削性之資本主義發展發生無效率和不理性，而阻礙和惡化國家資本的發展。

總之，國家機關和社會階級鬥爭的關係定義出了國家機關相對自主性，而此國家機關相對自主性的概念，卻可與我們在上面所討論的相互互補。相對自主性的國家機關和階級鬥爭及階級利益間的關係，可敘述如下：

　　資本主義國家機關之特徵，與其說是獨立於統治支配資本家階級之
外，不如說是一種相對自主性的關係。這意謂著統治支配階級是一個有
自覺意識的階級，並且嘗試去影響和控制國家機關，成為它的社會經濟力
量的工具；但同時，因為社會階級鬥爭的存在，國家機關必須以擁有相
對於統治支配階級權力的自主性出現，來保護或獲取身為國家機關地位
的正當合法性。政治形式的發展決定於社會之階級結構，也就是統治支
配階級會經由其對市民社會和階級鬥爭的支配，使出渾身解數之術來影
響和控制國家機關；然而，國家機關為了對被支配的勞工階級展現出有其
正當合法性，就必須對資本階級表現出獨立超然的地位，每個勞工和每
個資本家都擁有相同相等的政治權力。相對自主性和社會階級鬥爭的結
合，便成為國家機關本質的中心⋯⋯。即使國家機關之相對自主性對其本
身獲取正當合法化地位是必須的，而此正當合法性便是一種權威，容許國
家機關超乎社會階級鬥爭，這個自主性因為將社會階級鬥爭帶入政治機構
製造出了矛盾，也同時製造了被統治支配階級和團體，來接收這些國家機
關機制的可能性，如此，也涉入了資本主義國家之階級再製的功能（the
class-reproductive functions of the capitalist state）。因此，民主⋯⋯是被統
治支配階級在國家機關機制運作力量的成長，也是市民社會體制的成長
（Carnoy, 1984: 253-254）。

三、社會經濟和文化因素

　　以長遠的觀點來看，不同人們的儲蓄傾向、工作倫理和政府的反
應，也許可以用文化因素來解釋其對經濟發展的影響。文化扮演著一個重
要的角色，決定人們的態度、信仰和價值觀，以社會化的方式來分析，
認為個人會被教育而融入其文化價值和社會／經濟規範的系統（Parsons,
1937, 1966）。社會制度和人們行為的面向上，肯定地和發展有其關
聯性，文化和社經發展在一起運作，其動力也相互關聯（Weber, 1930;
McClelland, 1976; Hagen, 1962; Tai, 1989）；簡單地說，此兩者間是相互

影響的，他們相互間的互動可用來解釋社會之變遷和過程。

　　毫無疑問地，發展會帶來文化和社經結構的改變。然而，文化對經濟發展的影響卻不是很明顯的，有必要進一步來確定，哪一層面的文化，將對某一存在之體制產生何種的影響？曾經常為人所爭論的議題是，任何一個社會的發展問題皆可歸因於社會存在著不健全和不理性的社會文化結構，例如，消極的態度和價值取向、文盲、僵化的階級結構，以及大家庭結構（Eisenstadt, 1966, 1973; Rosttow, 1960; Lauer, 1973; Inkeles and Smith, 1974; Etzioni and Etzioni-Halevy, 1973）。這個研究途徑著重於對發展障礙的問題，自然也導致於傳統社會的發展，必然陷入惡性循環效應中。

　　然而，在某些背景情境下，傳統文化與其說是對經濟發展會產生限制的影響，不如說其對經濟之發展也有正面的助益。基本上，文化特質的比較利益能提供國家機關有更佳的機會去帶動經濟的發展（Weber, 1930; Worsley, 1984; Berger and Hsiao, 1988; Norwine and Gonzalez, 1988; McCord, 1991）。因此，現代性的精神和文化的議題存在著相當的關聯性，而在實證經驗層次上，其間的關係可被視為是一種經濟的動力。

　　在已經被強調之經濟發展的重要因素，有關文化因素方面，包括有自我紀律、工作倫理、節儉、儲蓄、對權威與老人的尊重、社會和諧、較少的人際衝突以及教育成就等。但這些特質並不是唯一會對經濟發展有幫助，或有助於國家機關相對自主性提高的因素（Weber, 1930; Berger, 1986; McCord, 1989; Hofheinz and Calder, 1982; Tai, 1989），因為，如果這些特質不能適當地與政府之政策相互配合，這些特質可能對經濟之發展不會產生顯著的正面衝擊與影響；如此，文化之特質在經濟發展的過程中，可被視為是一自變數（independent variable），而非是依變數（dependent variable）。

肆、國家機關與社會階級關係之政經互動模式

　　從上面的討論，可發現國家機關與社會階級間的互動關係，似乎可

以歸納成五種關係模式，前三種之國家機關與社會階級皆附屬於社會實體上，而第四種與第五種是將國家機關從社會中抽離出來，成為兩個獨立實體，也就是兩種體系的運作。此五種的互動關係模式，也變成五種不同研究觀點之前提與假設，由於前提假設之不同，將產生出不同國家理論之看法與派別。此五種模式分別敘述如下：

模式一

　　即前述所言之工具分析論（instrumentalism）或階級為中心的分析。國家機關與社會階級同時附著於同一社會實體上，而國家機關成為資本家階級用來保護其利益或剝削其他階級利益的工具，變成社會階級的傀儡；也就是說，國家機關的利益便是資本家的利益，它只是私人利益（private interest）的產物，只有資本家階級或社會優勢階級對國家機關進行單向的影響。正統之馬克思學派即代表此論調，資本家階級也就是統治階級，利用國家機關當做其統治社會的工具，資本家階級的意識型態也就是國家機關的統治意識型態，階級控制國家機關也就決定了政策的形成。簡言之，國家機關只不過是社會階級的化身，政治菁英也就是經濟菁英，政治活動是經濟活動的延伸，上層結構之國家機關是下層結構的反應，此一關係如圖4-1所示。

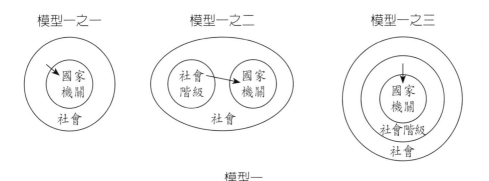

圖 4-1　工具分析論

工具分析論的分析架構裡，就是較傾向於強調社會階級對國家機關的單向影響，但在其所附著的實體環境不同，或可以說背景結構之不同，仍可以再細分為三種類型，如圖4-1裡的三個模型。模型一之一是將國家機關附著在社會裡，所反應出來的現象是國家機關與社會是共同體的，國家機關是社會的一部分，同時，這裡的社會泛指著社會階級。模型一之二是模型一之一所延伸出來的，也就是將社會與社會階級分開，國家機關與社會階級成為兩個互動的實體，但仍存在於社會環境下。模型一之三是整合前面兩個模型，由外環到內環，由大到小的一種制約關係結構，也就是社會階級是社會的一個部分結構，而國家機關又存在於社會階級的實體上。此三種模型，皆呈現出工具分析論的基本關係架構。

模式二

即結構分析論（structuralism）或相對自主性（relative autonomy）的分析，國家機關與社會階級存在於社會實體上，國家機關提供社會階級一個合法的競技場。基本上，國家機關已開始懷疑它是否為代表階級利益的機構（agent）與問題，但也沒有忽略，或是降低資本家階級對國家機關之影響，來獲取其本身之利益的可能性（Gramsci, 1971; Poulantzas, 1973; Jessop, 1982）。也就是說，國家機關一方面會去追求其本身之利益，而此利益便是去維持一種特別的社會秩序，即社會公共的利益（public interest）；在另一方面，國家機關也會受到資本家階級的壓力，在某種程度上也會滿足或為其追求私人之利益，兩者間的相對關係，便形成了國家機關之「相對自主性」的問題。其實，國家機關的行動與政策通常受到兩個層面的影響：一是國家機關在公共利益與私人利益間所做的抉擇，依其承受來自各社會階級的壓力而定；二是關係到國家機關的偏好（state preference）與正統合法性（legitimacy）問題。在結構主義的分析中，往往會將國家機關視為是一個行動者（actor），與社會階級進行互動，主要特徵是一種雙向的互動關係，這種現象通常會出現社會多元主義（pluralism）的發展，傾向於一種資本主義的民主形式（capitalist

democracy）。所謂資本主義的民主形式，便是國家機關會重視其正當合
法性（legitimacy）的地位，如此，自然會反應被統治支配階級的利益，
而社會階級的利益衝突與鬥爭，就是此形式發展的中心要素，如圖4-2所
示。

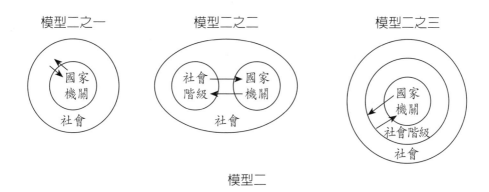

圖4-2　結構分析論

　　結構分析論的觀點，簡單的說便是傾向於國家機關與社會階級間的
雙向影響關係，而這種結構分析的論調，也可以依照國家機關與社會階級
所附著的實體環境不同，如同圖4-1下的三個模型，同樣在三個不同的背
景環境與結構下分成三個模型，說明結構分析論的分析方式，如模型二之
一、二之二、二之三所示，表現出雙向的互動關係。

模式三

　　國家機關主義論（statism）或國家機關為中心的分析（state-centered
approach），此模式特別重視國家機關之自主性問題，並免於受到資本階
級或其他之社會階級的影響，強調國家機關是處於主動、自主、外顯的角
色，從國家機關的角度來看待問題，因此常會將國家機關當做是自變數，
來看國家發展的問題。就生態的現象來看，國家機關與社會階級也是存在
於社會實體之上，但是社會階級卻是被動、惰性、溫馴、沒有影響力的，
甚至會受到國家機關的影響，這種情況就是一種所謂「強勢國家機關、弱

勢社會」（strong state vs weak society）的配對現象。國家機關只對社會
階級做單向的作用，很明顯的是一個國家機關主導發展的觀點，國家機
關追求其本身的利益、目標（goals）、需求（needs）與權力（power），
通常是指公共利益，而非私人利益，當然這也並非說社會階級無法或無
能（inability）影響國家機關的政策，只是國家機關對其政策之形成有其
特殊的方式，免於社會力量的衝擊；而國家機關之政策主張，其實也不
一定必然與社會階級的利益相衝突或對立，抑或無關，只是國家機關之
政策形成過程裡，不會受到民間社會階級影響，這也就是所謂的自主性
（autonomy）（Skocpol, 1979, 1985; Krasner, 1978），如圖4-3所示。

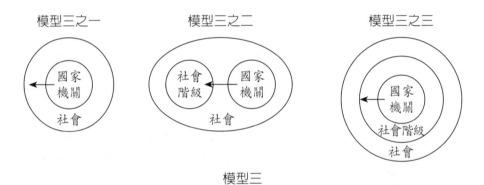

圖4-3　國家重心論（國家機關主義論）

　　國家機關主義論剛好與工具分析論的看法相反，雖同是傾向於強調單
向影響的互動分析，但影響的方向相反，重視國家機關對社會階級的影響
力。所以依其附著之環境實體與結構的不同亦可分成三個模型，其關係與
圖4-1下的三個模型正好相反，如模型三之一、三之二、三之三所示。

模式四

　　制度論（institutionalism）或系統論的國家機關之分析，強調的是一
種絕對的自主性（absolute autonomy）。國家機關與社會是兩個獨立的實

體，與前面三種模式不同，因為國家機關是脫離社會，甚至超越社會實體之外的，衍生出來的研究分析方式是一種行動者的互動關係分析（state as actor）。此觀點正如同Krasner（1978: 10）所強調的看法，認為國家機關是一套角色與制度，有其特別的內驅力（drives）、動力（compulsions）與其自己本身的目標與利益，這些皆能與社會上任何一個特別之團體分別出來，若是去確認國家機關之政策與目標，是社會特別之團體與階級之期望與需求的總合，基本上便是一項錯誤。國家機關的政策與特質是公共的（public），並非是私人的（private），它的目標關係到獲取國家整體的利益，以及提高國家權力（ibid. 11）。進一步而言，國家機關是制度的化身，制度賦予社會一種價值（values），也是決定社會之設施與利益，避免有絲毫社會團體與階級偏好的影響，此種模式恰好與第一種模式相反。簡言之，國家機關界定了國家之利益，而其職能便是去維護國家機關界定國家利益的特權，也就是沒有國家機關便沒有國家利益，沒有國家利益自然也沒有國家機關存在的必要（Carparaso, 1991），如圖4-4所示。

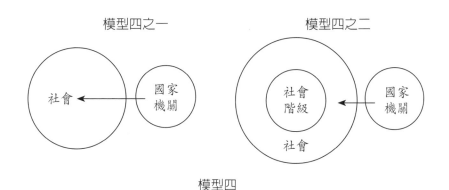

模型四之一　　　　　模型四之二

社會　←　國家機關　　　社會階級　←　國家機關
　　　　　　　　　　　　　　社會

模型四

圖4-4　制度論

　　制度論的分析觀點，傾向於將國家機關與社會分開成為兩個獨立的實體，有別於前面三種模型。此一模型基本上是由模型三所發展出來的，也就是既強調國家機關主義論的觀點，也主張國家機關之實體應該與社會階級之實體環境分開。如此，制度論的分析架構，因其外在環境結構的不

同，可以分成兩個模型，如圖4-4之模型四之一與四之二。不同處只在於前者將社會與社會階級視為一體，將社會化約為社會階級；而後者將社會階級附著於社會實體上，社會階級只是社會的局部現象。

模式五

是模式四與模式二的整合，也就是制度論與結構論的結合，或稱之為「系統互動論」，一則強調國家機關與社會實體的分別獨立存在現象，另一則強調相互影響的結構互動關係，國家機關與社會（或社會階級）皆是行動者，在獨立自主之外，仍會受到其他行動者的影響。此模式與第二種模式不同之處，乃在於國家機關的本體並不附屬於社會關係結構上，因此，國家機關享有絕對的獨立自主性，之所以會受到其他行動者的影響，並不是意謂著國家機關政策決定會受到限制或約束，相反地，國家機關是依其社會關係的反應，而在政策上有所取捨，無損國家機關之自主性，如圖4-5所示。

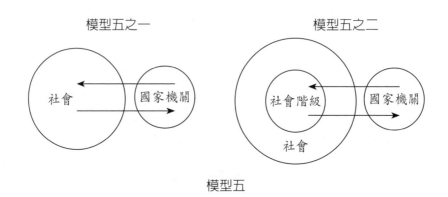

模型五

圖4-5　系統互動論

結構分析論與制度論的整合分析觀點，其實也反映了工具分析論與國家機關主義論的看法，換言之，「系統互動論」基本上整合了前面四種模式，是一種目前比較受重視，也比較受歡迎的分析架構，當然對於國家機

關與社會間的互動關係，更能解釋彼此間互動現象。如制度論般，系統互動論的分析模型也可分成兩種，如圖4-5之模型五之一、五之二。

伍、發展和低度發展的政經分析架構的意涵

　　從國家機關的觀點來看，對於研究分析上，至少有兩個理論的意涵，一是當相對於社會和外部的團體之國家機關的自主性或隔離程度越大時，國家機關制定理性國家政策的可能性會越高，而且達到加速資本累積和經濟發展的可能性也會越高；另一是當國家機關之管理職能程度越高時，則國家機關有效地執行其經濟政策，用來累積資本和刺激經濟成長的機會便會越高。

　　國家機關自主性和國家機關職能性兩者有助於加速國家資本的累積，幫助經濟發展，而外在和內在的遺產，可能給予國家機關特別例外的政治自主性和行政職能，而政治自主性和行政職能卻是政策有效率的先決條件。以下兩個重要的反應關係到國家機關之自主性，它們足以決定「相對國家機關自主性」之程度。

　　第一、重視自主性之反應（autonomy-emphasizing reaction），也就是提高國家機關自主性之主動積極反應，進一步而言，國家機關之行動（action）和活動（activity）的模式，將會設定政黨、利益團體和社會階級之行動和活動方式；同時，國家機關之自主性，若受到社會壓力之挑戰時，將會增加其施行政策的職能，並加強對社會做實際之干預。

　　第二、限制自主性之反應（autonomy-limiting reaction），也就是降低國家機關自主性之被動消極反應，進一步而言，即外來精英之參與和國內之社會大眾反應的期望，將限制了國家機關擬定政策之彈性與空間，外在和內在環境的改變將逐漸轉換國家機關本身之特質。如果沒有支配性之經濟階級，則國家機關的自主性將會因而增加。當政治和經濟領導精英分離時，不但能強化國家機關制定和實行對抗資本家利益之政策的自主性，亦可避免國家機關龐大的機器受到資本家的控制，或是對國家機關自主之

行動有所限制。

　　單是以國家機關政治之自主性，並不能保證一開始之新創的新政策會被接受，也不能保證增加國家機關之權力，便能指示出國家機關將會有效地與核心國家進行挑戰與競爭。國家機關角色的擴張並不等於增加國家機關之職能，繼而能刺激國家經濟的發展。國家經濟之發展決定於三項要素：國家機關權力的程度、國家機關管理之職能、國家機關的表現。高度的國家機關相對自主性能增強國家機關之職能，唯有高度的國家機關自主性和國家機關職能性，才有助於加速國家資本的累積，繼而推動經濟的起飛。

　　從社會的觀點來看，在研究分析上，有三個理論的意涵：一是來自被統治支配級階級的壓力越高時，則國家機關越能起而對抗統治支配階級的需求與利益，以及反應被統治支配階級的需求與利益；二是若來自統治支配階級的影響越多時，則相對國家機關自主性的程度會越低，接著國家機關就越不可能重建或理性地來制定對抗統治支配階級利益的政策；三是當外來的威脅提高時，則可能會減低社會各階級對國家機關施予壓力，而且還會容許國家機關擁有更高的相對自主性。

　　統治支配階級和被統治支配階級間的互動會影響到決策或政策的形成，國家機關為了追求正當合法性，被統治支配團體或階級的需求將會影響到政策的形成。在某些程度上而言，國家機關必須反應那些來自社會下階層的壓力，以維持其政治與政權之穩定；而反應出這些壓力的成本代價，即是國家機關為了滿足被統治支配階級需求，必然增加社會福利的支出，這是財政危機形成的部分原因。財政的危機將限制國家機關制定政策的自主性程度，也會惡化國家經常帳之收支平衡和降低國家資本累積的速度，因此，階級衝突和鬥爭將產生對國家機關是否有更多的選擇機會，抑或是對政策的種種限制。因此，對於國家機關政策之制定、採用和執行上，是否有效率或持續一貫性時，那麼階級利益和壓力就應該列入考慮。

　　最後，對於國家機關與社會階級間的五種關係模式分析，可以簡單地歸納出三種關係：第一、模式一與模式三的分析觀點，正好採取相反的看法，也就是結構形式相同，但是本質動力卻不同；第二、模式三與模式四

的分析觀點，形式結構上可以說相同，但本質上卻互異；第三、模式二與模式五，在本質動力上相同，但在結構形式上卻不同。

第五章

國際政治經濟學

　　自十六世紀以來，世界經濟體系的架構才開始萌芽（Wallerstein, 1974, 1976），續經國際政經結構動力的推動，例如重商主義的發展、工業革命造成生產方式與結構的改變、國際帝國主義的擴張、資本主義的盛行與殖民主義的統治等，在跨國際（interstate）的頻繁互動關係下，更加速了世界經濟（world economy）體系的整合，十九世紀中期後世界經濟體系的雛型才告完成。國際資本主義的經濟體系（capitalist world economy）便是一個典型而主要的全球經濟發展模式型態，強調國際自由貿易（free trade）與重視國際金融的流通，穿織了世界各國間的經貿關係網，也形成了世界經濟階層（global economic hierarchy），美其名為「國際經濟分工」（world economic division of labor），也就是「核心」（core）、「半邊陲」（semiperiphery），與「邊陲」（periphery）不等式的結構位置，這是第一層全面整體性的國際經濟結構。但是，其間複雜的經貿互動關係卻也建構了許多不同環節的經貿副（次）體系關係結構，衍生出一些不同層次的支配或被支配、剝削或被剝削、依賴或互賴、主動與被動、制約與受制等關係，這種區域性經濟體系的互動關係可說是第二層的副國際經濟體系（Amin, 1976; Frank, 1970）。從第一層面探討國際政治經濟學，將從理論架構與研究途徑分析；從第二層面探討國際政治經濟學，將從國際互動關係之研究變數著手，各別論述如下。

　　就第一層面言，從國際政治經濟的觀點來分析世界資本主義經濟體系的發展，基本上可區別出三種重要途徑：第一、經濟民族主義（economic nationalism）；第二、依賴（dependency）；第三、互賴（interdependence）（Crone, 1983）。此三種分析途徑是立基於三種不同的傳統觀點（approaches）發展出來的，即是自由主義論（the liberalist view）、民族主義論（the nationalist view）與馬克思主義論（the Marxist view）（Gilpin, 1987）。後三種觀點正好反映出前三種的國際經濟關係理論，也就是經濟民族主義理論是以民族主義的觀點為主體發展而來，而依賴理論與馬克思學派也有相當的淵源，互賴理論是從自由經濟學派所發展而來。此三種理論支配了對當前國際政治經濟關係體系的研究，各有不同的理論前提與立論架構，因此，試圖整合此三種理論的研究也就鳳毛麟

角了。

　　就第二層面言，重視國際互動與關係之觀點或變數，也融合了政經自由主義、馬克思主義與民族主義等學派之觀點，在此將就國際政治、國際金融、國際貿易，與跨國公司直接投資等方面之國際經濟做進一步的解析。

　　此外，有兩個概念很重要必須加以討論與說明，一是國際政治經濟學（IPE）與政治經濟學（PE）之間的差別，另一是國際政治經濟學與全球政治經濟學（global political Economy, GPE）之間的差別。

　　首先，國際政治經濟學與政治經濟學之間的關係，也難以完全切割。不過政治經濟學是指政治、經濟、社會和法律的互動關係研究，來理解政治對經濟社會之影響，以及經濟對政治的衝擊，在理論層次上，產生了自由主義、現實主義、馬克思主義、結構主義、建構主義等的分析觀點，來解讀國家機關、市場和社會在權力、利益和階級之間的關係，甚至在生產、消費、資本、勞工、交換、環境、分配等政經機制來呈現政經完全樣貌。而國際政治經濟學則是研究國際貿易、國際金融、國際政治、國際經濟、軍事安全、國際發展政策（如貨幣、財政、金融、利率、關稅、貿易、投資）的學科，國家與國家之間的關係，更重視南北國家關係的經濟關係與連結，包括有依賴與互賴的發展。

　　究竟政治經濟學與國際政治經濟學之間的關係如何？在此主要有三種關係可以說明：一是政治經濟學是整體全面的研究，而國際政治經濟學只是政治經濟學的一部分，或是國際議題研究。正如國際關係研究，是政治學領域的一部分。二是國際政治經濟學是政治經濟學的「國際版」，相形之下，相對於傳統的政治經濟學則只是研究「國內版」而已。三是從政治經濟學發展到國際政治經濟學，可能說明了兩者之間在脈絡結構邏輯上的不同，思考的內涵也有所不同，不過兩者之間又是相互連結的與互動，就像是內部因素與外部因素的政經影響一般，而且同時也從國際政治經濟學研究再回到政治經濟學的連結，更可以看出兩者之間的連結關係（王正毅，2010；曾怡仁，2010、2013）。

　　其次，國際政治經濟學（IPE）與全球國際政治經濟學（GPE）之間

又有何不同，是否國際政治經濟學發展隨著全球化的推展與深化，所以國際政治經濟學也轉型到全球政治經濟學，是否會更貼近政經地氣。但「國際」和「全球」的概念是否完全一樣？也值得去思考一下。

　　先從專書內容重點來看，可以看出Ronen Palan全球政治經濟學的結構看出一些端倪，即重視全球政治經濟學的新趨勢和範疇、政治領域的結構化、全球化的公共財、國家及治理、權力分析、資本累積、全球化、博奕理論（國際貿易、衝突與合作）、新制度主義與國際關係、全球化與管制理論、跨國歷史唯物主義（跨國階級形構與世界秩序）、發展理論中的趨勢、新國際政治經濟學的建構主義根基、歷史社會學與全球轉型、全球利益的全球情感（黃東煬譯，2006）。這是一本頗為社會學觀點的論述，強調政治經濟學的內涵影響到國際政治經濟學的思維，而其對全球政治經濟學的標註，也只不過是將國際政治經濟學順著全球化發展趨勢，融入全球化思維的一些觀點，而將國際改成全球而已。但最大的研究分析上的不同，乃在於國際政治經濟學還是處理行為者或是行動者之間的互動關係，而全球政治經濟學則比較從全球一體化或是全球的角度來處理國際議題。

　　另外，Robert Gilpin在1987年出版的國際關係的政治經濟學，被視為是國際政治經濟學的經典之作，其內容包括有三個政經意識型態、國際政治經濟學動力、國際貨幣、國際貿易、跨國公司、國際金融、以及全球政治經濟學的轉型，和興起的國際經濟秩序，似乎也注意到全球化發展的趨勢，因此在最後為研究全球政治經濟學埋下伏筆。他在2001年又出版一本《全球政治經濟學：解讀國際經濟秩序》（*Global Political Economy: Understanding the International Economic Order*）（楊宇光、楊炯譯，2006）。整本書的內容關注於全球經濟新秩序上，但是思維模式仍是在國際政治經濟學的性質和觀念，在國際政治經濟學研究的基礎上，引伸出一些新經濟理念和其新政治意義，以及各國政治經濟體系上，再來進一步探討貿易體系、國際貨幣體系、國際金融體系、跨國公司、國家和經濟發展等，這一些都跟國際政治經濟學研究並無不同。但不一樣的地方便是加入區域化和區域經濟整合、全球經濟是的民族國家，以及管理全球經濟，似乎也為新世紀的國際政治經濟學尋求一條出路。看來全球政治經濟學和國

際政治經濟學之主要差異，也只是新的時代發展議題上的演變而已，融入全球化與區域化的當前議題，而做某種程度的調整和分析而已。

壹、國際政經學之研究途徑與理論架構

在研究途徑與理論架構裡，將強調依賴與互賴的國際經濟形式關係。從經濟民族主義的內部自發性發展策略為出發點，企圖整合外部國際經濟間的依賴與互賴概念於國際政經互動結構關係當中。也就是從政府自主性的發展策略經濟，到半自主半依賴的經濟互賴關係，再到經濟低度自主（low independence）的依賴關係；三者並非各自獨立，而是在同一個國際經濟體系實體上，三者相互關聯、相互制約、相互消長。

一、經濟民族主義（Economic Nationalism）

經濟民族主義理論的精髓融合了重商主義（mercantilism）、國家主義（statism）與保護主義（protectionism）的理念，衍生出強調追求國家的經濟利益，所有的經濟活動必須符合國家經濟發展的目標（Crone, 1983; Gilpin, 1987; Johnson, 1965），基本上是獲取「財富」（wealth）與「權力」（power）的策略，建立一個強勢政府（a strong state）。經濟民族主義與重商主義均強調以經濟為手段（economic means），增強國力（national strength），以保證國家安全與經濟自主，自然地會發展國內工業並且重視貿易的發展與平衡，認為欲建立強勢國家經濟，必須發展工業，推動經濟成長與發展；同時採取出口導向的發展策略，操縱或利用國際貿易管道，追求貿易順差（trade surplus）。因此，經濟民族主義是以現實世界觀（realistic world view）考量安全為出發點，並且極大化短期利益（maximize short-term benefits），發展國家工業（扶植國營企業與培育國內私人企業的壯大）；甚至吸引外資與鼓勵跨國公司合資（joint venture）開發，進行技術移轉（technology transfer），以提升工業層級，

刺激出口，並提高關稅（tariffs），減少進口，加速國家資本的累積。這種經濟發展類型可形成「國家資本主義」的發展模式，也就是重視自立自給（self-sufficiency）的成長，而非經濟互賴的發展。

　　經濟民族主義強調國際經濟利益關係是相互衝突的，在一個充滿競爭的世界經濟中，相信零和遊戲的規則，相對利益比相互利益更重要，相對於經濟自由主義重視互惠互利的關係（Gilpin, 1987）。經濟民族主義將國際經濟當作是帝國主義或民族主義向外擴張的現象，因此往往將「工業化」當作為其首要發展目標，以用來追求國家財富，以及謀取國家實力。因為此學派一直相信工業發展是獲取經濟成長最有效的手段，而且工業發展也能提高經濟自給自足的程度，同時工業化也能提高政治與軍事力量。

　　李斯特（List）於1841年出版之《政治經濟之國家體系》（*The National System of Political Economy*），可說是經濟民族主義的經典之作，鼓吹各國採取保護主義政策，以維護國內的幼稚工業發展，「保護主義」的措施也變成民族主義者推動工業化的主要經濟手段。李斯特首先強調國家有機體論，反對古典自由主義之國家消費體說，政府為謀取國家利益，有必要對國家經濟加以干預；其次，他認為經濟發展要靠保護關稅來達成，特別是當邁向農工業發展時期，為抵抗外來之競爭壓力，以及保護國內新生工業，應採取保護政策；最後，他認為保護政策措施，應包括幾方面，如對發展工業教育、培育企業人員、國內基礎建設、研發獎勵與補助，以及保護關稅等。由政府來推動工業化，並培養國民創造財富的能力，施行保護關稅，扶植國內工業，進而獲取財政收入，維護國家安全與安定社會民心（林妙雀，1987）。

二、依賴理論（Dependency）

　　依賴理論有兩個基本訴求：第一、將國際經濟體系兩極化（polarize），即是核心與邊陲（core-periphery），也就是剝削與被剝削的互動關係，依賴的經濟（dependent economy）將被置於邊陲的地位；第二、依賴國家的發展深受核心國家發展的制約，不平等貿易交換與經

濟剝削是互動的主要關係形式；也就是說，在依賴結構關係中，發展與低度發展是國際經濟體系關係的結果（Frank, 1970; Dos Santos, 1970）。事實上，依賴的架構（frame）是由國際經濟體系歷史脈絡（historical context）所形成的，在往昔是因為殖民經濟（colonial economy）的發展，國外資金型塑了國內基礎建設（infrastructure）與經濟生產型態，在沒有足夠強勢的政府反抗下，殖民經濟變成核心國家之經濟附庸。自二次世界大戰以來，「跨國公司」取代了「殖民政府」，成為連繫核心與邊陲經濟的主要橋梁，不同的是邊陲國家機關的自主性提高，足以抗衡跨國公司之經濟優勢，國際經濟依賴關係結構也隨之改變（Smith, 1981）。依賴已非傳統附庸的經濟發展關係，而是如Dos Santos（1970: 231）所言：「依賴意指一種情境，在此情境中，某些國家的經濟是受到其他國家經濟發展與擴張所制約。」而且，他還說道：「在兩國或多國經濟甚或在國際貿易間的互賴關係就已呈現『依賴』的形式。」也可以說核心國家能夠有自主性與自發性的擴張其經濟，以獲取經濟發展；而邊陲國家經濟能發展（有些時候是不景氣），僅僅是核心國家經濟擴張的反映（reflection）而已，依賴關係的現象便已存在，而且依賴造成了低度發展（Weisskopf, 1976；宋鎮照，1993；陳玉璽，1992；彭懷恩，1990）。

　　在國際經濟互動關係結構中有幾種重要形式，如貿易、援助（aid）、國外直接投資（direct foreign investment, DFI）、外貸（foreign loan）、資金流通、技術移轉、經濟合作、區域性經濟與海外就業等，這些互動關係的結果是形成依賴的基本架構，而經濟依賴限制了經濟發展的機會。雖然最近興起的依賴發展（dependent development）學派發現，這些依賴互動關係形式的發展在某種情境下亦能引導經濟的成長（growth）（Evans, 1979; Cardoso and Faletto, 1979），但是依賴理論者卻仍認為此種的成長並非是真正的發展（development），因為依賴發展並沒有造成經濟的自主（economic independence）。總而言之，邊陲低度發展與其資本主義的發展（capitalist development）是國際資本主義體系擴張的產物，而非政府經濟政策之錯誤所致，而依賴關係的形成也是建立在高度化的互賴世界經濟體系中（highly interdependent world economy）。因此，

「依賴」也並非是國際資本主義獨特或特有的現象，而是一種普遍的主要經濟關係形式（Clark and Bahry, 1983；宋鎮照，1993）。

邊陲地區的發展自有其許多本質上或結構上的困難與阻礙，對於在國際經濟體系下的邊陲發展，雖難逃離出其被置於惡性的循環發展命運，但自有一些策略可突破發展上的限制，這當然也並非易事，但一般而言至少有幾種管道可行：第一、自主式的自立發展（self-reliant development），這與國家資本主義和經濟民族主義的發展策略雷同；第二、推動經濟區域主義（economic regionalism），聯合一些國家，加強經濟合作，以相抗衡於核心國家；第三、對初級產品的聯合獨占，以增加談判的籌碼，最典型的例子為石油輸出國家組織（OPEC）；第四、有選擇性的進口替代工業化，雖然拉丁美洲經濟委員會（ECLA）對拉丁美洲國家推動進口替代保護主義之建議失敗，但這並不表示進口替代工業化策略無效；第五、施行閉關自守的經濟發展，以脫離國際資本主義體系，或加入國際社會主義體系的陣營；第六、引進外資與技術，也就是Wallerstein所言的「引進方式發展」（promotion by invitation），這是依賴發展的基本模式；第七、國際政經體系結構的不平均成長（uneven growth）可提供一些國家經濟發展的機會，這也就是Wallerstein所言的「抓住發展機會」（seizing the chance）之意（Gilpin, 1987; Evans, 1979; Amin, 1976; Frank, 1970; Soong, 1991）。

三、互賴理論（Interdependence）

互賴理論是源於古典自由經濟（classical liberalism），試圖提高國際經濟體系的自由度（laissez-faire），並整合各別的經濟於一體系下。表面上互賴與依賴或許是相對的理念，基本上，可以將之視為兩種不同層次的互動關係。互賴並非意謂著彼此將處於平等的經濟地位，或經濟利益分配上的平等，或貿易上的平衡；互賴也無意謂著沒有依賴關係的存在或是沒有經濟剝削的現象；而是一種處於互惠互利原則下的關係，是相互而有可能是非平等的依賴（mutual and, perhaps, not equal dependence），以比較

現實的方式爭取經濟利益。例如，開放市場（open market）或降低貿易關稅設限（tariff restrictions）來刺激或擴張出口，可獲得貿易的比較利潤（comparative advantages），或讓所有生產因素（factors of production，如資本、技術與勞力）能自由移動（free movement），或提高經濟理性化（economic rationality）的效益等（Crone, 1983; Cooper, 1985; Gilpin, 1987）。如此相互依賴（mutual dependence），在自由開放貿易與市場的運作下，將有助於國際間的和平與發展。

　　經濟互賴是一種「情境」，也是一種「狀況」。經濟依賴也可意指著「感受性的互賴」（sensitivity interdependence），也就是當在某一國市場上的價格與數量改變時，反應出對其他或另一國經濟之影響，也被稱之為「受傷害性的互賴」（vulnerability interdependence）（Hirschman, 1945）。互賴關係是一種「動態關係」，而非「靜態的情境」，是由國際政治經濟互動關係的動力（dymanics）所模塑（structured）。在國際經濟體系中增加商品勞務、技術、資金之流通與貿易，越是讓一個國家的市場經濟越難孤立於世界經濟體系外；而當在各國家經濟間的互賴關係增高時，則國家的經濟發展將更顯現出策略性（strategic）反應，政府的行動也將視他國經濟利益而定，國際間對經濟合作的意願也會提高（Cooper, 1985; Kenen, 1985）。

　　互賴有兩種主要形式來分析國際間的關聯性效益，即是感受性與受傷害性（sensitivity and vulnerability）的互賴，此兩者可以說是相對的觀念，也反應出一國經濟的能力（capacity）。前者是指提高國際間的關聯性（connection），也將提高一國經濟對其他經濟改變之影響所感受到的程度，也就是一國經濟的選擇（alternatives）越多或替代性越高，其感受性越低，對他國經濟依賴的程度也將降低；反之，若無其他選擇與替代資源去調整（adjust）其國內的經濟結構，其受傷害性程度將提高。此兩者基本上均反映出擔負成本（costs）的情況，只是前者較傾向短期的成本，而後者則偏向於長期的成本。在互賴關係下之不平等的相互依賴（unequally mutual dependence）關係中，感受性較低與受傷害性較低的一方將比另一方獲得較多比例的利潤，此論調與經濟民族主義和依賴理

論對國際經濟的互動關係可說是不謀而合，而且有異曲同工之妙的結論（Crone, 1983; Keohane and Nye, 1977）。

　　對國際政治經濟的研究必須整合此三種理論，才能建構出一套完整又全盤性的分析研究架構。事實上，此三種理論並無並行不悖，只是著重在不同的觀點而已，而且皆重視國內經濟與國際經濟的互動與整合關係。經濟民族主義是較重視一國經濟本身發展策略的執行，以獲得財富與權力；依賴是強調國際經濟體系之運作，國際分工階層現象必然出現，依賴情境也必然形成，依賴程度越高也將導致越低度的發展；而互賴則強調相互間的依賴，建立在彼此的利益基礎上，以現實的眼光來進行國際政經合作。對一國經濟發展而言，自不能不顧及此三種方面的發展問題，即是一國經濟必有其發展目標與策略，企圖降低其在國際經濟體系下的經濟依賴，提高經濟自主性，也企圖提升互賴的發展關係。也就是說，邊陲經濟的發展在內部本質（intrinsic）上必然強調「自立更生發展」（self-reliant）策略；在外部（extrinsic）結構上，避免經濟依賴與提高經濟互賴關係。而內外部因素是相互關聯的，發展策略必然依其在國際經濟體系的地位而定，以改善或提高其在此體系中的權力與利益；相對地，依賴與互賴關係也將制約（conditioning）一國經濟的發展策略。

　　一般說來，「跨國公司」與「國際貿易」連繫了內外部經濟互動關係，也影響一國經濟發展策略與國際經濟依賴和互賴的關係。對邊陲經濟而言，該如何藉由「跨國公司」與「國際貿易」管道，來改善其經濟地位與促進國內的工業化，便形成國際政經結構中的兩項發展動力。

　　跨國公司在國際經濟關係中扮演著重要的媒介角色，連接了母國（home state）與地主國（host state）間的經貿關係，也正由於跨國公司的經濟利益輸送，造成了國際間利益分配與經濟發展的不平均，或地主國經濟成長。跨國公司所扮演的角色也相當模擬兩可，地主國對跨國公司的發展也是持著「愛恨交加」的情結（ambivalence）：一來為國家經濟發展考量，在缺乏資金（capital）、技術（technology）與現代化管理的情況下，引進跨國公司自有其利益；二來跨國公司的發展將影響到其國內經濟的自主性。不管如何，跨國公司在國際資本主義經濟體系當中，將被

視為是一個變數，或是一種手段。對母國而言（通常是指核心國家），海外直接投資（direct foreign investment）是其經濟發展向外延伸的管道，也是維持其經濟發展的策略，更是保存其國際經濟實力，以經濟手段替代政治軍事武力的侵略，行其新型態的後帝國主義（post-imperialism）之實（宋鎮照，1993）。對地主國而言（在此指邊陲國家），跨國公司基本上是被視為發展手段，甚於是經濟被剝削的事實，因此，對引進海外直接投資往往是持著歡迎的策略。對跨國公司本身而言，完全是以其利益為著眼點，其對國外直接投資的對象，也往往是依其公司性質而定，對市場、勞工、資源、政治社會環境與基本公共建設做最理性的考量（Soong, 1991, 1992b; Gilpin, 1987）。

因此，在經濟民族主義的經濟型態裡，往往會發展出國家資本主義，進行「國有化」（nationalization）政策，推動國營企業來對抗或制約跨國公司的發展（Soong, 1992a; Gilpin, 1987; Jesudason, 1989）。在依賴發展的經濟型態中，政府往往會傾向吸引外資的投入，對於跨國公司總是採取寬容的策略，以期進行其「依賴發展」（Evans, 1979; Cardoso and Faletto, 1979）。而在互賴發展型態中，政府往往以現實的眼光來進行選擇性的策略來利用外資，建立在相互利益的發展基礎上，政府對跨國公司的態度是居於兩者之間，也深受國際政治經濟結構的影響，在互賴經濟基礎所建立的海外投資經濟關係比較穩定。

貿易使國與國之間的關係更為密切，也推動了國際經濟體系的形成。古典與新古典經濟學派認為對外貿易對一國經濟的發展有很大的貢獻，貿易不但是促進生產效率的工具，更是經濟成長的發動機（engine of growth）。對依賴學派而言，貿易是核心國家對邊陲國家經濟剝削的另一種型式，是造成經濟依賴，導致低度發展的主因之一。不管如何，在某種程度而言，對出口的鼓勵與刺激以及對進口的減少，將有助於資本的累積與經濟的發展，因此，貿易政策與保護主義是常被邊陲經濟用來減低其經濟的依賴度，同時發展國內工業，進而尋求經濟的成長。

互賴的觀點簡言之就是將世界看成一個系統，自從1973年第二次世界石油危機後，由於國際間出現五種現象，使人類了解到全球已經構成一

個互賴的社會系統。第一、意識到世界自然資源的有限，擁有資源者，基本上也擁有相對的權力，同時，如何有效的共同開發利用，將會提升國與國間的互賴關係。第二、國際間某些共同面臨的問題，唯有多數國家同心協力才能加以解決，如所謂的四P問題：污染（pollution）、貧窮（poverty）、人口（population）與繁衍（proliferation），這些問題包括水資源與空氣的污染、人口成長，以及武器管制等，說明共同利益超越國家利益。第三、各國國家機關權力的提高，國家自主性提高，國家對外的行動也越受到限制，造成國與國間互賴程度的提高，替代單方面的依賴。第四、跨國公司的盛行，透過跨國公司的運作，拉近國與國間的關係，彼此間的互賴程度也提高。第五、世界霸權的沒落，國際經濟出現多元與多頭的霸主，多元經濟發展替代單元或雙元的國際經濟發展，彼此依賴的程度加大。這種全球的覺醒（global awareness）與變遷，催生了「新的國際經濟秩序」（NIEO）的出現，國際間建立新的規則與規範，制約國際間的互動關係。

貳、國際政經關係與互動

　　除了上述傳統典型的三種理論分析途徑之外，探討國際政治經濟學尚須強調兩個層面的整合，即國際政治與國際經濟之互動與關係。國際間的互動關係結構主要是政治與經濟互動的結果，此兩者在國際關係體系裡糾纏不清，一國對外的政治決策，常受到國際經濟因素之影響；反之，一國對外之經濟貿易策略，也常受到國際政治的影響。欲探討國際政經互動關係，以下將從四方面加以說明。

一、國際政治關係（International Political Relation）

　　國際政治關係嘗試解釋一切超越國界的政治活動，主要關切的重點是政府之間的政治關係。國際政治體系的結構有別於國內之政治結構，

這可從三方面的特質來說明：首先是體系內有國家間之地位分配原則不明
確，雖可構成國家間上下隸屬關係與階層，但是國家間的相對地位是種協
調的關係，在形式上國家間的關係是平等的，沒有命令的權利，也無服從
的義務；其次是國際成員功能分工的程度低，在國際政治結構中，每個國
家的功能非常相似，皆從事相似的政治活動，國與國間絕少有功能分工的
互補性，或許沒有明鮮的國際階層，自然無法形成功能分工的現象；最後
是權力分配狀況的不一致，各國擁有權力的多寡與其國力或能力有關，但
一個強勢的國家並不一定對弱勢國家必然就擁有絕對的掌控權，相反的，
可能對大國有挑釁的行為（胡祖慶譯，1989）。因此，有兩方面必須加
以強調，一方面即國際政治是國家間互動關係的產物，國家間關係的變異
（互賴與整合），自然形成國際關係結構的動力（Greenstein and Polsby,
1983）；另一方面是國際政治體系對國家之規範與約制，例如國際法、國
際組織或聯盟、國際社會與國際經濟，從體系的大架構，來分析其整個結
構系統政治關係。

　　國際政治的研究學派，大抵可分成四種：理想主義（idealist）、現實
主義（realist）、馬克思主義（Marxist）與全球主義（globalist）（李國
威，1988）。理想主義源於十八世紀之啟蒙運動樂觀主義與十九世紀之
自由主義而成，此派認為人是性善的，人類醜惡的行為是為不良環境所
造成，自私自利是人類戰爭的原因，防止戰爭的方式，首在對不良問題的
改造，威爾遜之外交十四點原則即為此派觀點的代表。現實主義認為人性
本惡，具有爭權奪利的特質，毫無道義可言，國際關係也就是權力擴張之
外交關係，追逐國家權力，國際間沒有絕對的朋友，也沒有絕對的敵人，
只有絕對的利益權力，因此，國際權力的均衡便是一種穩定的情境。馬克
思主義者所強調的是經濟階級關係，認為國家與國界並不重要，國際間的
衝突、競爭或合作等關係形式，皆是國際資本主義發展所造成的，因為核
心國家向外爭取或控制國際市場與資源原料，殖民主義與帝國主義便是其
主要的互動關係，而這種關係亦可化約為國際資本家與勞工的經濟對立關
係，終將在發起國際無產階級革命之後，過渡到國際社會主義制度的體
系。全球主義不僅重視國際間的相互依賴關係，而且也強調超越國界的人

際關係網絡，研究焦點相當著重於國際間的整合互動，而跨國公司或海外直接投資、國際貿易、石油輸出組織（OPEC）、關貿總協（GATT）、聯合國（UN）、國際金融組織、國際法與外交等，是重要的分析變項與層次。

二、國際貿易（International Trade）

　　國際貿易是國際政經關係結構中重要的一環，國際間貿易的關係其實也反映出國際間的政治互動。國際貿易係指國與國之間的商品與勞務之交換行為，由於各國人口多寡、面積大小、資源差異、市場不一、生產技術水準不同等因素，各國均各盡所能從事不同產品之生產，透過貿易交換過程而各取所需；簡言之，國際貿易是一國輸入其所不能生產，或生產成本過高的商品與勞務，而輸出超過國內所需的產品。世界在自由貿易與國際分工原則的運作下，生產並輸出有利本國的不同產品，輸入廉價的國外產品，最終雙方皆蒙其利，這就是「比較利益論」（comparative advantage）所持的觀點。

　　國際貿易活動大抵上是透過進口、出口、轉口或三角貿易的管道，進行商品與勞務的交換。國際貿易的發展前提，必須建立在「自由化」與「公平化」的基礎上，始能化解各項經濟或非經濟因素之不公平貿易障礙，進而降低貿易成本，提高國際資源的有效配置。國際貿易形成的動力，主要來源有四：第一、各國生產因素稟賦（endorsement）不相同；第二、各國經濟資源稟賦之差異；第三、生產技術水準的限制或投資資金短缺；第四、開放國外產品進口，相對於增加國內廠商競爭壓力，降低其壟斷國內之市場，也能刺激其改善商品品質與尋求創新突破，或重視研究發明，使產業升級。因此，如果這些生產或資源因素不流動，產品不交換，以易有無，經濟將無法發展，生產效率也無法提高，資源配置更不能得當。

　　而在公平化的國際貿易裡，也逐漸受到重視，以期謀求貿易之均衡，避開保護主義，並締結互惠性的條約。如對開發中國家給予普遍化優

惠待遇（GSP）、避免傾銷輸出或補貼輸出，造成惡性競爭，創立GATT（轉換成現今之世界貿易組織（WTO），來解決貿易紛爭。GATT貿易談判也經歷了八次關稅協議，關稅談判之進行以互惠為基礎，以雙方之減讓趨於均衡且能達成協議為前提。第一次到第五次關稅談判是以國別、品目別為方式，先由各國提出其主要供應之產品，向貿易對手國提出減讓清單（request list），被要求之對手國提出其能減讓之產品列表，相互交換清單，而開始進行談判，從1947年到1963年，共經歷了十六年。第六次是為著名之「甘迺迪回合」（Kennedy round）談判，主要議題是「關稅均一減讓」（equal linear tariff），歷經三年時間，讓關稅大幅度降低，並促進自由化多邊貿易，擴大國際貿易量。第七次為「東京回合」談判，舉行多邊貿易談判，從1973年到1979年共經歷了六年時間，揭示促進世界貿易更自由化、建立國際貿易新體系、保證並協助開發國家透過貿易活動，獲取貿易利益。第八次是「烏拉圭回合」談判，所經歷的時間更久，由於議題廣泛、參與談判國家之眾、國際貨幣金融體制的不一、非關稅貿易障礙的增加、區域經濟整合組織的興起、核心與邊陲國家間的歧見擴大以及農產品與非商品的貿易談判，因此歷時近十五年。特別是各國為保護其農業，皆對農產品之出口進行補貼，或保障農民權益、促進農業之發展、維護國家安全與爭取農民之支持等理由，對農產品貿易採取高度的關稅障礙，尤其是歐洲共同市場的農業保護與貿易限制最為顯著。因此，烏拉圭回合談判的重點是在如何促進國際農產品貿易的自由化，也就是世界農產品大戰。台灣目前欲加入GATT或WTO，面臨兩方面的困擾，一是政府遭遇到被迫開放國內農產品市場的外來壓力，另一是政府也不斷地受到來自國內農民極大的反彈與抗議，因此，目前台灣與世界貿易組織的雙邊互動關係，已成為一熱門的國際政治經濟學研究的題材。

　　相對於國際貿易的「全球主義」發展，國際貿易也出現矛盾的「區域主義」（regionalism）之發展，區域貿易集團組織相繼成立，以區域聯合方式，達到區域的合作、安全與經濟發展；基本上，區域經濟主義可說是自由貿易與保護主義的結合，屬於一種有歧視的優惠貿易協定（歐陽勛與黃仁德，1990: 490）。區域性的貿易關係首推歐洲共同體（EC），發展

最久也最成熟；另外，拉丁美洲自由貿易協會（LAFTA）亦屬於此類；或由美、加、墨三國爲抗拒歐洲勢力，於1994年成立「北美自由貿易區」（NAFTA）；而在亞洲及太平洋地區的區域經濟發展，首推「東南亞國家協會」（ASEAN，東協），預期於2008年成立「東協自由貿易區」（AFTA），以及「亞洲太平洋經濟合作會議」（APEC）的發展，甚至對形成「大中華經濟圈」的重視，也順應區域經濟發展潮流而起，足見區域經濟快速擴張的情勢。因此，在自由開放貿易的呼籲下，以及全球貿易公平原則的重視，未來全球經貿體系的發展，勢必受到全球主義與區域主義兩股力量的影響（江水平，1992；梁發進，1992；任克敏，1992）。

　　區域經濟整合關係的發展，有五種類型，而這些類型正代表著其發展的整合程度與過程（黃紹基，1993；梁進發，1992；黃智輝，1991）。一般說來，區域經濟整合的形成始於（一）自由貿易區（free trade area）的建立，實施區域內無關稅障礙，區域外維持原有之貿易障礙，NAFTA與AFTA正處於此階段的發展。其次再發展成（二）關稅同盟（custom union）階段，對區域內無貿易障礙，但對區域外採取一致的關稅與貿易障礙，例如比荷盧同盟（Benelux）或東非經濟市場。進一步發展到（三）共同市場（common market），區域內之生產要素（如勞力、資金、資本財等）完全自由移動，例如歐洲經濟共同體（EEC），即一般所謂的歐洲共同市場（ECM）。再發展到（四）經濟同盟（economic union）關係，各會員國可免除因彼此政策不同所造成的貿易障礙，也就是所謂的單一市場經濟，歐洲單一市場的發展便是一個典型的例子。最後發展到（五）完全經濟與政治之整合（complete economic and political integration）階段，各會員國原則上已整合成一個國家，並設立一個超國家組織，採取統一的貨幣、財政與社會政策，形式上就是一種「邦聯」國家型態（如現在的蘇俄邦聯），從提高邦聯整合的程度後，又可發展成「聯邦」的國家型態（如美國聯邦型態）。這種區域經濟的發展型態，或許可提供中國大陸、台灣、香港，甚至新加坡發展經濟整合的借鏡，從大中華經濟圈的建立開始到邦聯的形成，不失是一條途徑。由經貿關係之整合，漸進提高到政治外交之整合正是目前國際政經發展的主要型態，有別

於傳統上由政治外交為出發點，來推動經貿關係的改善與整合，不管孰先孰後，政經關係的互動總是糾纏不清的，這也正突顯出政經研究的重要性與必要性。

國際貿易政策之形成與擬定是政治經濟學的主要課題之一，也是一國對其經濟自主的表現。基本上，國際貿易政策（保護或自由）之緣由與脈絡，主要受到三派理論的影響，即是重商主義、古典自由主義學派與歷史學派。重商主義之貿易政策係強調以貿易方式來累積國家財富、充實國力，主張國家經濟活動不能由私人經營，必須由國家機關來統籌管理，並提高其對經濟的干預程度，逐漸地發展出國家資本主義（state capitalism）的型態；其貿易政策特徵，主要表現於獎勵輸出、管制輸入、積極發展國內工業、扶植航運事業，以及拓展海外殖民地或市場。

其次，古典自由主義之貿易政策主張自由放任（laissez faire），一切由市場機能來操作，相信供給會創造需求，藉分工以提高勞動生產力。因此，自由經濟學者一直相信，在自由國際貿易下所獲取的利益，必然要比限制貿易或閉關自守自給自足式的生產利益來得高，也深信自由國際貿易有利於第三世界的經濟成長。所以自由主義的貿易政策特徵，偏向於避免國內經濟發展被扭曲，不應對國外進口之物品課徵禁絕性之關稅，或對進口數量做嚴苛之限制，避免給與各項補助津貼或獎勵、提供充分競爭的環境等。很清楚地，這種政策絕少因應措施與對策，不干預政策意謂著沒有政策（no policy），不干預政策也意謂著是一種政策。

最後是歷史學派之貿易政策，也可以說是經濟民族主義（economic nationalism）的發展策略，充滿保護主義色彩，以及國家主義的強調。主張一國由農業經濟欲過渡到工業經濟，必須採取保護主義或保護關稅，進口替代工業化的策略便是此貿易策略的延伸，針對保護國內幼稚產業、保護勞工就業、維持勞工工資、平衡國際收支、抵制傾銷、提增財政收入、所得分配公平化以及經濟自給自足。強調經濟民族主義的策略，主要目的並不在於自由貿易與財富累積，而是國家之建設發展與工業化（Gilpin, 1987; Corden, 1974）。

貿易障礙（trade barriers）通常是指「人為性之障礙」，不重視「自

然性之障礙」，後者不易引起貿易對手國之反應，例如高運輸成本，並不致造成過度扭曲之貿易；前者係指一國政府對商品交易所採取的各項干預政策，介入貿易活動所致。而人為性的貿易障礙又可分成「關稅貿易障礙」（tariff barriers）與「非關稅貿易障礙」（non-tariff barriers）兩種，前者主要是政府對進口物品課徵關稅而言；而後者係指政府採取對非關稅措施來干預貿易，例如，貿易數量之限制、匯率管制、出口補助、輸入保證金、國營貿易或技術性貿易障礙（如日本工業品有JIS標準、美國的ASTM或UL標準、德國之DIN標準，以及我國之CNS標準）等，這些措施足以反應出政府對貿易活動干預之程度。

　　總之，國際貿易政策反映出一國對外經濟策略的傾向，通常一國之政府會基於增加其財政收入、保護國內產業發展與市場、平衡國際收支、改善貿易條件、提高國民生活消費水準，以及經濟制裁等考量，採取誘導或強力干預國際貿易市場或活動的經濟政策。國際貿易政策之擬定，往往是融合了重商主義、自由主義，以及歷史學派的多重策略考量，雖非表現出獨立單一的完全取向，然而從國際貿易政策本身，仍可看出其傾向突顯某一策略之導向。

三、跨國公司（Multinational Corporations）

　　跨國公司（或稱之為多國籍公司或企業）是一個超越領土疆域的新王國，在國際政經舞台上之角色，備受矚目，其主要透過對國外進行直接投資方式，謀取最大利潤。所謂跨國公司係指擁有一些具有不同國籍公司的企業團體，而此一企業財團之財力必須雄厚，在海外有多處據點（Vernon, 1974）。進一步而言，跨國公司應在兩國以上具有生產之據點，並擁有產生收入之資產（income-generating assets），以及建立跨越國界之銷售網，透過資本、技術與管理之輸出應用，從事生產、銷售、管理商業活動（Spero, 1990; Gilpin, 1987）。原則上，跨國公司在母國（home state）通常會以一家母公司為總部，再以直接投資方式，在不同之國家（host state）設立子公司，整個公司之長期目標規劃、研發與國際

經營策略，均操控於母公司手上。甚至也有些學者從海外投資之所有權（ownership）與控制權（control），來評斷跨國公司，例如在1960年代美國商業部對跨國公司之界定，認為海外投資或商業資產應占有整個產業資產的25%以上。

　　跨國公司之型態雖不一，但也呈現出一些共同之特徵：第一、其規模都很龐大，擁有相當的資金、技術、資訊、管理與銷售市場；第二、其大多來自先進國家，由於需要擁有大量之資金、高檔次之技術與管理；第三、其具有寡占的性質，往往可以控制地主國之市場與經濟；第四、其決策權大都受控制於母公司，集權中央的領導方式；第五、其經營管理是以國際市場為導向，決策考量是整體公司之發展，非為各別式的獨立作業經營；第六、跨國公司之生產與銷售國際化，並針對各國之技術、市場、勞力與資源，實行國際分工的經營模式。

　　目前對於跨國公司或海外直接投資的研究，基本上放在三個層次環節上：跨國公司之內部環境與其政府關係、跨國公司與主權國家、跨國公司與國際體系。在內部環境上，首先，探討跨國公司的本質、結構、經營型態與策略；其次，針對跨國公司如何降低風險、如何提高經營自主性與能力，以及如何提高生產規模效率與利潤、如何創造市場；最後，重視母國（home state）的政治考量與經濟政策，對跨國公司發展的影響，如台灣當局的南向政策，推動跨國公司的發展，便是一個例子。政府與跨國公司之聯合，可能發展出新型態的帝國主義（Spero, 1990; Andersson, 1991）。

　　在跨國企業與主權國家間的互動關係方面，有三個主要的觀點，即上面所探討過的自由主義（liberalism）、馬克思主義（Marxism）與重商主義（mercantilism）三個學派。自由主義認為跨國公司漸漸取代國家機關的角色，經濟的重要性凌駕於政治之上，而且透過跨國公司超越國界的控制資源、生產與銷售，對全球的經濟有助益（Vernon, 1971）。馬克思的依賴理論即認為跨國公司是一個剝削邊陲國家可能經濟發展的撒旦，挾其優勢的技術與資本，終成一變相的帝國主義。重商主義的解釋則認為跨國公司之發展，最終將促使一個新的經濟體系產生，各國對其經濟的控制力

將提高，國與國間的競爭互動將顯而激烈，終不免形成區域主義的發展，提高彼此的互賴，抑或是形成全球化的新經濟秩序體系（Gilpin, 1975: 234-6）。因此，跨國公司與地主國兩者間的互動研究，焦點往往放在地主國國家機關的發展策略，例如國有化、貿易政策、外資政策、外匯控制、關稅保護主義等，激勵外國投資，又企圖控制外來投資。相對地，跨國公司對地主國擁有哪些籌碼與優勢，對地主國之市場、工業、技術與政經政策有何影響，以及與地主國之合作發展關係（Andersson, 1991; Spero, 1990）。

在跨國企業與國際體系方面之研究，可從兩方面來討論：一是從國際體系的架構下看跨國公司的角色，並且對跨國公司的行徑加以規範，此部分關係到國際金融與國際貿易，在國際體系下，跨國公司與主權國家皆被視為行動者，國際體系下的一個行動單位，超越國界的跨國公司比起國家之角色還來得有影響力，跨國公司連繫了地主國與母國之間的互動，更促進國與國間的政經關係，互賴關係是重要的一環，透過國際間之援助（AID）與借貸，更見其角色之重要；另一方面是從跨國公司的立場來看國際體系的關係，必然強調跨國公司之能力（capability）、自主性（autonomy）、理性經營（rational management）、目標導向、影響控制力以及競爭。在國際政經體系下，依各自之能力與自主性之不同，採取不同的策略，追求不同的目標（沈根榮譯，1992；Spero, 1990）。

跨國公司形成的原因尚未定論，而且眾說紛紜，莫衷一是。之所以會發展「跨國」經營，大抵上不外是為爭取更多的利潤（Hertner and Jones, 1986: 10），而追求高利潤的主要思索管道，也不外有四種：尋求更大的市場、利用廉價的勞力、就地利用當地資源，或是降低運輸成本。一般而言，有關跨國公司之理論探究，可以歸納出三個：第一、產品循環理論（product cycle theory），跨國公司之出口商品，由於在國際市場上降低其產品的競爭力，或其海外市場備受威脅，若當地政府採行保護主義或進口替代工業化，抑或為降低其生產成本，將進行資金與技術的外移，以保有其原有之利益，如早期美、日兩國對東亞四小龍的投資方式，或今日台灣夕陽工業對東南亞與大陸的投資皆是。第二、對外投資壟斷理論（the monopoly theory），跨國公司可藉其龐大的資金、高度的科技技術與管理技術、對市場資訊的掌控、銷售管道之建立、產品的創新，對投資當地的市場常出現壟斷的現象。第三、剝削理論（exploitation theory），跨國公司對海外的投資目的，不啻是想剝削當地廉價的勞工、便宜的原料資源、低租稅與投資優惠待遇，以及市場控制，從中獲取暴利。

　　總而言之，似乎可歸納出，跨國公司與開發中國家的互動模式如下：通常開發中國家之殖民經濟模式深受跨國公司的影響，自獨立後，主權獨立之國家漸漸恢復其對經濟之自主性，可對跨國公司進行妥協與對抗，甚至進行國有化政策，並扶植當地資本家的興起。其實，跨國公司與地主國的互動討價還價的過程中，對地主國而言也是一種學習的過程，對於跨國公司的動機與經營方式有所了解，始能對跨國公司進行有效率的談判。跨國公司對當地的經濟發展仍被視為是一種最簡單、代價最低、最直接可獲得具體經濟成果的方式，因而地主國往往會提供較優惠的外資投資待遇（如免稅、市場原料之保證、提供用地、低薪資政策、100%之所有權等），吸引外來投資，可知外資政策之設計與擬定，便成為地主國經濟發展的一項重要策略。在吸引足夠的資金或產業升級，抑或是危害到國家經濟自主時，地主國國家機關會以強勢方式，制定約束法規，來限制跨國公司之發展行徑。所採取的手段與策略，不外是限制跨國公司之產權比例與經營權、鼓勵合資共同開發、限制其資本額和外匯流動、引進高科技之工業符合當地的需求、抑或是規定其最低之出口占總生產之比例、要求其至內陸鄉間設廠、設立國營企業與之對抗，或以最激進的做法將之收歸國有等。所以兩者間的互動關係模式，從對地主國的觀點而言，必然經歷幾個階段：首先是「委屈求全」階段，以爭取或吸引更多的外資；其次，因資金的大量流入而產生威脅，便開始處於惶恐不安之「愛恨交加」階段；進而過渡到「絕地反撲」階段，開始對跨國公司進行制約與規定，以期提高控制的能力；最後，在兩者間之利害互動關係中找到平衡點，地主國對跨國公司的對策便邁入「休戚與共」、「攜手合作」階段，以期締造雙贏局面，共創未來。

四、國際金融（International Finance）

　　國際金融也是國際政治經濟學裡重要的一環，它把全球經濟結合成一體，在國際金融體系的架構下，世界儼然又多了一層成為一個系統的動力，除此之外，國際金融也將世界的政治互動關係，變得更為密切與複雜。雖然如此，國際金融在國際經濟中可說是最弱的一個環節，由於資本的投機性、多變性與流動性特質，也造成全球國際金融關係的不穩定。國際金融雖是經濟關係，但也往往變成政治性議題。

　　國際金融對世界體系的主要影響有二：一是國際間的金融關係會製造出國際經濟秩序與階層，由於核心國家的單方或多邊官方援助，或透過國際經濟組織支援，雖然是用來援助邊陲國家，其實主要目的是驅使邊陲國家能夠更開放參與市場導向的經濟，終能符合核心國家的利益，「南（指邊陲國家）北（指核心國家）」間的互動，有利於北方核心國家控制新國際經濟秩序與關係。發展出來的結果自然傾向於帝國主義的興起，由於國際間資本分配的不均，擁有資本的核心國家，享有國際金融體系的比較利益，將壟斷國際經濟與市場（Gilpin, 1987; Spero, 1990）。

　　二是國際間的金融關係提供全球另一層次的互動關係，加速南北關係互動的頻率。國際金融的運作與動力，整合了各國經濟於國際經濟體系之下，逐漸地出現世界金融體系，脫離國際政治的控制。全球金融活動與關係逐漸形成有機體的連帶關係，經濟互賴形式出現，「南北」相互依賴的程度提高，也漸脫離零和遊戲的規則，互利互惠勝於剝削壓榨關係；前者的影響較趨於負面，後者的影響較趨於正面。也就是說，國際資金的流動與關係對南方邊陲國家之發展，不僅存在著阻礙的作用，而且也能產生推動力，因此，國際金融對第三世界國家的經濟發展影響，呈現出爭議性的作用。

　　就近幾十年來的國際金融關係發展來看，基本上也經歷或面臨了幾種挑戰，例如歐洲貨幣市場的出現削弱了國際政治對金融的控制、80年代初出現之債務危機（debt crisis）、調整國際貨幣基金組織的運作與管理；以及世界經濟強權的美國，由一個國際債權國（creditor）變成一個債務

國（debtor），所引導的金融影響；東亞經濟的興起，特別是日本，聯合四小龍，其金融實力儼然成爲國際間的新霸主，也使東亞成爲一新興的國際金融中心。

　　國際金融在國際政經方面的探討，著重在兩個層面的議題上：國際貨幣制度與組織，以及國際債務。在國際貨幣發展方面，始於1944年在美國不列登森林（Bretton Woods），創設了國際貨幣基金（IMF），來穩定國際貨幣，達到貨幣自由流動的目的，並可配合國際自由貿易的發展，免於重蹈一次世界大戰後，由於各國採取過度的貨幣與貿易保護政策，導致國際經濟的蕭條與不景氣。其間經歷幾個重要階段，如1945年到1950年間之戰後歐洲，在馬歇爾計畫下，大量美元湧向歐洲，當然也造成美元相當缺乏的時期；接著，1950年到1958年間，出現歐洲支付同盟（European Payment Union, EPU），實現以通貨自由兌換；而在1959年到1968年間，又發生美元過剩（dollar glut）現象，由於美國國際收支的持續惡化與擴張，以及歐洲以美元做爲外匯準備金所致。自1968年後，由於美國收支長期嚴重的逆差，發生了國際貨幣的危機，於是採行「黃金兩價制度」，即制度上規定每盎司黃金換35美元，也承認黃金市價的存在，價格由黃金市場之供需來決定；後因1971年尼克森突然宣布「新經濟政策」，規定美元不能再兌換黃金，國際貨幣制度動搖，不但助長黃金價格大幅上漲，也造成官價與市價的懸殊，因此，黃金兩價制於1973年被廢除。另外，於1970年時也實施了「特別提款權」（SDRs），分配給IMF各會員國，補充國際貿易與國際支出擴張的需求，但在1971年與1973年時，美元又發生兩次貶值，每盎司黃金由兌換35美元提高到38美元，甚至42.22美元，這些因素導致「不列登森林協定」於1973年不得不廢除。國際貨幣制度演變成固定與自由浮動匯率的混合，因爲日圓、英磅、義里拉、法朗等多國貨幣均開始按市場供需而波動，世界主要國家不再維持一固定匯率，而開始採取浮動或彈性匯率（floating rate）（黃智輝，1991；Spero, 1990；Blake and Walters, 1987）。

　　總之，國際貨幣制度的發展，至今仍存在幾個重要特徵：首先是採取浮動或彈性匯率；其次，黃金不再扮演重要的角色，黃金價格完全決

定於市場之供需；再者，美金仍是國際間之強勢貨幣，但日圓與馬克緊追在後；此外，國際貨幣制度仍存在著流動性（liquidity）問題、信心（confidence）問題、調整（adjustment）問題，以及維持各國匯率之穩定，與解除外匯之管制，仍有待加強與努力。最後，國際貨幣基金乃是現行國際貨幣的基礎，是調整國際貨幣的重要國際機構，但是國際貨幣基金仍控制在核心國家之手，其投票權由其認攤基金額的多寡而定，其中美國就擁有20%的投票權，足見美國主導之影響力。

在國際債務方面，國際金融也提供了國際融資市場，對於邊陲國家而言，國家資本的形成自會影響其經濟的發展，而一個國家之資本形成，除了依賴國內儲蓄與生產之外，主要是來自國外，主要管道有三：一是援助（AID）或贈與（grants），其次是海外直接投資，最後是向外貸款（loans）；前兩者是可遇不可求，而且操之於人，而後者卻是操之在我。基本上，開發中國家的經濟發展主要是依賴海外直接投資與借貸，特別是借貸。國際借貸在1960年以前，借貸方式是以國家與國家之間的發行公債為主，而在1960年後，國際間之大銀行或金融機構之借貸業務興起，但主要借貸對象仍限於那些工業先進國家或是經濟快速成長地區，抑或是國內需求，無意借款於那些貧窮落後的國家，因為其信用度低所致。

但在第一次石油危機後，國際間對於資金需求擴大，尤其是開發中國家處於工業起飛階段，極需大量之資金投資，國際大銀行便成為資金的主要來源，因此國際間的借貸日漸增多，世界債務總額也從1970年代時，大約為1,000億美元，高漲到1980年代中期的9,000億美元。正如時代雜誌（1984/1/10）所描述的：「歷史上從沒有這麼多的國家積欠這麼大的債務，而償還的希望卻是如此渺茫。」國際債務之所以如此嚴重，一方面固然是因為國際金融市場之資金需求量大，另一方面也是因為國際金融市場的資金供給量提高所致。資金供給量之所以大增，乃是因為石油輸出國家組織（OPEC）因兩次石油危機而獲暴利，大量石油錢（petrodollars）湧入西方國家銀行或投資於海外，同時加上歐元（Eurodollars）的大增，以及銀行貸款的浮濫等，皆造成債務的加重。除此之外，就開發中國家債務的加重而言，特別是拉丁美洲國家，因其依賴外債過度，且外債的利率

過高，又因推動國內的工業化成本過高，出口貿易的減少，進口又大增，貿易的赤字完全依賴外債來支付；同時，政府財政支出也高過稅收，大部分的公共投資也並非放在生產投資部門上，而是用來補貼國內消費支出，提高補助社會福利預算，財政赤字大幅增高也完全依賴外債，甚至以大量印鈔票的方式來應付；結果造成嚴重的通貨膨脹，接著又造成經濟發展的不景氣，失業日增，政府財政又日漸拮据，且背負著大量的債務，因而形成「以債付債」、「以債養債」，連本帶利「債上加債」，通貨膨脹更隨之惡化，終使許多開發中國家陷於經濟發展萬劫不復的處境（Kuczynski, 1988; Sheahan, 1987）。

尤其是巴西、墨西哥、阿根廷是世界最大的三個債務國，從其依賴外債發展的過程中，可以發現一些特徵：推行進口替代工業化，依賴外債來進行國內的工業化，並且擴張財政支出來維持國內的經濟成長，又因其國家大、市場大、資源豐富與人口眾多，且依賴外債的經濟表現突出，因而國際融資的信用也高，加上1970年代之貸款利率又低，考慮其高度的通貨膨脹，國際借貸有利可圖，且以外債來維持高度的經濟成長，造成經濟繁榮的假象，自然對其政權的正當合法性有幫助。一味地依賴外債增加國內的消費，以及政府社會福利支出的增高，外債投入生產性工業之投資降低，因保護主義政策，生產成本提高，出口困難，且勞工薪資又高，消費能力提高，進口也激增，造成嚴重的貿易赤字；又因為消費能力高，儲蓄意願低，投資又高，不足部分又依賴外債來彌補，所以財政的嚴重赤字，加上貿易逆差惡化，以及儲蓄率又遠低於投資率，這三個資金缺口（gap），完全依賴外債。在1980年代初期，由於拉丁美洲國家償還債務能力降低，金融信用缺乏，又逢國際資金的緊縮，利率的調高，降低了借貸的能力，可貸全額遽減，使得巴、墨、阿三國藉以維持經濟成長的支柱喪失，經濟成長完全崩潰。各國多年來累積的外債皆超過1,000億美元，占國民生產毛額（GNP）的一半以上，單單每年所需償付的利息，便占有6%到7%的GNP，足見外債對此三國經濟發展的威脅。拉丁美洲國家由外債引導的經濟發展（debt-led development）策略，讓其發展到經濟的死巷（Spero, 1990; Cypher, 1990）。然而依賴國際借貸之經濟發展，並不意謂

著經濟就會被帶領到經濟發展的死巷，反之，卻能利用外債資金來推動國內的工業化，並加速經濟的成長，例如東亞國家的經濟發展經驗就是依賴外債成功最典型的例子，尤其是南韓在1970年代時，大幅提高利用外債，來建設國內重工業的發展，曾是世界第三大依賴外貸國，僅次於巴西與墨西哥，然而今日的南韓，已發展成為世界重工業國之一，出口貿易的激增，相形之下，降低了外債的負擔，締造了南韓經濟的奇蹟。因此，外債的利用，在國際政經發展的領域中，對國家機關政經策略的運用是一個決定其經濟發展的重要關鍵（Soong, 1991）。

參、華盛頓共識 VS 北京共識

隨著國際政治與經濟秩序的改變，從冷戰時期的美蘇對抗局勢，資本主義陣營對上社會主義陣營，雙邊政經壁壘分明。然而，進入到後冷戰時期，也逐漸出現美中對抗情勢，也出現「市場資本主義」（market capitalism）對上「國家資本主義」（state capitalism）的發展模式之爭。說穿了，就是當前受到重視的「華盛頓共識」（Washington Consensus）對上「北京共識」（Beijing Consensus）的發展模式，形成國際政治經濟學在發展研究上兩個重要的「理想類型」（ideal type）。

一、華盛頓共識：美國經濟發展政策機制與模式

「華盛頓共識」一詞係由約翰．威廉姆森（John Williamson）於1989年所提出，他是美國華盛頓智庫國際經濟研究所（現在稱為彼得森研究所）的經濟學家，主要是用來形容以美國華盛頓、國際貨幣基金組織（IMF）與世界銀行（WB），以及美國財政部為首的國際制度與相關政策，而這些政策正好有利於開發中國家的經濟重建工作（Williamson, 1990）。華盛頓共識主要基於「發展即現代化」的「正統」模式，並以新自由主義的概念為核心，強調三個重點：一是經濟穩定，二是發展私有

化，三是自由化。基本上，這種以新自由主義為基礎的華盛頓共識，無疑地是以市場經濟為導向的一系列理論和政策行動作為，由美國政府和控制國際經濟組織所制訂的整套發展政策，並通過各種方式來進行政策推動[1]。

華盛頓共識形成的歷史背景和基礎，主要有三：首先是美國的「霸權穩定論」（hegemonic stability）。由於蘇聯集團的瓦解，在1990年之後的十餘年間，美國的經濟實力達到其他主要挑戰者總和的程度，軍事支出達到世界的一半，已經符合了霸權嚴格的標準。美國的霸權幾乎可以反映在美國對世界秩序維護的干預。

其次，結合新自由主義（neo-liberalism）的意識形態。伴隨著美國獨強，而成為此一時期擁有世界主流的話語權，也就是自由主義的華盛頓共識。此為1970年代後期開始的意識型態，強調減少政府管制，讓政府從經濟事務中脫身；並且開放國內市場，將公用事業和自然資源部門的投資私有化，廢止最具保護色彩的勞工法律，頒布強有力的保護國內外私有財產權的法規，減少對公共衛生的投資和社會福利。

最後，主張「全球化」（globalization）思維。在全球化概念的發展與變化衝擊下，對學術、政治和社會思潮均構成全面整體影響，全球化思潮開始與一些其政經發展他概念息息相關，相互連結。在經濟理論上，此種思維又被稱為「新自由主義」，抑或是被視為是「華盛頓共識」。在學術圈又被稱為「新古典主義經濟學」。在公眾意識型態中稱為「全球主義」（globalism）的新經濟模式。

華盛頓共識的主要政策行動機制與原則，主要考量有下列十個面向的作法：（一）在財政改革（fiscal reform）上，要減少或壓縮公共開支，降低財政赤字。（二）政府基礎投資重點轉向經濟效益高的領域和有利改善收入分配。（三）進行稅制改革（tax reform），要減少個人和企業的稅收，擴大稅基，降低邊際稅率。（四）實施利率市場化。

---

[1] 這是一整套政策原則一開始主要是針對拉美國家和東歐經濟轉型和體制轉軌的國家，是一個典型新自由主義的政治經濟理論。

（五）採取具有競爭力的匯率制度（competitive exchange rates），減少匯率操作。（六）實施貿易自由化（trade liberalization），開放市場。（七）自由化外資市場，減少限制。（八）對國有企業實施私有化或民營化（privatization）。（九）放鬆與降低政府的管制（deregulation）。（十）保護私人財產權（property rights）。

二、北京共識：中國經濟發展政策機制與模式

　　2004年5月11日，雷默（Joshua Cooper Ramo）於英國外交政策研究中心發表題為「北京共識」的論文，對中國二十多年的經濟改革成就及其經驗，提出大力改革、主動創新是中國經濟發展的發動機，在發展的過程中積極維護國家利益、改善人民生活品質、處理發展過程中的社會矛盾、以及重視自主性發展，在保持國家獨立的同時也實現經濟增長。（Ramo, 2004）因此，北京共識無疑地是有別於「華盛頓共識」的另一種發展模式，意義上便是所謂的中國模式。西方國家學者認為這是一種「威權現代化」（authoritarian modernization）發展，進而提高其合法化威權（legitimizing authoritarianism）的發展模式（Halper, 2010）。簡言之，就是政治經濟學所謂的「國家資本主義」（state capitalism）的發展策略模式。

　　「北京共識」是經濟發展策略，也是重視社會和國家的安全策略，因此堪稱是對霸權意識型態的全面性挑戰。

　　基本上，北京共識的特徵具有下面三個：（一）中國一直致力於政策創新，持續進行各種政策試驗。儘管在一定程度上可能帶來政策上的搖擺和不穩定，卻能為經濟發展持續提供動力。（二）北京共識強調GDP不應該成為衡量經濟發展的唯一指標，經濟發展的永續性以及財富分配的公平，也非常重要。（三）北京共識堅持「自力更生」的政策，即發展中國家必須始終維持獨立立場，基於本國實際需求情況，做出各種發展政策選擇。唯有保持國家在現代化進程中的獨立性和自主性，這是中國發展模式的最重要經驗。相對於華盛頓共識一直以來忽視所得均等、就業、競爭、

改革的問題，北京共識提出另一種的發展政策模式，當然也直接挑戰了主流的華盛頓共識，假如說華盛頓共識代表北方（North）先進國家的市場經濟政策之發展模式，那麼北京共識自然是代表著南方（South）低度國家經濟的發展模式。

　　北京共識以開發中國家地位的模式來發展，中國政府特別針對非洲國家的反殖民情緒，強調不干涉政治、不輸出中國政治文化，只做生意跟提供援助，迅速獲得非洲各國的歡迎，連帶使得貿易總額節節上升。

　　早在2011年時，就以1,663億美金貿易金額超過美國，成為非洲第一大貿易夥伴，由於中國並沒有國內對於自由民主輿論的制衡力量，加之援助方式多半是政府對政府、或是由國營及民營企業直接進行投資，因此在實務上是穩定了非洲各國的既有政治局勢，讓當權者得以加強對國家的掌控。但在當前的軍閥統治基礎上，同樣也意味著對於公民社會與政治異議勢力的壓制。

　　而北京共識的具體落實與實踐，從經濟援助開始，逐漸往各面向的工程基礎建設推展，也引發了不同的反應與看法。在初期階段，援助模式偏向期限型、單一的有形建物，主要是零散型的建設合作或援助，中國援助非洲項目經常做完就走，除了給當地人留下一條道路或一座體育場外，看不到其他東西。但隨後已經調整為公衛、經貿等較為長期且持續性的援助[2]。甚至也結合一帶一路倡議的發展，從中國經驗出發，拓展到國際社會的互聯互通互享的連結，發展出「南南」合作的機遇，取代以往的「南北」依賴的發展關係。

肆、複合相互依賴

　　在西方國際關係研究中，國家之間的「相互依賴」（interdependence）概念其實源遠流長。「相互依賴」可以說是一個古

---

[2]　麻省理工學院教授Nicholas Negroponte接受紐約時報記者訪談時指出的看法。

老的國際概念，可以追溯到亞當‧史密斯、盧梭、和馬基亞維里。不過到了1977年，羅伯特‧基歐漢與小約瑟夫‧奈伊（Robert O. Keohane and Joseph S. Nye. Jr., 2012）合作出版了《權力與相互依賴》（*Power and Interdependence*）一書，創建了複合相互依賴理論，此理論堪稱西方相互依賴思想的集大成者。而其更大的貢獻是試圖改變現實主義在該領域的支配地位，也直接挑戰了古典現實主義大師摩根索（Hans J. Morgenthau）「國家間的政治」（politics among nations）之現實主義觀點[3]。摩根索（Morgenthau, 1985）的「國家間的政治」是古典現實主義的代表作，國家才是世界政治的重要研究單位，認為國際政治中的「權力平衡」（balance of power）是國家之間的政治關係，維持著國際秩序的重要機制，離開了國家之間的權力平衡，國際法或國際組織等國際制度（international institution）將名存實亡。

基歐漢和奈伊在創建複合相互依賴理論時，利用「行為主義學派」（behaviorism）的國際體系、結構、進程等概念，也整合了「自由主義」（liberalism）理論所強調的自由貿易和市場經濟的運作，並在國際體系權力結構的分配和討價還價的過程中，研究國際行為體（actors或稱行動者）之間的相互依賴關係，並對行為體國際行為的影響。在國際關係體系權力結構下，不再只以國家機關（the state）當作研究分析的單位，並以多方行為體（包括非政府組織、跨國公司、國際組織等），來建立其所謂的複合相互依賴理論的分析。

此理論一方面否定了現實主義的基本假定，衝擊了「國家中心論」（state-center）研究的假設，同時另一方面又提出了「多元主義」的研究思維，為國際關係研究建立了一個新的研究範式。因為自從二次世界大戰以來，現實主義在國際關係理論中一直居於主導地位，就是所謂的「國家中心論」研究範式或是所謂的「國家機關主義」（statism）的研究。現

3　國際關係大師摩根索的經典名言：「國際政治像一切政治一樣，是追逐權力的鬥爭。無論國際政治的終極目的是什麼，權力總是它的直接目標。外交政策的終極目標不是權力之名，而是權力之實。」

實主義的國家中心論範式認為，國家機關（the state）是最重要的行為體（actor），而國家之間存在著現實或潛在的利益和安全衝突，國家隨時都有可能動用武力。

因為自從1960年代末開始，國際關係結構和體系隨著相互依賴的程度加深、各種非國家行為體（non-state actors）在國際舞台上的角色越來越活躍，並扮演著重要的國際角色。相對地，現實主義的國家中心範式研究途徑，已經無法有效解釋國際關係現實情勢的變化，如對跨國關係、經濟相互依賴和國際組織的研究。

因此，基歐漢和奈伊特別關注跨國行為體（transnational actors）的作用，提出了一個世界政經的鬆散範式，從國際政治經濟領域對現實主義進行批評與修正。並通過創建複合相互依賴理論，試圖建立一種分析世界政經研究的新方法，進一步理解國際政治與經濟關係，以及國際制度化和合作模式，提出不同於現實主義對世界政治和經濟的設想，不再只是關注國家安全與利益至上的觀點。

總而言之，複合相互依賴（Complex Interdependence）的研究分析框架是建立在「多元行為體」的框架基礎上，即處理大量次國家（sub-state）和非國家行為體（non-state actor）之間的互動分析，這遠比僅由單一的國家行為體出發研究世界政經現象，將變得更為複雜與貼近真實，實非只有國家行為體直接參與世界政治與經濟而已，而且各問題之間也不存在明確的等級區分，武力也並非唯一有效的政策工具。

此外，複合相互依賴理論的出現，也發展出所謂的「新自由主義」（neo-liberalism）國際關係理論，拓寬了國際關係研究的視角。自由主義是西方國際關係理論的主要流派之一，相對於現實主義和建構主義的理論。基歐漢與奈伊吸收了現實主義理論和經濟自由主義相互依賴論中的合理成分，將權力與相互依賴結合，通過相互依賴的敏感性和脆弱性這兩個概念來考察和分析權力在不同國家和行為體中的分配，建立了複合相互依賴理想模式，從而宣告了新自由主義的崛起。

1975年美國學者約翰・魯傑（John G. Ruggie）首次提出了「國際建制」（international regimes）的概念，很快引起國際關係學界的廣泛

興趣，並引申出如貿易建制、環境建制、人權建制、反恐建制、海洋建制、核武安全建制、金融建制等。所謂「國際建制」係指「一系列隱含或明示的原則（principles）、規範（norms）、規則（rules）和決策程序（decision-making procedures），它們聚集在某個國際關係領域內，行為體圍繞這些機制，而形成相互間可以預期的行為反應」。[4]而行為體便是指國際關係中各種政府和非政府組織的行為主體，它們既是國際建制的創造者，也是受到國際建制的制約者。國際建制中的「原則」反映了行為體的觀念和信仰；而「規範」是指以權利和義務方式確立的行為標準；而「規則」是指對某些行為的限制和禁止；「決策程序」是指決定和執行共同政策的習慣做法（Ruggie, 1982）。

基本上，國際建制理論將國際建制和相互依賴結合，讓後來的國際建制研究也奠定了「新自由制度主義」的研究基礎。特別是在1970年代之際，由於美國霸權地位的相對式微和衰退，霸權體制逐漸失去規範性和約束力，這些學者便開始探索非物質性權力因素的作用和意義。儘管仍以跨國主義和相互依賴作為研究範例，但也出現了向國際建制這種概念的重要轉變。而在「相互依賴關係」現象的產生和影響了一系列控制性的安排，無疑地產生了所謂的國際建制。國際建制是國際體系的權力結構和制度規範，也是結構政治和經濟談判之間的中介因素。國際體系的結構對國際建制的性質，會產生很深遠的影響。同樣地，國際建制影響並在一定程度上也會支配著體系內發生的政治談判和日常決定。因此，認識國際建制的發展和崩潰，也可以視為是理解相互依賴政治的關鍵。

4　International regimes are sets of implicit or explicit principles, norms, rules, and decision-making procedures around which actors' expectations converge in a given issue-area.

第六章

國家資本主義與
國際重商主義

壹、前言

重商主義（mercantilism）是國際政治經濟學（international political economy）裡很重要的一門課題，亦是一個非常重要的歷史發展過程。它有時被視爲一種政策（policy），有時被當作是一種政治與經濟意識型態（political and economic ideology）或是經濟民族主義（economic nationalism），甚至被認爲是一種國際經濟關係（international economic relations）；當然，它也是一種理論典範（theoretical paradigm），有別於自由主義（liberalism）與馬克思主義（Marxism）。事實上，早期的重商主義研究大抵是古典國際政治經濟學的主要內容，它連接了封建制度（feudalism）與資本主義（capitalism），演變出來的是一種經濟制度體系，因此，重商主義有其歷史背景，也有其意識型態與思想色彩，盛行於十六到十九世紀。重商主義並沒有壽終正寢（die），消失於歷史的陳跡中，而且，有借屍還魂再生的現象，以不同的經濟型態與方式出現，發展國家力量（national power）。而在理論上，給當代政治經濟學注入一股新血，更延續了重商主義的精髓，使重商主義的靈魂能附身在國際經濟關係思維體系中（Peet, 1991; Crane and Amawi, 1991）。

國家資本主義的興起是市場經濟（market economy）與社會階級（即是相對國家機關自主性，relative state autonomy）互動關係之產物；它的出現也強調了政治（即社會階級權力，the power of social classes）與經濟（即市場效率，the efficiency of the market）之間的互動，是政治經濟學的另一重要領域。尤其在大力強調「將國家機關再度帶回（bring the state back in）研究課題裡」時，國家機關的經濟角色再度被獲肯定。國家機關的干預（state intervention）程度反映出其對經濟市場的控制能力，大力推動國有化政策（nationalization），建立強大的國營企業（state enterprises），與經濟自由主義的論調可謂大異其趣，也互相衝突。國家資本主義的經濟型態就是一種國家機關進行經濟干預最典型的例子，在第三世界裡，國家資本主義所表現出來的經濟模式，便是「依

賴發展」（dependent development）或稱「威權資本主義」（authoritarian capitalism）。國家資本主義對外主要目的，是去減低對經濟強權的經濟依賴，改善其在邊陲地位的被剝削關係；對內則進行工業化，加速經濟之成長，以增強國力（Petras, 1977; Soong, 1992; Carnoy, 1984）。

　　在本章裡，企圖強調國家資本主義的經濟型態是一種重商主義經濟的延伸；而重商主義在被整型後，已披上國家資本主義瑰麗的外衣，注入新重商主義的血液。國家資本主義已充滿了國家（民族）主義（nationalism）的色彩，強調加速資本的累積（capital accumulation），也彌漫著保護主義（protectionism）的濃厚氣氛，更重視國際貿易關係，出現國家機關與資本企業家之聯合，以謀取國家之最大利益，進而增強國家經濟與政治力量；這種現象普遍發生在第三世界國家中，重視國家機關的經濟角色與活動。然而，重商主義幽靈附身在核心先進資本主義國家（the advanced capitalist states），在早期便催生了國際資本主義經濟與帝國主義（imperialism）的興起，進行剝削與掠奪邊陲市場的經濟利潤；在晚近它更推動了「後帝國主義」（post-imperialism）的發展，成為一種主要的國際經濟經營型態，即以「跨國公司」為主體的經濟型態，掠奪邊陲經濟的資源與利益，主要目的也無異是在加速國家資本的累積，提升國家在世界體系中的實力（Soong, 1991; Gilpin, 1987; Crane and Amawi, 1991; Peet, 1991）。

　　在本章中，將只專注於對第三世界國家裡之國家資本主義，是如何淌流著重商主義的血液，並探討國家資本主義在政治經濟學理論中，是如何延續著重商主義的經營理念，強調重商主義精神並沒有消失，反倒是在國際政治經濟學之理論脈絡裡，充滿著重商主義的影子。在下面主文中，首先將探討重商主義的政治經濟理念，從歷史與理論兩個層面加以解釋；其次，討論國家資本主義之政治經濟分析，解析其為重商主義經濟精神的延伸與發展，所形成的一套當代經濟意識型態與發展之經濟策略。

　　最後，有一點必須加以說明，本章完全是從重商主義的特質（characteristics）與觀點（perspective）為出發點，企圖在理論與歷史層面上與國家資本主義連接，這並非承認或接受重商主義是唯一的世界經濟發展之決

定理念與現象，把所有發展時期的特色均歸因於重商主義的發展特色，眾所周知，其他如自由主義或資本主義亦為重要經濟的理念與型態，因此，不免被誤為或落入單一推論的論調當中，這是本章中的一個弱點。我們知道促成國家資本主義的發展，其背景因素是相當複雜的，彼此間的歷史因果關係也至為模糊，在本章裡，只不過企圖努力地想加以強調或勾劃出其間的關聯性，試圖解釋或說明重商主義發展與國家資本主義的發展特色與關係而已。

貳、重商主義之政治經濟學概念：歷史與理論層面

　　重商主義與國家資本主義有很密切的關係，從政治經濟學觀點來說，兩者均強調國家機關（the state）的重要性，在經濟發展過程中它扮演著相當主導（direct）且主動（active）的角色。雖然這兩個概念（concepts）有著不同的解釋與截然不同的歷史淵源，也代表著不同的發展模式，將這兩個觀念置放一塊，是有些牽強附和之處，但卻也可建構出一套有效的研究架構（research framework），用來解釋新興工業化國家經濟之崛起。然而，從理論層面加以探究，似乎可以發現重商主義與國家資本主義間，有某種程度上的關聯。從國際經濟體系互動觀點與國家機關意志論而言，重商主義精神與國家資本主義策略是相互互補，也互為表裡；從歷史的經濟發展過程而言，也不難看出重商主義的潮流已注入國家資本主義新生兒身上，有如基因的隔代遺傳般。或許可以如是說，重商主義是早期的國家資本主義雛型，而當代國家資本主義是晚期的重商主義發展階段。重商主義主要發生在核心國家（core states）中，支助其經濟與工業成長；而國家資本主義主要發生在開發中國家，盛行於二次世界大戰後，企圖以發展國營企業推動國內工業化。

　　重商主義大概興起於十五世紀末，東羅馬帝國滅亡後，它的興起同時也是民族國家（nation-state）興起的時代，也象徵著封建制度的崩潰。在重商主義的推動下，商品與貨幣關係逐漸發展、社會分工擴大、市場的開

關、對外貿易的增大、中產階級之興起，也奠定了資本主義之形成，強調資本累積是經濟發展的原動力，也是增強國力的策略。因此，重商主義不僅是一種經濟意識型態（economic ideology），而且也是整體經濟政治制度和思想模式（Peet, 1991）。

　　在封建制度式微後，歐洲新興民族國家逐漸出現，各國間存在著許多矛盾與衝突，也面臨各國之間的國力威脅與經濟競賽。各國為求生存之道，謀求財富與安全，減少軍事、經濟與政治之依賴度，逐此，國家機關（或稱政府）便負起強化國家、累積資本之責，以期鞏固國家主權基礎，重商主義思想遂因應而生。政府為引導國家發展，也常以政治力量為後盾，來進行干預經濟活動。在統治者與商業資本家結成聯盟後，國家機關實行有利於商業及商業資本發展政策，一方面透過商業的發展，國家可以減少其財政支出，以增大國家權力；另一方面，商業資本家希冀存在強而有力的中央集權國家，作為後盾，以利其商業之拓展，此種結合，相互有利，發展結果便造成日後帝國主義的崛起。為達成資本之累積及擴大市場之需求，殖民主義（colonialism）隨之出現，國際間之剝削關係形成，資本主義大行其道，結果，重商主義奠定了歐洲民族國家走向高度工業化及商業化，也似乎隱含著先進國家重商主義之實踐，造成了許多國家的低度發展事實。重商主義摧毀了封建制度，催生了資本主義，也重視國家機關機能的運作功能。

　　從歷史觀點而言，重商主義發展可分成三個階段。第一階段是初期重商主義時期，大約是從十五世紀末到十八世紀中期，是古典重商主義理論（classical mercantilist theory）的基礎。前期發展主張「貨幣差額」，持守「多賣少買」觀念中的「少買」消極做法。購買會減少貨幣存量，銷售可增加財富收入，續而採取禁止貨幣輸出，鼓勵積蓄財富貨幣，吸引外商投資，且藉著海運之興起，大肆搜刮海外資金資源，國家機關（或政府）之任務乃在提供各項措施保證國家財富不斷增加，而且國家支出必須小於歲收，進行國家資本累積。後期發展主張「貿易差額」，著重「多賣少買」觀念中的「多賣」積極做法，但也似乎贊同多買的做法。財富唯有在貨幣加速流通循環中才能增加，基於此，同意國內貨幣輸出，企圖使更

多貨幣回流；重視國際貿易，強調貿易應保持出超，輸出必須大於輸入。為達此目的，大力鼓勵出口廠商大量生產，扶植和保護國內初級工業之發展，使其工業升級；同時爲減少輸入，保護關稅政策逐豎立施行，擴大對外貿易，管制輸入數量，以期加速財富貨幣之累積。

第二階段是帝國主義的重商主義（imperial mercantilism）時期，大約是從十八世紀中葉到二次世界大戰止，這是新保護主義思想興盛時期，重商主義理論在此時期深受古典自由經濟理論（classical economic liberalism）的大肆抨擊。重商學派主張國家財富累積與權力至上，然而自由主義（liberalism）之古典學派則強調私人財富累積與減少國家的經濟干預。此時期可以說是重商主義發展巔峰期，同時也是自由主義與資本主義快速發展期。

雖然在經濟理念上是相互衝突對立的，但帝國主義的重商主義發展與資本主義的發展卻是相互影響的。承繼前期的競爭發展國力，爲確保國家之資本繼續累積，在極力維持貿易利潤之下，爭奪貿易霸權便成爲必然的策略與結果；同時，爲擴大貿易地區和市場，解決國內市場飽和問題，加上資本主義的過度膨脹，帝國主義的興起與殖民主義的擴張，皆是爲延續資本主義快速發展，以及爲確保工業發展所需之天然資源與原料能從殖民地裡獲取或剝削。帝國主義的侵略是獲取殖民地的直接方式，殖民地供應了帝國主義國家爲製造工業產品所需的資源，也提供了他們工業產品的消費市場。簡言之，帝國主義是一種重商主義發展的延伸，藉以進行國家資本的累積與擴張國家力量（national power）、確保國家安全（national security）、提升國家在世界舞台中的地位。結果，由於帝國主義的無止盡蔓延，各國利益的相互衝突，加上國力（軍事）較量的惡性競爭，最後造成兩次世界大戰，終而打垮了自己的國力。

第三階段是新重商主義時期，大約是在二次世界大戰以降，這是跨國公司（multinational corporations）興盛期，跨國公司的出現是重商主義與帝國主義融合的化身，也就是以經濟爲著眼點的後帝國主義（Post-imperialism）。代替以往以政治及軍事爲中心的帝國主義，經濟侵略可說是變相的帝國主義。跨國公司的經濟型態代表著國際間的經濟關係，

也隱約反映出國際間的政治秩序（Soong, 1991; Peet, 1991）。國家重商主義附身在跨國公司上，以謀求國家經濟利益，進而追求政治力量；同樣的，國家經濟之擴張要靠國家力量來推展，強大國力是保障國家對外貿易的利益（Gilpin, 1975, 1987）。除此之外，國外的直接投資（direct foreign investment）就是一種資金的輸出，與跨國公司經營是一體的；而帝國主義又是種資金外移方式（Evans, 1979），無疑地，跨國公司被注入了帝國主義的幽靈，它直接、間接地影響到其他國家的發展。跨國公司對邊陲地區（peripheral areas）發展效益也醞釀出不同的爭辯，例如，現代化理論持樂觀的看法，以為跨國公司可以引進資金（capital）、技術（technology）及現代化的管理方式（modern management），這些都是開發中國家致力於工業化所急需的項目，「傳散效果」（diffusion effect）乃意指這類的影響。然而，依賴理論卻持悲觀的見解，認為跨國公司是帝國主義的另一種型態，它的目的無異是要從被投資地主國（host states）中謀取最大利益，剝削其勞工、資源與壟斷其市場，最終控制其國內經濟，且輸出所賺取之利潤至母國（home states），這種剝削關係致使地主國（host states）永處於低度發展狀態，藉此持續了母國（home states）的高度發展。可想而知，地主國（host states）對跨國公司是懷著愛恨交加（ambivalence）的心境，一則為加速工業化著想，極需跨國公司之助，吸取國外直接投資；另一則卻憂心忡忡其經濟依賴（economic dependence）加重，深怕跨國公司的引進足以影響或控制國內經濟。因此，一個國家機關應如何引導跨國公司助益其經濟發展，而且避免受控制，「應施行何種政策、策略及方針？」便成為國家機關主要考量；而其成敗與否，也取決於國家能力（capability）之高低。

　　從理論層面上而言，重商主義認為政治利益高於經濟利益。民族國家只不過是以經濟政策用來爭取國家力量，國際經濟體系是國家的組合，並非是市場的組合（Staniland, 1985）；國家機關便成為研究的重點，捐棄自由主義所言之自由貿易與私人企業經營的理念，以國家干預政策替代市場經濟的機制。

　　重商主義理念有幾種特性（Peet, 1991; Dell, 1987）：第一、它是非

道德的價值體系（an amoral value system），為獲取目標，任何手段都是可行的；第二、它是以國家政治福利為重，輕視個人福利；縱然人們追求己利，也是在國家的政策引導監督下，考量增加國家財富而為之；第三、它強調「國家安全」（national security）為第一，追求經濟發展為重，避免經濟依賴，進而提倡自我依賴之發展（self-reliant development）；第四、它是理性導向（ration-oriented）的，相信科學技術，應用科技解決社會與經濟面相上之政治問題；第五、它提供了一種研究架構，檢視世界活動體系，並引導政策擬定方向；第六、將國家視為獨立個體（有機體），個體會衡量其利益與權力，且有交易妥協之能力，自然追求其最大利益與權力；第七、它關心國家平衡收支（the current account of the payment of balance），認為收支剩餘是增加財富之道；第八、它強調國家干涉政策，推行保護主義，反對自由放任貿易；最後是重商主義的競爭是建立在零和遊戲規則上；核心國家在貿易上之獲得是邊陲國家的利益喪失，前者的工業發展是後者之犧牲損失所致。

　　很明顯地，重商主義並未消失或死亡，它的精髓已注入到所謂的現代帝國主義式的重商主義中，持悲觀的零和遊戲（zero-sum game）規則。它的研究重點被擺在國家機關與企業間的特定關係上（Gomes, 1987; Gilpin, 1987），它不只是一種理論，更是一套政策措施（蕭全政，1989）。在理論的發展層次上，依其歷史背景，對於國家機關與企業之聯合特性可被分成三個階段（Sylvan, 1981）：第一、強調十八世紀以前的重商主義，以國家機關主動的角色，追求國家財富與權力；第二、十九世紀以李斯特（F. List）為主的論調，重視國家經濟（national economy）與保護主義；第三、二十世紀的福利國家經濟與新保護主義政策興起。此種揭櫫，強調了各別階段的特徵，卻忽視了其歷史的連貫性發展，以及縱觀重商主義的發展與變遷。

　　重商主義理論對邊陲地區之發展，隱含了兩個層面的意義。一個層面是從國際經濟體系的角度來討論，在國際分工的原則下（international division of labor），國際經濟互動關係便影響了一個國家的發展，外部之世界經濟體系（world economy）影響國內下層與上層結構（infrastructure and superstruct ure）。雖然，國際體系結構是一種限制（restraint），然而，其結構變遷也會製造出發展機會（opportunity），能否把握住，端視其國家機關是否適時把握與配合，機會通常稍縱即逝，可遇不可求，機會可被轉變成國家利益（Crane, 1982; Soong, 1991）。職是之故，跨國公司之經濟活動與方式雖然是一種結構限制，但也是一種機會，後帝國主義的重商時期，便是一種新世界經濟秩序的型態。基本上，此見解是站在先進國家之立場而發，國際經濟體系也明顯地反映出，它只不過是經濟強權主宰下的經濟活動而已。

另一個層面是從國家機關方面著手，重視它該如何進行國家資本的累積？如何進行干預政策？如何增加貿易順差及提升國力？不管如何，底線是唯有增加國家財富與力量，才是國家生存之道。重商主義被應用到國家機關層次上，以為政府應殫精竭慮開源節流，指導經濟發展方向，為獲取財富與權力，不惜一切手段，重視國家利益，漠視個人福利（Bowden, 1985）；重商主義的精神乃是在致富，然而造成一國之富有，必然犧牲他國之財富。在此情況下，競爭衝突必然發生，重商主義終必再導致後帝國主義之經濟競賽，政治與軍事武力的介入也勢所難免，歷史也終將重演。

參、國家資本主義之政治經濟分析：重商主義之遺產

重商主義是先進核心國家早期經濟興起之道，國家資本主義卻是第三世界國家中新興工業化國家崛起之策略，這也許是其間最明顯的分野；然而，重商主義與國家資本主義有某種程度的重疊性，特別是在二次大戰後。兩種的目的、範圍、策略與意義是相似的，比如說進行資本累積，發展工業化、謀取經濟利益、施行保護策略、強調國家機關主動角色與經濟干預、追求國家財富與權力等；不同的只不過是採行的對象國家不同而已，正因對象國家之不同所衍生出來的國際互動關係也不同，追求財富與權力之方式也就不同，隨之因應的政策與策略也就不同，但是兩者的富國經營理念之道與精神是相同無異的。

　　赫格德（Haggard, 1983）將重商主義分成三種類型，即以「權力」為主的重商主義（power mercantilism）、以「發展」為主的重商主義（developmental mercantilism），與以「福利」為主的重商主義（welfare mercantilism）。赫氏認為以權力與福利為主的重商主義偏向發生在先進核心國家，而且成為其經濟的教條（doctrines）；而以發展為主的重商主義卻傾向發生在邊陲依賴國家裡，變成其發展策略。此說正好支持上一段的論調，而以發展為主的重商主義即筆者所謂的國家資本主義的經濟發展型態。

　　國家資本主義之興起也可說是重商主義的另一種型態，兩者之不同乃在前者強調國家機關之經濟角色對經濟發展的重要性，後者重視國家如何在國際互動關係與零和遊戲方式中，爭取最大的國家經濟與政治利益，透過剝削（exploitation）與不平等交換（unequal exchange）關係漸漸形成國際經濟階層（international economic stratification）。然而，兩者也有其共通點，皆強調國家對經濟發展扮演主導的角色，新重商主義與國家資本主義對一直以自由主義（liberalism）自居的新古典經濟學派可說是背道而馳，大異其趣。基本上，這也就是政治經濟學與經濟學之間的爭論；本質上，就是政治性（politics）與非政治性（apolitics）之別，新重商主義與國家資本主義似乎成為政治經濟學理論的重要主題。

　　第三世界之國家資本主義承襲重商主義精神的遺產，主要是對帝國主義殖民政策的歷史經驗影響，同時也是對國內經濟國家主義喚起（economic nationalism）的反應，主張提高國家經濟自主性。國家資本主義策略明顯地流露出重商主義內涵的本質，例如，極大化國家的權力與財富（maximizing state power and wealth）；國家機關的經濟活動角色，也就是國家機關的干預（state intervention）；追求資本的累積，強調國際貿易的重要性；國家機關與企業的聯合，推動國內工業化；國家機關干預所發展出來的國有化政策（nationalization），發展國營企業，當做經濟發展的主導部門（a leading sector）；最後是由於干預政策，進而提倡保護主義政策（protectionism）。這些精髓都注入了邊陲威權國家機關（authoritarian states）的骨子裡，以推展國家資本主義，對抗先進核心強

權的優勢剝削。邊陲經濟推展國家資本主義，以謀求其經濟的發展之際，深受先進核心強權的威脅，是比先進核心強權在推行重商主義興起之初，無其他優勢強權的干預，且又有大片的殖民地以供剝削，可來得困難多了。

　　理論上，國家資本主義之說眾說紛紜，莫衷一是，它是貨幣學派（monetarism）、凱恩斯學派（Keynesians）與馬克思學派（Marxism）所關心的重點，三者皆研究資本主義國家（the capitalist state）經濟干預型態的本質與影響（Jessop, 1990）。資本主義國家之備受重視，緣起於新馬克思理論（neo-Marxism）的興起。而在1970年代重新檢視國家機關的角色（Miliband, 1969; Poulantzas, 1969; Gramsci, 1971），學者們開始對資本主義國家的功能重新加以評估（如工具論、結構論與階級論），指出國家機關不再只是資產階級統治（bourgeois class）或壓迫的工具，用來保障其階級利益的法寶；國家機關有其正統性（legitimacy），而且有其能力來支配階級間的權力與利益分配，甚至有其追求的目標與理想，這種結構形成了國家機關與社會階級之間的互動關係，這也就是統（組）合主義（corporatism）理念的基本研究架構。各階級或利益團體發揮其影響力，以期影響國家政策，一方面國家機關也就變成了階級鬥爭的競技場（arena），用來爭取其階級本身的利益；另一方面國家機關已獨立於經濟與社會體系之外，從事其獨立自主的經濟活動。統合主義在世界上變成了一個普遍的政治現象，國家機關與階級間的關係正也反應出統合主義的發展傾向，進而影響國家資本主義之實踐與內涵。

　　統合主義理念泛指國家機關和民間利益社團的組合，進行權力之分配。國家機關的力量（state power）與社會階級的基礎（social bases）有相當的關係，國家機關力量會隨著社會階級基礎的變遷而有變化；同時，社會階級基礎也會深受國家機關力量的強弱而有所變化，它可說是政治代表（political representation）和國家機關干預（state intervention）的結合體（Jessop, 1990: 120）。統合主義之政治型態依各國的歷史背景、文化、制度之不同，而有所不同，而且，不同型態的統合主義也反映出不同階段的資本主義發展。

統合主義是一種利益團體代表的政治系統，由其各單位派代表組合的權力中心參與國家機關統治權，他們支持國家機關之權威性，國家機關也將以滿足各利益團體當為回報。通常，國家機關面臨著資本家（bourgeoisie）、勞工組織（labor unions）、中產階級（middle classes）、農人（peasants）、在野黨（subordinate parties）等團體的政治杯葛，終將由躬逢其盛的強勢團體控制國家工具（state apparatus），從事權威性權力分配。所以統合主義似乎也意謂著多元主義（pluralism）的組合（Jessop, 1990; Staniland, 1985），統合主義與多元主義的相對性也暗示著國家機關的相對自主性（state autonomy）的高低，國家機關權力的強弱決定了社會壓力（利益）團體的發展與形成。再者，多元主義有別於統合主義，在多元主義的發展下一些弱勢團體的利益將深受剝削。有鑑於此，國家機關有其介入之必要，福利國家（welfare states）型態應運而起（彭懷恩，1990）。然而，從多元主義到福利國家的發展完全落在先進核心國家的政治經濟發展途徑上，這也就是上面赫格德所謂的以追求「福利」為導向的重商主義。

一般而言，統合主義可區分為「社會統合主義」（societal corporatism）與「國家統合主義」（state corporatism）兩種（Staniland, 1985；Schmitter, 1974；彭懷恩，1990）。前者意指國家機關與民間社會從事雙向性的互動配置，多元主義是促使其政治權力重新分配的主要因素，國家利益也只不過是當權者對利益分配的臨時性組合，所謂的政治也就是利益團體爭權奪利的手段與方式，利益團體對國家機關而言有相當的自主性（autonomy）；後者意指國家機關獨立自主於利益團體（民間社會）之外，而且它控制了組合的型態與權力的分配，扮演著優勢主導的角色，決定經濟發展的方向與策略，也限制了多元主義發展的可能（O'Donnell, 1973），通常這種組合出現在資本主義低度發展的社會，國家機關負起經濟社會發展之重任，以期滿足人民之需求，「國家至上」、「政治決定經濟」、「國家利益高於階級利益」等論調與堅持，便是此類組合的現象，但它距離極權體制甚遠。國家統合主義亦是建立在民族主義或國家主義（nationalism）的基礎上，對內政策是專制、強制的，反對資

本主義的放任；對外政策採行重商主義理念，鼓勵出口與控制進口，駁斥自由貿易（free trade）的政策，但不反對國際貿易的運作。無疑地，威權式政權（authoritarian regimes）便是很典型的國家統合主義政治，國家機關介入經濟活動、進行資本累積與增強國力就是其重要特徵，這就是一種重商主義式的國家資本主義，發揚重商主義的精神，以國家機關推動經濟發展策略，來追求資本主義。

針對資本主義國家發展（the development of the capitalist state）之研究，已發展出許多的研究架構與典範（research frameworks and paradigms），焦點均放在國家機關上，強調強勢的國家機關（the strong state）如何來控制弱勢的民間社會（the weak society），進而干涉經濟活動，影響整體經濟之發展。綜合來看，這些研究的重點擺在探討什麼是國家機關？國家的自主性與才能（autonomy and capacity）如何受制於民間社會（civil society）？國家機關又如何來影響整個社會結構與權力分配？國家機關又如何在擬定政策之時，超越民間社會之影響，發揮其最有效之功能，以助國家經濟的發展？甚至，如何將國家本身的目標與利益變為國家機關追求發展的依歸，而不相違於民間各利益團體的利益衝突？即使互相衝突冒犯，國家機關相對於利益團體之自主性（relative autonomy of the state against interest groups）究竟又有多大？允許國家機關在制定與推行政策的空間又有多大？再者，將國家機關引進，介入經濟活動與扮演引導資本主義發展之角色，可否重新定位國家機關的重要性（Skocpol, 1985; Evans, 1979; Carnoy, 1984; Cardoso and Faletto, 1979）？

國家機關與民間社會的關係（state and society）或是國家機關與市場之關係（state and market）已成為研究國家資本主義之基本架構。換言之，國家機關（state）、社會（society）和市場（market）之間存在著一些特定的相互關係；而這些特定關係也大多是相對性的，其間的互動關係直接或間接的決定國家未來經濟發展之型態（economic patterns）（Soong, 1991; Evans, 1979; Wade, 1990; Stepan, 1978）。

在此不多加探討其理論的根源與變異（variations），而將重點放在國家資本主義與經濟發展之間的關係。如何透過國家機關之運作，有效執行

發展計畫與經濟政策，國家機關與社會階級（social classes and the state）的關係便是其重要關鍵（Skocpol, 1979），這層相對關係，也或多或少地反應出國家資本主義的發展傾向。

國家資本主義之發展便是在缺乏強勢壓力團體的對立情況下，兼以有強而自主的國家機關，才能以其高度的自主權威決定國家經濟發展方向。實施市場干預政策，從事生產活動與商業行為，犧牲民間團體的利益，增加國家資本的累積（capital accumulation），企圖發展國家經濟，以提高國力；國家機關也同時以追求經濟發展和現代化（modernization）來提升其權威統治之正統性。很明顯地，當國家機關進行經濟干預，其權力必然超乎民間力量之上，才能推行國家經濟發展政策，有效累積其資本。對第三世界國家而言，國家資本主義無疑地是一種追求發展重商主義（developmental mercantilism）最可行的策略，表現出來的特徵是官僚威權政體（B-A regimes）、現代化目標之追求、國家資本之累積、國營企業之經營、經濟干預、推展工業化，以及某種程度的政府與企業聯合等等。

進一步而言，新型態的資本主義國家大都偏向於威權式的國家主義（authoritarian statism），抑或稱為發展導向式的國家主義（the development oriented statism）（Poulantzas, 1978; Johnson, 1987; Deyo, 1987），增加國家機關對經濟社會之控制權力，也藉由國家機關干涉方式，主動適當地支配運用國家力量（state power），完成其階段性的計畫經濟。國家資本主義以經營國家企業（state enterprises）為主，國家機關不僅是扮演政治角色，而且也扮演經濟角色，以國家官僚（state bureaucracy）姿態從事資本主義經濟，發展國營企業往往抑制了私有企業發展，加上反對自由經濟制度（liberalization），重視政府干預策略等，均是國家資本主義發展的基本精神。

國營企業之出現可說是國家資本主義發展的必然結果，尤其是對第三世界國家而言（Gilpin, 1987; Hamilton and Biggart, 1988; Laux and Molot, 1988; Soong, 1992）。國家資主義與經濟發展有其必然的關係，透過國家機關有效且有能力（effective and capable）的運用其功能，以國家資本彌

補不成熟的私人企業與民間資金的缺乏，進行發展國營企業可謂是一途。在開發中國家裡，國營企業與經濟發展有相當的關聯性，國家干預已逐漸被視為國家經濟發展的重要因素之一（White, 1988；Haggard, 1990；蕭全政，1989；Evans, 1979；Skocpol et al., 1985；Amsden, 1985），當然，這種結合並不保證經濟必然成長，但卻是一種追求發展的可行策略。

　　國家機關基本上執行三種功能，即保護性（protective）、生產性（productive）與剝削性（exploitative）（Alt and Chrystal, 1983），此三種經濟角色活動可決定國家機關的特質，而且國家機關的自主性也直接影響到其功能型態。一般而言，自主性低的國家機關偏向於保護性功能，保護主義色彩濃厚，以保護民間企業，因此，國家機關遂變成各利益團體企圖獲利的一種工具。而自主性高的偏重於生產性與剝削性功能，跟民間資本企業家有競爭性與獨占性（competition and monopoly）的衝突，從事國營企業之大量生產，也藉由其對國家資源的獨控剝削特權，利其行國家壟斷式資本主義（state monopoly capitalism）之實（Carnoy, 1984; Katzenstein, 1985）。

　　在世界經濟體系（world economic system）的架構下，國家資本主義的興起有其必然的原因，如民族主義的助長、國家現代化之迫切需求、國際經濟強權的剝削，與官僚資產階級的抬頭（Evans, 1979；黃德福，1989；Szentes, 1976）。國家資本主義所展現出來的策略，對內實行國有政策（nationalization），強化國營企業使之成為國家經濟發展的主要動脈，加上進行市場干預，有效運用國家資源，促使提升國力；對外施行重商主義，減少對外之經濟依賴（economic dependence），強調出口導向貿易經濟，減輕外貿的不平等交換。無疑地，國家機關在具有相當高的相對自主權時，自然地會採用國家資本主義策略，進行國有化政策與重視重商主義原則，以期加速國家資本累積。因此，如何進行快速資本累積便成為國家機關當務之急，國家資本主義即是用來完成此目標的手段。而且，國家資本主義的發展型態也就是所謂的「依賴發展」（dependent development）模式，依賴發展是國家資本主義的對外策略，以依賴為手段，追求國家經濟發展與自主。

　　國家資本主義的發展過程中，突顯了重商主義與國家機關獨占企業的現象。將政治權力運作轉化成經濟經營的過程中，以政治權威與市場經濟干預爲手段，政府與國家機關往往結合成一體（Elliott, 1984）。國家機關基本上也以保護政策扶植國內企業，刺激企業的投資意願，產生所謂的新重商主義政策，此政策也往往與進口替代工業化連結一起，訂定出對外措施如關稅（tariff）與非關稅（non-tariff）性障礙、配額（quota）、數量限制（QRs）、鼓勵出口、管制貿易等；對內措施包括以運用匯率與利率政策、財政與貨幣之擴張或緊縮政策，來獎勵投資與生產，干預經濟與發展，而且，增加公共投資，發展重點工業，以提升工業化層次。國家機關另一本質是營利功能，發展國營企業，以進行其資本累積，一方面相抗於國內企業或與國內企業互補，同在保護策略下茁壯；一方面與跨國公司進行對抗，減少國內經濟的依賴度。因此，國家機關既扶植國內企業，以提升其正統性（legitimacy），也以發展國營企業，提升國家機關相對於民間企業影響的自主性，保持其政治超然的地位，並且也以國營企業當做與跨國公司談判的籌碼。此即爲強調重商主義式國家資本主義的必然現象，也是一種發展的研究架構。

肆、國家資本主義與重商主義關係

　　重商主義並沒有消逝，其精神已經進入了歷史的發展生命裡，國家資本主義可說是重商主義的化身與延續，在國家資本主義的內涵中充滿著許多重商主義的幽靈。本質上，重商主義與國家資本主義互爲表裡，雖反映出不同歷史發展階段的發展策略，但實質上其追求國家財富與權力的目標，透過國家機關參與干預策略，可說是一致的，所不同的是採行對象的不同。就歷史事實而言，重商主義發生在先進核心國家，其終究演變出帝國主義的侵略與殖民主義的拓展，與「對外進行經濟剝削」劃上等號；而國家資本主義興起於本世紀，大多被邊陲開發中國家所採納，尤其是那些新興工業化國家之崛起，是爲典型的例子。邊陲經濟擷取先進核心重商主

義的理念與經驗，加以施行，但因國內與國際經濟結構的迥異，自然不同於先進核心的發展過程與經驗（如有殖民地可供剝削，也無其他經濟強權的威脅），遂形成以依賴發展的方式，企圖追求國家資本主義的發展。因此，國家資本主義承襲重商主義的精神，反應出來的是種威權式的資本主義（authoritarian capitalism），表徵上與重商主義的發展模式不同，但其精神、目標與策略是相似且一致的。

重商主義是一種歷史過程與發展現象，也是一種策略或意識型態，更是一種理論，也是一種研究方法。但就歷史層面而言，重商主義是連接封建制度社會與資本主義社會的橋樑，是發展的一種經濟型態；表現出來的是一種政治經濟體制，訴諸於一種經營理念，施行一套經濟發展策略，及聯合政府與企業的模式，旨在追求國家財富與政治權力，也是國家機關用以控制經濟與企業發展的政策。就理論層次言之，重商主義是一種干預政策取代市場自由經濟，政治利益高於經濟利益，國家機關是爲研究的重點，重視非道德價值體系，以國家福利至上，國家安全第一的理念，加上理性的導向措施，保護主義的色彩，反對自由放任貿易，強調零和遊戲規則，重視國家資本的累積。明顯地，理論反映歷史的發展，而歷史提供理論一些研究理念與關係，重商主義精神仍然延續在歷史發展中，在發展理論上更是充滿著重商主義魑魅的影子。

國家資本主義是一種經濟發展型態，出現在邊陲經濟中。如上所言，國家資本主義有其發展特質，並不相似於重商主義在先進核心國家發展的經驗，國家資本主義的經濟所遭逢的挑戰與威脅與之相比，實有過之而無不及，而且更爲嚴重與複雜。邊陲國家資本主義國家先天上已被置於被剝削的國際經濟體系裡，發跡於工業落後的經濟生態，先天條件的不良，後天環境的限制，卒賴國家機關的運作，創造所謂的「發展奇蹟」。

在國家資本主義的經濟型態中，國家機關與經濟發展有著相當密切的關係，國家機關變成一個操之在我的主動變數，它足以有效的來分配國內有限資源，創造極大化的效果；同時，與國際經濟強權周旋，相互牽制。一方面吸引跨國公司的投資，一方面卻要避免國內經濟的過度依賴，國家機關陷入進退維谷的困境中。

　　再者，一個國家機關的自主性與能力度，直接影響其國家經濟發展型態，但它們卻取決於跟民間利益團體和跨國公司（multinational corporations）三角的互動關係，國家機關如何運用其權力與資源，以引進國外資金與技術（capital and technology），來強化國內的工業化（industrialization）？同時，避免對國外的經濟依賴，又如何輔助與保護國內資本家利益，扶助私人企業之壯大，仍能保持有其相當自主性？而且為達國家資本累積，必然會對其民間社會利益進行剝削。因此，國家機關對國內與國外壓力的反應，足以看出其自主性程度。國家資本主義之出現正是國家機關從事資本主義策略，推行國營企業，採納出口貿易，進行市場干預；國家資本主義運作的結果，導致國家壟斷資本主義的形成，國家機關遂成為經濟發展的重要因素。

　　最後要強調的是，重商主義並沒有消失在先進核心國家的經營理念理，這也就是說，國家資本主義是重商主義延伸的一種經濟型態，它出現在許多邊陲資本主義國家中。以跨國公司為主體進行國際經濟剝削的後帝國主義，也是一種重商主義的延續，它大多發展於先進核心國家之行列裡，無時無刻地與邊陲資本主義國家互相競爭與對抗的互動，新國際經濟秩序的發生與形成，也多少肇因於兩者間的互動關係。因此，在重商主義的歷史遺留與意識中，強調追求國家財富與權力，才是國家「自立救濟」發展之道。稟持此，國家資本主義成為邊陲經濟發展的重要法寶，試圖突破貧窮的枷鎖；而後帝國主義轉化成跨國公司經濟侵略的模式，替代了軍事與政治對抗手段，也成為核心國家經濟發展之道。

第七章

資本主義發展與
世界經濟體系

　　何謂「資本主義」（capitalism）？資本主義的精神又是什麼？資本主義的發展如何？資本主義的思想淵源又如何？資本主義發展是否邁向社會主義？是否是歷史的必然階段？資本主義之發展對社會內部會產生什麼矛盾？這一連串的問題往往也是研究資本主義的主要方向。對資本主義的了解與認識，一般說來均十分模糊，而且看法分歧，見仁見智，莫衷一是。資本主義既被視為是一種社會的「歷史型態」，當社會發展至某種程度時，資本主義形式便會出現，它也是一種「生產模式」、一種「經濟制度」、一種「意識型態」、一種「發展策略」，更是一種「自由經濟理念」的代表，最重要的是資本主義是推動世界經濟發展的基本動力，更是形成世界體系的主要架構網。針對上述的這些問題，下面將分別探討或說明三個焦點：首先是研究資本主義的特質、理論與發展；其次，解析世界經濟體系的結構、理論與發展，說明資本主義的發展與世界經濟體系之發展模式；最後，將探討資本主義發展與世界經濟體系之間的相互關係，甚至，從歷史發展與理論層次的觀點出發，來強調或驗證資本主義即世界經濟體系（capitalism as world economic system）的說法，透過帝國主義（imperialism）、殖民主義（colonism）、重商主義（mercantilism）、跨國公司之發展與國際貿易等變數，在在使得資本主義發展，在本質上就充滿國際資本主義的色彩，以及一種國際經濟的架構。

壹、資本主義的特質、理論與發展

　　根據巴叟（R. Parsow）的說法，「資本主義」一詞最先為法國社會主義者路易布朗（L. Blanc）於1841年所提出，原意是一種自由競爭的制度，也就是一種相互鬥爭的制度，少數以資本優勢達到排他的目的，造成經濟獨占的狀態。而經濟競爭的社會，終造成嚴重貧富差距、社會的不安與不穩定，資本主義充其量不過是罪惡與鬥爭的象徵；他認為一個理想的社會，應該是「各盡所能，各取所需」，依自己的能力去生產，再依自己的需求去消費的社會主義社會（socialist society）。很清楚地，資本主義

一詞的出現是賦予相當負面的價值，相對於正面價值的社會主義，這種論調影響後起對資本主義之研究甚鉅，尤其是從資本主義自然過渡到社會主義的邏輯理念，也若隱若現的廣被接受，似乎社會主義提供了解決資本主義弊端的對策，模糊了社會主義與資本主義理念（或制度）之共存相互影響的雙向關係，這些皆可明顯的從後起研究中找出一些蛛絲馬跡。

資本主義這個概念在二十世紀初廣泛地被使用與接受，是經過幾番的探討與研究，如1867年馬克思的《資本論》（Capital）問世、1870年修福雷（A. Schaffle）的《資本主義與社會主義》、1894年霍布斯（J. A. Hobson）的《近代資本主義之進化論》、1902年桑巴特（W. Sombart）的《現代資本主義》、1904年韋伯的《基督教倫理與資本主義的精神》、1916年列寧的《帝國主義：資本主義發展的最高階段》，與1942年熊彼德（J. A. Schumpeter）的《資本主義、社會主義，與民主》等，這些經典之作勾勒出資本主義的輪廓，以及資本主義在學術上的定位。

何謂「資本主義」？資本主義有哪些特質？資本主義的發展？資本主義的歷史淵源？資本主義的理論又為何？這一連串的問題基本上是一體的，唯有從歷史的社會脈絡中探尋資本主義才能畢竟其功，同時在理論架構上加以思索，才能一窺資本主義體系脈絡的全貌。

一、資本主義的定義與特質

資本主義的定義雖然不一，卻可從下面幾個定義中，理出資本主義的架構與內涵。根據世界百科全書的解釋，認為資本主義乃是一種經濟制度，私人或企業享有控制大部分國家的資本；也就是說，資本主義是一種基於私有財產、自由契約之訂定，各人選擇自己的經濟利益，進行自由經濟之活動，所以，資本主義的最大特徵，乃是自由企業的經濟制度。馬克思的資本主義概念放在資本家的生產模式上，將資本主義視為是社會歷史發展的一個階段；在馬克思的眼中，資本主義是相當邪惡的經濟制度與關係，其運作的結果有助於資本家榨取勞工的剩餘價值，累積更多的資本，成為社會的支配者。桑巴特認為資本主義是一種交換經濟的制度，而且具

有營利的特性，表現出經濟的合理主義，其中營利主義與經濟合理主義形成資本主義的精神，來達到「滿足需要」的原則，以及替代自給經濟的傳統主義。霍布斯則認為資本主義可以解釋為資本家設立大規模的企業組織，掌握資本財與原料，並雇用勞工來增加其財富。資本主義必須具有五個重要條件：第一、財富的生產必須有累積的現象；第二、勞工階級無法依賴銷售其獨自所生產的貨物；第三、產業技術的發達，成立工廠，提供工作與職位；第四、有廣大的市場提供生產與消費；第五、擁有資本家的精神。

布漢（J. Burnham）認為資本主義經濟的生產是一種商品的生產模式，一切生產是為著利益之追求，藉由貨幣資本化的機制，並相信市場調節機能的一種經濟型態。而資本主義的意識型態也融入了個人主義、自由主義，以及創造理性主義的觀念。熊彼德的資本主義定義更簡化的聲稱，凡經濟的過程皆由私人來經營的社會，便可稱之為資本主義的社會。企業精神是資本主義的支柱，資本家是資本主義發展的代理人，資本主義是私有財產經濟的形式，這種經濟制度的革新，是藉由貸款方式來完成，完成革新的貸款者，便是資本家，而貸款的行為反應出企業精神的發揮。韋伯則認為資本主義是理性主義的現象，是資本主義存在的一個必要前提，理性的資本計算與資本有效配置，是企業的經營的理念。所謂的經濟理性包括有四個重要特徵，即重效率（efficiency）、可計算性（calculability）、去神秘行性（demystification）與去人性（dehumanization）之現實，在此四個理性特徵的運作影響下，才有可能發展資本主義經濟。

綜合所述，資本主義經濟可以被歸納出七項特質：第一、重視私人企業的發展，沒有私人企業，就沒有資本主義，生產工具（如土地、工場、機械、資本）就必須私有化；第二、私有財產制度，沒有私有財產便無私人資本，更無私人投資與企業；第三、自由競爭制度，每個人可以按照自己的意願或選擇去工作與交易，達到就業自由、貿易自由、契約自由、財產與獲利的自由；第四、追求利潤的極大化，才會有承擔投資風險，以及提高理性經營的意願，而利潤制度的建立，提供有較多的機會賺錢，開放更多的機會與管道給經濟參與者，在本質上這是一種民主制度的體現；第

五、相信市場機能，也就是市場經濟制度，透過自由競爭與交易，以及市場供需來決定價格；第六、理性主義或理性化的出現，有計算成本與資本理性配置的觀念；第七、企業精神的發揮，承擔合理的風險去投資，才能有獲利的機會，也可以說是一種「營利」的成就動機。

　　其次，從資本主義的發展來看，由於時期的不同，或國際經濟環境結構的改變，出現了一些不同的資本主義發展型態。一是金融資本主義（financial capitalism），是由馬克思所提起的說法，又可以分爲兩派，一派是希爾弗丁（R. Hilferding）的「金融資本論」看法，也就是金融銀行資金投入工業的發展現象，認爲在產業資本裡，漸漸增加的部分並非爲資本家所有，而是屬於銀行家，資本家只是通過銀行資金的融通，獲得資金之處理權與再投資，結果銀行資本漸漸轉變成固定之產業投資上，銀行家遂成爲隱形的產業資本家，金融銀行資本的運用，遂變成資本主義發展的經濟骨幹；另一派是列寧的「帝國主義」說法，認爲金融資本是銀行資本與工業資本的結合，是獨占性的資本主義，具有帝國主義的特徵，帝國主義是金融資本的支配者，獨占是金融資本的本質，金融資本有助於資本家階級的支配與獨裁，另一方面也會激起與他國資本主義產生敵對的情境，爭奪利潤與資源原料，「帝國主義是資本主義發展的最高階段」便道出其中的道理。

　　二是組織資本主義（organized capitalism），當企業規模越來越擴大，資本日益集中，大企業吞掉中小企業，以買占、賣占、聯合、控股、併合等形式，進行壟斷競爭，造成資本主義市場機能失靈，市場競爭也宣告終止，出現托拉斯（trust）與卡特爾（cartel）或辛迪加（syndicate）大企業規模獨占市場的局面，資本主義的經濟發展逐漸轉變成大規模有計畫的組織型態。三是國家資本主義（state capitalism），根據布哈林（N. Bukharin, 1972, 1918）的看法，認爲凡是資本主義國家的一切經濟活動受控於少數財團時，形成絕對的支配形態，便浮現出國家資本主義的影子；也可引申爲一種由資本家掌握國家機關或機器，並透過權力運作，推動資本主義的經濟發展，抑或是由國家機關統籌經濟的活動與發展，追求國家資本主義的經濟發展，如戰前之德、日、意之法西斯主義的經濟，便是典

型的國家資本主義例子。四是商業資本主義（commercial capitalism），可以說是早期資本主義的經濟發展模式，融入了重商主義精神，重視國際貿易，發展殖民主義，以利其剝削、壓榨與搜刮，增加國家資本的累積與財富權力（Hoogvelt, 1976）。

二、資本主義的歷史淵源與理論

　　資本主義的意義與基本特質可從兩方面來加以說明，一是從歷史發展探討，另一是從理論思想來分析。也正因對歷史發展的脈絡無法正確掌握，而理論探討也欠完整，造成對資本主義有許多見仁見智的定義。而有關資本主義的歷史與思想發展卻是息息相關，而且相互輝映，以下將就對資本主義從歷史與理論兩方面做簡要的分析。

　　就理論思想淵源而言，資本主義思想可分成兩方面，一是哲學的，另一是經濟的。在哲學方面，比較強調政治社會的自然法則，例如霍布斯、洛克、邊沁等。在哲學方面至少具有五項基本思想，是資本主義興起的必備前提，如重視個人「自由意志」與「權利」，從自然法則觀點出發，認為無人有權損害他人生命、自由，甚至占有他人財產；除此之外，理性判斷是個人行為的依據，而理性行為是利益導向的，個人理性行為即為利己之行為。一般說來，個人是追求幸福與快樂的，同時盡可能避免痛苦與失敗，很清楚地，個人（利己）主義、自由主義、私人財產、功利主義，與理性主義，是構成資本主義精神的基本要素與前提。而這些資本主義的基本要素似乎也是獲取現代化的必備條件，很多學者已習慣於將資本主義的推動，視為是促進現代化的方式，就彷彿是將資本主義與經濟發展，甚至現代化或西方化劃上等號。

　　而在經濟方面，資本主義不僅僅承襲經濟發展的思想，而且也吸取了三派的經濟思想理念，即「重商主義」（mercantilism）學派、「重農主義」（physiocratie）學派，與「古典經濟學」（classical economics）學派，尤其是古典經濟理論更是確定了資本主義經濟思想的源流。在經濟方面的研究，主要目的不僅僅在解釋資本主義之內涵，也在為資本主義之制

度與精神做合理的辯護。

　　資本主義可以追溯到十六世紀的重商主義，它是一種重視商業的思想，其實也只不過是君王圖利的國家政策罷了。究其發生的原因，不外是由於海運的發達，促使世界商業經濟的興起，也隨著商業的發達，產生三種重要影響：第一、刺激了貨幣經濟；第二、促使了封建社會經濟的崩潰與瓦解；第三、現代國家的興起，進行重商主義政策，加速國家財富的累積，甚至採行殖民政策，這三個脈絡便是重商主義思想的源流。就重商主義思想的特質來看，基本上可以被歸納成四點：第一、重視貨幣的獲取與累積，來增加國家財富；第二、重視國際貿易，發展對外貿易，獎勵商品輸出，並屬行保護主義，降低進口，形成貿易的出超；第三、獎勵人口生育，以增加勞動力，也可以提高生產量，並降低生產成本；第四、政府採取干預政策，特別是保護政策，政府掌控一切經濟的活動與運作（李玉彬，1974；侯立朝，1976）。重商主義重視貿易與商業發展的結果，牽引了資本主義之興起。

　　重農主義學派源於十八世紀的法國，重視經濟活動的自然秩序，一切由自然來支配，是一個相當順應自然規則的觀念，自然重視農業的發展，也肯定農業爲唯一生產性的產業；此派認爲一切產物皆來自於土地，因此土地是財富之源。原則上，重農學派的理論是寓於自由主義的觀念，主張個人之財產權與自由應受到尊重，尤其是貿易與商業自由，個人對於利益之追求，政府不應該加以干涉，這種放任主義與自由主義，不僅開啓了經濟古典理論學派，也有助於資本主義理論之形成。

　　古典理論基本上反映了資本主義的經濟活動，古典理論的主張與原則，皆是資本主義經濟制度的重要前提與要素，古典理論不僅構成了資本主義理論思想的架構，更是資本主義經濟制度的精髓所在。古典理論經濟思想盛行時期，從1776年亞當史密斯（Adam Smith）提出《國富論》開始，直到1830年約翰彌勒（J. S. Mill）提出《經濟學原理》爲止，達七十多年，其主要代表人物尙有李嘉圖（Ricardo）、馬爾薩斯（T. Malthus）。古典理論發展時期，也正是英國進行經濟變革時期，廢除封建土地所有制度，經濟結構也逐漸從工廠手工藝轉變爲工廠工業，強化資

本支配的力量，塑造了資本主義生產模式。或許也可以如此說，古典理論是爲資本主義尋求解釋和辯護，也代表一般產業資本家階級，一切生產的目的只爲生產而已，生產是致富的唯一法則。

　　其次，就資本主義之歷史脈絡而言，1492年是資本主義發展的起點，在此之前，「封建制度」（feudalism）是主要支配的生產模式（dominant mode of production）（Blaut, 1977, 1989），一直至十八世紀的工業革命，「資本主義」才算眞正成形，發展成一獨特的經濟制度。基本上，資本主義的發展過程可以概略地分成四個時期：首先是「初期」資本主義，從十五世紀起至十八世紀止，生產型態主要以手工業，而以家庭工廠爲主，商業活動興盛，也就是重商主義盛行期，農業尚傳統、海運漸發達，商業資本有集中化趨勢，因此，也被稱爲「商業」資本主義時期。其次是「全盛」資本主義時期，從十八世紀中葉到一次世界大戰爲止，也就是始於工業革命，工業化的快速發展、獨占企業興起、勞動商品化、機器替代手工、工廠代替家庭，資本家階級支配了整個社會與經濟，這是由於追求市場的控制與原料的爭奪，也就是殖民主義階段的資本主義；除此之外，銀行業也開始影響工業，形成所謂的金融資本主義（financial capitalism）。再其次是「晚期」資本主義時期，也就是一次大戰起至1950年代，資本主義的發展由全盛轉而衰落，由於資本主義的過度發展、殖民主義的強調、國際市場的競爭、工業原料的爭奪，以及各國國際利益的衝突，資本主義的發展已經變質走樣了，出現「帝國主義」發展的瘋狂期，在核心資本主義國家間相互殘殺，加上各國國內社會出現階級間的鬥爭，出現社會的動盪與不穩定，皆是造成資本主義經濟式微的原因。最後是「後」資本主義時期，始於1950年代，資本主義逐漸由衰退期復甦，又開始建立了新國際經濟秩序，國際間不僅出現了許多新興的國家，而且也出現兩極化的發展，即社會主義與資本主義陣營的對立，對資本主義的推動，也成爲民主先進國家的對外政策，「海外直接投資」成爲資本主義擴張的主要手段，替代以往以政治或軍事爲後盾的海外投資發展模式，形成了超越國界的「跨國公司」之國際資本主義的發展模式。這也就是「新殖民主義」的資本主義發展，或「後帝國主義」的發展模式，由先前宗主國

讓出政治統治權之後，繼續擴大對原先的殖民地進行經濟控制與影響的狀況。

貳、世界體系理論、經濟結構與發展動力

華勒斯坦（Wallerstein, 1974）認為現代世界體系之形成，始於十六世紀歐洲資本主義之興起，資本主義發展的經濟脈絡，在透過擴張與緊縮的周期後，已經蔓延到整個世界經濟體系裡，在資本形成之生產力上，其整合世界經濟相互依賴的程度提高。因此，華氏融合了依賴理論與馬克思理論，以及從歷史社會學的角度來分析，相信世界體系是一真實的實體，只有透過對世界體系的全盤分析，才能了解整個資本主義的發展現象。

不若現代化與依賴理論充滿了意識型態與發展熱誠的氣氛，世界體系理論對第三世界的發展有其不同的研究途徑，認為在資本主義的世界經濟裡（capitalist world-economy）有其結構變動的動力，尤其是當日本與四小龍的興起，開始威脅到美國經濟之超級地位，甚至以美國為中心的資本主義產生了危機現象，這些都是現代化與依賴理論所無法完整解釋的。華勒斯坦的世界體系融合了新馬克思（neo-Marxism）發展論調與法國年鑑（French annales）學派，強調了從全球（global）的歷史觀看研究，以及全盤性的分析（holistic analysis），而且從長期（long term）的發展觀點來探究發展趨勢（Wallerstein, 1984）。簡言之，世界體系理論重視資本主義世界經濟之歷史動力（historical dynamics），如整合之世俗趨勢（secular trend of incorporation）、農業商品化、工業化、邊陲化、普羅化（proletarianization）、國際貿易與不平等交換、國際分工、重商主義、殖民主義與帝國主義發展、階級鬥爭等變數，提供研究一國經濟地位在國際體系下之上升（upward）與下降（downward）的現象，流動性的世界體系動力使發展結果免於被決定的命運（Wallerstein, 1979）。

華勒斯坦對世界體系性質的思維與理解，是建立在國際生產方式轉變的基礎上，尤其是對資本主義的發展過程，更是構成其對世界體系的

分析架構與動力。他的研究方法承襲著Braudel的看法，將資本主義視爲是一種經濟的文明，也是一種長存的歷史實例，研究上將資本主義當作一個分析的主體，在方法論上，採取全歷史（total history）或全球性歷史（global history）、長期性（long term）、結構性（structural）與所謂的「大」問題（big questions）的研究方法；在理論淵源上，則採借相當多的帝國主義與依賴理論的觀點，相信外部因素的作用，多少也暗示著相當程度的結構決定論看法，雖反對外部因素的考量，只針對核心與邊陲間的連帶程度，來決定其低度發展的可能性，進而認爲探究的方向應該放在單一世界體系裡所占據的結構位置，會影響其發展之結果；主要的不同之處，乃在於華勒斯坦給予邊陲國家提供了多一點之發展空間與機會而已。而在華勒斯坦的「世界資本主義體系觀」裡，則強調三個連續對立關係的作用，即是經濟對政治、供給對需求、資本對勞力，此三者因素的變化與配置，將決定世界經濟體系的形式與結構。

從上面的研究架構脈絡裡，不難看出華勒斯坦在世界經濟體系的分析架構中，基本上擁有三個重要特徵：「循環性律動」（cyclical rhytms）、「世俗化趨勢」（secular trends）、三元體系分析論。首先就前兩者來看，世俗化趨勢是大趨勢，也是長時期的趨勢，而大趨勢是由許多的小波動所組成，大趨勢決定了變遷方向，從統計的觀點來看，在許多小波動當中畫出一條單迴歸線，此線的方向就是大趨勢；而循環性趨勢是大趨勢下的小趨勢，小趨勢通常是短期的，其結果不一定與大趨勢方向一致，也不一定會影響大趨勢發展，小趨勢提供世界體系基本的動力，華勒斯坦認爲循環性律動與世界之「有效需求」有關，也就是在擴張與緊縮間變動，當需求擴張，生產與供給必然大增，當需求降低，生產下降，世界體系出現短期週期性變動的現象，而大趨勢之長期世俗化發展，爲演化決定了發展方向。

其次，透過資本的國際化運作與國際間之貿易，越來越多國家的經濟活動被納入了全球資本主義的世界體系當中，且依各國扮演角色的輕重，以及國際間經濟分工的結果，而產生了所謂世界體系階層化的現象，即核心國家（core states）、邊陲國家（peripheral states）及半邊陲國家（semiperipheral states）的分野，由以往二元的區分模式（bimodal system）變爲三元體系的區別（trimodal system）（So, 1990）。半邊陲國家也成爲所謂的「次帝國主義」（sub-imperialism），它一般具有兩種特徵，可調整邊陲與核心間明顯對立的不平等交換或剝削的關係。第一、半邊陲的貿易有兩個方向，一方面可與邊陲國家進行交易，另一方面可與核心國家貿易，三者間的互動關係將變得更複雜；尤其當核心與邊陲間的貿易越多越平衡時，半邊陲能獲取的利潤將越多。第二、半邊陲國家對控制其國內市場能力反映出其國家利益，從這一點上，顯現出一國對經濟策略的應用與操作，可用來改善其在資本主義世界體系的地位與位置，即邊陲國家如何突破依賴現況晉升爲半邊陲國家，或半邊陲國家如何增強經濟實力躋進核心國家之林。也就是說三元體系分析模式下，認爲國際分工裡是有上至下或下至上流動的現象，動態下的世界資本主義經濟發展趨勢、三元體系或層級間的互動，提供了體系變遷相當重要的驅動力。

　　從邊陲國家晉升到半邊陲國家的發展方式，華勒斯坦認爲有三種主要管道：首先，「抓住機會」（by seizing the chance），必須有一積極進取的國家機關，如何在核心國家國際政治地位或經濟影響力變弱時利用機會，也就是在一個好時機（good timing）突破發展困境，將機會轉變成國家經濟發展利益（advantages）。基本上，這是可遇不可求，完全靜觀外部結構的變化，唯一可把握的是，如何適時適地的把握住機會，不然機會稍縱即逝。其次，「藉由引進外力，推動國內發展」（promotion by invitation），與前者不相同之處，乃在前者發生在國際資本主義經濟面臨萎縮時，後者正是國際資本主義經濟擴張；一般而言，主要引進外資與技術，利用跨國公司以資助國內工業的發展。最後是「自立更生的發展方式」（self-reliance），推行有效的發展策略，追求國家經濟的自主性（economic independence），減低或較少外力對本國經濟策略的干擾與影響；此種發展型態類似於「依賴發展」（dependent development），抑或是國家資本主義（state capitalism）的發展型態。

　　至於如何從一個半邊陲地位提升至核心之林，從以往英美法德的發展經驗，華勒斯坦認爲必須先擁有足夠大的有效市場，刺激或發展更先進

的技術，製造出低成本的商品，形成國際市場上的比較利益。擴大市場來推銷國家製造產品，則有兩種方式：一是擴展或尋求國外貿易市場，甚至以聯合方式，或征服的手段，來擴張版圖；其次，是擴展國內有效需求市場，如提高薪資則能提高消費購買能力，進而提高生產力。

　　世界體系理論觀點有一基本條件，那就是任何一個國家都不可能從世界體系中被分隔開，它是整體的一部分，因此，如果國際間有階段存在，指的應是體系中的國家階層，並不是個別社會的階段。進而言之，各個部分都曾在資本主義世界裡扮演不同的角色，而且有其不同的內部社經和社會結構。但是若要去了解某一國家之內部階級差異和衝突及政治鬥爭，我們就得將這一國家放在世界經濟體制的脈絡中，才能徹底的了解到各種政治與文化力量可能都是旨在影響和改變該國在世界體系中的位置，並進而了解到這一結果勢必會影響該國內部不同團體的利害關係及其發展。

　　世界體系理論者設定了一個單一國際分工的模型，不但界定而且限定了在其中各階層組成國的發展。在此一分工體系內的交換基礎在於對剩餘資源的徵收和占有，因此，在世界體系內位置高低的安排也由此一交換地位所決定。每一個國家累積資本或發展的可能性受到它在世界分工中的結構位置所限制，而整個世界體系的循環或世俗化的演化傾向也塑造了將來發展的可能性。連結在某一結構位置上的生產模式並不是固定的，而某一國家據有的結構位置也不是不變的。

　　世界體系理論對貧窮國家未來展望的評價有其一套不同的觀點和假設。國際階層化不僅是世界資本主義的主要特徵，也是維持體系延續必要的結構性安排，離開某一個結構位置，只是意謂著在世界分工中扮演另一個「新」的角色，而不是從世界體系中「逃脫」，至少在理論上，曾扮演邊陲角色的國家能夠成為核心的一員。華勒斯坦斷言：「所有國家同時發展是不可能的，當然有些國家能夠發展，但這些國家發展的結果是另外一些國家可能會衰退。」邊陲國家發展受制於兩種因素：第一、在資本主義交換體系裡，邊陲國家要選擇一種互賴但又不被剝削的立場是不太可能的，「向核心邁進」必定伴隨著接受核心國家的剝削角色與命運；第二、若說世界體系只有一個，那麼某些個別國家若硬要以社會主義革命的方式

來達成其內部的變遷，則可能會遭遇到整個世界體系的一再抗拒。

　　世界體系理論隱含了高度的「結構決定論」，任何邊陲與核心的變化都在世界體系裡運作，不能獨立於體系之外來做結構的變化。過去社會學家把進行現代化的各國家看作是各自獨立的，因此現代化乃是一種各自進行的「國內的」發展過程；至於世界體系理論則認爲國家的發展，基本上都是取決於它在整個世界體系中的角色與地位。核心國家與邊陲國家間的關係是以「動態剝削的方式」（dynamic and exploitative ways）互相連結在一起，大部分的政治與經濟權力都集中在「核心」國家，如美國，而核心國家的國民通常享有較高的生活水準。核心國家管理及提供那些生產世界性產品所需的各種機械，也獲得大部分的利潤；相形之下，「邊陲」國家，如第三世界國家，他們的天然資源和廉價勞工等，通常都爲核心國家所剝削，邊陲國家不論是在生活水準上或在經濟成長率上，都遠低於核心國家（Snyder and Kick, 1979）。在國際資本主義經濟體系架構下，核心與邊陲國家間政經關係的矛盾就是發展與低度發展的現象，也就是矛盾關係的必然結果，而互動關係的過程，就是一種帝國主義形成與發展的現象。

參、世界資本主義經濟發展與帝國主義

　　從歷史的層面來說，自十六世紀資本主義興起以來，資本主義的發展與世界體系的出現便融爲一體，而後期之世界資本主義經濟的發展與帝國主義之興起，其間存在著相當程度的關聯性（Wallerstein, 1974, 1979）。尤其從「國民（家）經濟」或「一國經濟」的發展型態提升至世界經濟層面的貿易競爭與資本輸出（capital export），更使得「國民經濟」間的關係休戚與共，連結成所謂的「資本主義世界經濟體系」。其經濟結構間的競爭性，更使得「國民經濟」內瞻性的發展型態轉變成「民族經濟」的外瞻發展策略，推展所謂「國家資本主義」內衍性政策，配合上「新重商主義」的外向發展，讓一國資本主義內部矛盾，轉變成國際間資本主義經濟

體系之衝突，或者是外部發展程度差異的矛盾。內部矛盾與外部衝突，也說明瞭當代國際資本主義經濟的全盤整體性本質。

資本主義理論的發展被視同「世界體系」的主體（theories of capitalism as a world system），在理論的層面上，對資本主義的起源（origin）、過程（process）與發展（development）有深入探討後，不難發現「資本主義」不僅是當代經濟制度的主體，也是構成世界經濟體系的架構。也就是說，當一國資本主義經濟發展到某種程度時，其資本主義的後續發展便會透過其資本輸出的管道，推行「帝國主義」的對外策略，進行殖民地統治的發展，以及對國際貿易的重視，顯示出當資本主義的發展與擴張後，便會逐漸超越「國民經濟」的範圍，而提升至「世界經濟體系」的層次，自是國際經濟體系結構裡充斥著濃郁的資本主義氣氛（So, 1990; Brewer, 1989）。

對資本主義經濟發展的理論研究上，有兩個重要的理論方向：第一、當資本主義高度發展後，下一個發展階段將是什麼的問題，也就是針對歷史社會的發展趨勢模式，做一理論層次之分析與預測，此問題較著重於資本主義社會內部結構性的研究；第二、資本主義與帝國主義發展的關係，較強調資本主義社會的對外經濟發展關係研究。當然，在現實的情境下，第一個問題與第二個問題並不是各自獨立不相干的，彼此間仍存在著相當密切的有機互動關係。爲了利於說明資本主義的發展，且將此兩個問題各別分開敘述。

針對第一個問題的理論探究，常會把重點放在資本主義社會本身的發展與過程上，解析資本主義社會是否會在其種種經濟的矛盾與危機中，面臨崩潰的命運，而過渡到「社會主義」（socialism），就如同歷史上已經發展的趨勢，由封建制度（feudalism）社會推展至資本主義社會階段般。因此，對於第一個問題之研究，其資本主義理論之分析架構，不僅會考慮到「理性化」、「科層化」與「企業創業精神」等特質性因素，同時還會強調內部社會階級結構關係（即資本家與勞工階級間的衝突與矛盾）與外部世界經濟分工結構與體系（即貿易關係與資本輸出）。對馬克思學派而言，皆會堅持資本主義發展之整體概念的分析，社會發展過程將由企業

資本主義階段，發展至組織化（或科層化，organized capitalism）之資本主義階段，再過渡到社會主義的階段（Schumpeter, 1976; Bukharin, 1972; Lenin, 1964; Hilferding, 1981）。因為當資本主義高度發展後，資本必然會產生「集中」與「兼併」的現象，形成托拉斯的壟斷型態，而生產管理方式與經濟制度也將被社會主義化，為邁向社會主義社會舖路。

　　正統馬克思學派之研究重點較傾向於第一個問題架構的分析，專注於資本主義對發展生產力（the force of production）的影響，認為資本主義為進入一較好（或社會主義）的社會，創造了一個物質先前狀況，以及出現階級力量。在生產模式與關係的改變，階級關係因貧富差距過大而益形緊張與對立，在異化、階級鬥爭、經濟危機的過程中，終帶來無產階級的革命，建立共產社會主義的社會。因此，就內部結構的觀點來看，資本主義的發展過程，無異是一種「資本主義社會化」的現象。

　　就資本主義理論對社會經濟結構與發展模式來看，除了馬克思之封建制度過渡到資本主義，再發展到社會主義的模式，並重視動態的階級互動關係外，韋伯的理論也很特別。韋伯認為現代資本主義是理性主義與理性化過程的主要表現，從「企業方式」來界定或分析資本主義，主張資本主義的生產效率對提升國力相當重要，而資本家仍是提供有效國家領導的階級。對於社會主義的領導統治方式，韋伯反對無產階級專政的說法，認為它是一種公務員專政的官僚制度，社會主義化的企業管理，將顯得更加科層化，國家官僚將取代資本家成為統治階級（Bottomore, 1985）。熊彼得對資本主義的看法介於馬克思與韋伯之間，熊氏否認階級鬥爭的理念是資本主義發展式微的主要原因，企業精神將逐漸被理性之科層組織所取代，而理性批判的態度是直接對抗資本主義的社會秩序，理性化的結果只是對資本家階級的發展產生威脅（Schumpeter, 1972, 1976）。熊氏對資本主義發展的整體概念是，資本主義會歷經企業資本主義、組織化或科層化之資本主義，最終是社會主義。理性化的結果，必然限制資本主義的發展，而且也將發展的方向，轉入建立社會主義的社會。

　　其次，針對第二個問題的理論分析，重點往往擺在資本主義之發展與帝國主義間的發展關係。馬克思之理論並沒有考慮到國際經濟的因素，其

分析是基於以封閉性的國家為研究單位，其後因資本主義國際化的發展，使得對資本主義的研究，不得不加入國際因素的探討。

　　綜觀資本主義之經濟發展本質，可以歸納出四項主要的過程法則，即開始時以「利益的追求」為目的，繼而市場產生「競爭」，競爭的結果資本必然產生「集中」現象，最後出現利潤率下降的現象。當利潤率下降，必然引起殖民地的爭奪戰，在民族資本家的利潤衝突下，終將以武力來證明。職是之故，資本主義已被視為是一種經濟剝削的制度與體系，一些社會或地方的發展，必然犧牲掉世界大部分地方或社會低度發展的發展（development of underdevelopment）。眾所周知，資本主義的擴張必會提高對自然資源的需求（如礦產、土地、原料等），這是資本主義地理擴張（geographical expansion of capitalism）的一個動機；而另一個動機是擴張殖民地，主要是因為交通運輸與航運的發展，加上尋求較便宜的物質資源與廉價的勞工。所以第二個問題的研究方向，認為資本主義並不只是定義為階級間的特殊關係而已，而是在交換之世界體系下，藉由生產謀利之剝削方式，連繫著世界體系下之國家間的互動經濟關係，形成國際經濟分工的「核心」與「邊陲」結構關係，這就是「資本帝國主義化」的必然現象。

　　在十九世紀中葉以來世界資本主義的經濟體系，出現民族國家間的激烈競爭的局面，在各民族國家經濟裡，出現由少數金融資本家操縱國家機器的現象，以及布哈林所謂之「國家資本主義」經營管理模式。在貿易政策上，卻大行保護主義的策略，豎立關稅壁壘，並以內銷補貼外銷，進行傾銷方式。在對外發展上，從事原料與市場的爭奪戰，以及資本投資的惡性競爭，世界在追求零和遊戲規則的機制下，經濟競爭的問題也泛政治軍事化了，「帝國主義」的發展應運而起，以武力較量來解決國際經濟問題，終不可免。

　　帝國主義的事實由來已久，而傳統帝國主義的本質，就是以政治力量去侵略別國的政策，而此傳統的政治武力侵略，也提供現代帝國主義侵略意識型態的示範與基礎。現代帝國主義的形成與發展，可以分成三個時期：首先是早期資本主義的帝國主義，約從十五世紀到十八世紀末，由於

為達到對貴金屬、原料、天然資源榨取之目的，造成新航路的發現，以及殖民地的開拓；其次是資本主義興盛的帝國主義時期，約從十九世紀初到二次世界大戰結束，由於重新分割殖民地，以及對市場、原料與資源需求擴張，競爭與衝突的尖銳化，也就是對殖民地進行政治的干預，成立殖民政府，帝國主義從政治與社會的影響，逐漸轉到經濟上的優勢；最後是現代資本主義的帝國主義時期，約自二次大戰以降，帝國主義逐漸以「經濟」與「文化」優勢，來取代以往政治與軍事手段的形式，進行資本輸出，來開發邊陲國家經濟，跨國公司變成新型態的帝國主義，也稱為技術資本主義的帝國主義。

　　帝國主義自霍布斯以來，一直被界定為是經濟擴張和政治優勢的結合，而且被視為是一種追求資本累積的策略，有些時候有人索性將帝國主義等同於殖民主義。帝國主義的目的是去獲得對邊陲地區的政治與經濟的控制權，而其國際政經結構是，在核心與邊陲國家間，出現支配與被支配的國際關係的環境（Reitsma and Kleinpenning, 1985; Evans, 1979）。換言之，帝國主義藉由政治與軍事支援的應用，並以資本的輸出方式，從核心到邊陲地區的資金流向，來保護或維持其所獲取生產工具之優勢，政治性的帝國不能被視為是一種帝國主義，除非它本身也進行採取資本累積的策略（Evans, 1979: 16-17）。

　　基本上，帝國主義的理論是去尋求解釋，如何可避免資本主義國家陷入嚴重的經濟危機，這些理論焦點集中在西歐，並企圖解釋帝國主義的興起，完全是為了能持續資本主義的成長（Roxborough, 1979）。藉著資本的輸出，帝國主義將資本主義散播在海外，避免在本國發生經濟危機，而殖民主義的發展串連了帝國主義與資本主義的關係，核心國家對殖民邊陲地區進行剝削，並振興其資本主義的繼續成長。早期的帝國主義理論並不太重視其資本外流對邊陲地區發展的影響，反倒強調帝國主義發生的原因與對核心國家發展的影響，直到1950到1960年代時，興起了依賴理論後，才重視帝國主義資金的輸出對邊陲地區發展的影響。

　　霍布斯（Hobson, 1902, 1938）的《論帝國主義》、列寧（Lenin, 1917, 1964）與盧森堡（Luxemburg, 1913, 1963）之帝國主義之經濟理

論，最爲代表。他們皆認爲帝國主義遲滯了第三世界工業化與生產力的發展，由於核心帝國主義國家將第三世界發展必須的資源與資金給剝削了，結果有助於核心國家推動工業化，卻降低邊陲國家可用之投資資金。霍氏認爲帝國主義的鬥爭，乃起於帝國主義國家本身的利益衝突，更主要的是起於軍備的龐大花費。由於西歐資本主義已發展到巔峰，國內需求因低薪資而顯不足，限制了資本主義的擴張，資本家爲其商品之銷售，必須在海外尋求市場，以維持其利潤，因此資本主義融入了帝國主義，藉擴張海外政治勢力來拓展海外市場，然後對殖民地進行資本輸出，達到剝削海外市場的目的。然而，由於帝國主義國家之資本與技術輸出，對邊陲殖民地區的發展卻有些幫助。總之，霍氏主張帝國主義的發展是由於內部階級鬥爭結果，加上資本主義的擴張與膨脹，而加速資本主義的發展。

盧氏強調資本主義是必然會牽扯到帝國主義與軍事主義，他的分析隱含著帝國主義關係到資本主義階段生產模式的擴張，會進入到先前資本主義的生產模式階段裡，此兩種不同生產模式的互動，製造出不平等交換，這就是帝國主義的中心機制，這觀點可以說是依賴理論的前身。他認爲帝國主義是國家間爲獲取資本與原料來發展其資本主義，所發生軍事競爭的結果，帝國主義與資本主義如若雙胞胎，他並不認爲帝國主義可以挽救資本主義，但是卻認爲最後資本主義會摧毀它自己，這是由於世界經濟市場的競爭與資本累積的下降所造成。

希爾弗丁（Hilferding, 1910）、布哈林（Bukharin, 1918）與列寧（Lenin, 1917）的帝國主義理論，可以說是古典馬克思理論的延伸，希氏是帝國主義的原創人，布氏集大成，而列寧將帝國主義普遍化。希氏建構組織化資本主義（organized capitalism）概念，堅持資本主義的崩潰是發生在政治與社會層面上，不是經濟層面。希氏的「金融資本」（finance capital）著眼於資本主義發展的後期，出現三種特徵：第一、信用貸款制度的擴張；第二、由合股公司與銀行經手資金的流動；第三、卡特爾與托拉斯之形成對市場自由競爭構成威脅。金融資本需要強有力的政府來支持，而金融資本興起時也會創造出一統治支配階級，結果改變了階級結構、國家機關的角色以及意識型態。資本主義轉變成金融資本主義時，金

融資本政策的出現，主要內容有卡特爾的形成、保護性關稅與資本的輸出等。金融資本政策追求三個重要目標：第一、建立盡可能最大的經濟領域；第二、領域必須用關稅壁壘來保護，以防國外的競爭；第三、此領域變成本國壟斷公司剝削的地方。這一套金融資本的政策就是「帝國主義」，希氏所謂的「現代保護主義政策」、「現代殖民政策」與「金融資本的對外政策」就是帝國主義的同義詞（Brewer, 1990）。

　　布哈林之《帝國主義與世界經濟》著作裡，也從不懷疑資本主義的發展必然會出現帝國主義，認為帝國主義是歷史的必然性。布氏認為帝國主義是資本主義競爭擴大規模的再生產，帝國主義雖然是一種征服的政策，但並非任何征服政策皆是帝國主義，當帝國主義是金融資本的政策時，其征服性的政策所再生產出的生產關係，就是帝國主義的本質。由於資本的集中，如企業資本的聚積、托拉斯資本的聚積、國家資本主義托拉斯（state capitalist trust）資本的聚積，彼此間進行競爭；當競爭發展到最高階段時，國家資本主義托拉斯便會利用政權，掌握國家機器，為其在世界市場上捍衛其經濟利益，一則採用保護主義措施，提高關稅，一則開拓未被占領的國際市場，此又由國家的軍事力量來決定占領誰的領土。因此，當民族金融資本集團控制了國家機器時，「新重商主義」之帝國主義時代便開始到來。總之，帝國主義是現代資本主義的本質要素，帝國主義是現代資本主義結構特徵與國家資本主義托拉斯形成結合的政策，這不僅說帝國主義是金融資本的產物，而且金融資本只能實行帝國主義政策。國家資本主義托拉斯絕不會成為自由主義的擁護者，也不可能會放棄壟斷的勢力範圍，如果一國家資本主義托拉斯不去占領一塊未被占領的土地，那麼別的國家資本主義托拉斯也會去占領的，相形之下，自己可能又處於相對劣勢。進一步而言，帝國主義是金融資本主義的重要要素，沒有此要素，金融資本主義就喪失其資本主義的意義了。

　　列寧出版之《帝國主義：資本社會的最高階段》一書中，即列舉了帝國主義具有五項特徵：一、當生產及資本的集中到某一程度後，經濟型態往往會呈現出壟斷方式；二、銀行資金及工業資金結合，形成資金的寡頭化；三、資金的外流，相對於產品的外流，變得益形重要；四、國際資

本壟斷現象逐漸形成；五、資本強權國家在國際經濟的分工中告成。列寧受到霍布斯的影響極大，所不同的乃在於霍氏認為帝國主義氣息，可因政府重新分配財富之政策而漸消散；而列寧則主張資本主義控制了政府，帝國主義是資本主義於壟斷階段（monopoly stage）時不可避免的政策。對列寧來說，帝國主義是一種經濟現象，被限定於資本主義的特別發展階段中，而非是一種政治支配的結果，簡言之，帝國主義就是壟斷的資本主義（monopoly capitalism）。列寧認為當核心國家國內的利潤下降時，是投資邊陲地區的重要關鍵因素，帝國主義主要的目的只不過是為解決資本主義資本家利潤下降之利潤危機問題。殖民主義能使帝國主義將資本輸出到邊陲地區，就長期來看，邊陲地區是在累積資本，而核心與邊陲的利潤將出現相等的現象。所以很清楚地，列寧並沒有將帝國主義視為是一種核心與邊陲不平等關係形成的機制，而是將之視為是一種資本從核心輸出到邊陲的機制（Frank, 1972; Roxborough, 1979）。進一步，列寧主張當第三世界的資本主義興起後，帝國主義便會衰敗；再者，當第三世界資本主義發展後，革命性的勞工階級將會出現，接著社會主義便會建立。

貝藍（Baran, 1973）之《成長政治經濟學》的觀點，可以說是馬克思學派理論的一個重要轉折點。貝氏認為壟斷資金（monopoly capital）不管是在核心或邊陲國家，皆是造成蕭條不景氣的主因。貝氏理論與其他理論不同之處，乃在於探討邊陲國家資本主義的發展，強調其不同於核心國家先前走過之資本主義發展的過程。邊陲國家受到國外資金與當地商人或地主利益結合所支配統治，這種支配方式阻礙了發展。貝氏進一步按照剩餘利益之分配情況，將世界經濟區分成發展之資本主義國家與低度發展國家，兩者間的互動關係深受到三個因素的影響：貿易流動（flows of trade）、剩餘利益流動（flows of surplus），以及政治軍事之影響。首先，貿易提供了先進國家初級產品之便宜資源，而低度發展地區之工業化發展，卻因受到來自先進國家製造產品之競爭，面臨相當的阻礙；其次，先進國家之剩餘利益，來自剝奪低度發展國家投資極需要的資源，同時壟斷資金更是會製出更多的剩餘利潤；最後，先進國家之政治與軍事的影響，也有助於政府去維持其在未開發地區投資的利潤，以及控制當地之發

展。因此，貝氏之研究呈現出資本主義之發展定律，即一地區之發展必然
會犧牲另一地區的發展機會，將歷史導入一種零和遊戲規則的發展。

史威季（Sweezy, 1968）之壟斷資金與資本主義發展理論觀點，透露
出資本主義系統之繼續擴張，是一種不可能的邏輯，當資本主義發展時，
薪資所得或薪資者之消費占全部生產（output）之比例會下降。當資金呈
現集中到少數人手中，這意謂著會被用來消費的利潤將會下降，因此，在
全部生產中用來消費的比例會下降，而消費比例的下降，必然配合著投資
資本部分的提高。儘管如此，消費與投資兩者會隨著時間而增加，而投資
提高的速度必須比消費來得快。其次，史氏認爲生產工具僅被用來生產消
費品，而投資應投入到工業，製造出生產工具，低度的消費將可以高度成
長來平衡，也就是以更多的投資投入工業，製造出投資產品。當然，這不
一定會發生，但假如有足夠之投資利潤可得的話，加速資本累積之機會將
會發生，這利潤便駕馭了資本主義，並非是消費的擴張。

瓦任（Warren, 1980, 1973）對帝國主義與資本主義關係的看法，與傳
統之馬克思學派理論不同；馬克思學派之看法是資本主義的發展，必然會
出現帝國主義，而瓦氏則以爲帝國主義是資本主義興起的一個先驅。瓦氏
將帝國主義界定爲一種不平等（inequality）與剝削（exploitation）之原始
的國際體系，資本主義的發展是建立在必要的帝國主義擴張基礎上，這是
一種國際社經關係的特別形式，帝國主義只不過是資本主義發展與擴張的
一個短暫性的歷史階段。瓦氏認爲帝國主義是資本主義之歷史任務，在資
本累積的邏輯裡去發展生產力（the forces of production），如此，核心國
家爲了追求高度的發展，均視資本累積是一個關鍵，而帝國主義只不過是
提供核心國家一條管道，去持續其資本主義的發展。然而，滲透到第三世
界國家是資本主義發展不可避免的結果，同時帝國主義也能推動傳統封閉
社會邁向現代化的轉型。

亞明（Amin, 1976）之資本累積與不平等發展論，深受列寧與盧森堡
理論的影響，他從國際的角度來處理資本累積與帝國主義的關係，此關係
牽扯到核心與邊陲間的互動，帝國主義對邊陲國家之發展或低度發展有
相當的衝擊。在負面的影響方面，不難看出帝國主義將造成邊陲國家利

潤的外流，又使核心國家之資本增多，終造成不平等的發展現象。如亞明所言：「核心地區之成長就是發展，而邊陲地區之成長並不是發展，而是被整合到世界市場體系中，進行低度發展的發展（development of underdevelopment）。」就正面的效果上來看，帝國主義導致了邊陲地區資本主義的形成。亞明認為帝國主義並不存在於資本主義的生產模式脈絡裡，而是存在於資本主義形成的體系脈絡下，也就是說資本主義形成於核心地區，也形成於邊陲地區。

總之，古典的帝國主義觀點並沒有將重點擺放在邊陲地區之發展或低度發展的問題上，而新馬克思學派（neo-Marxist）對帝國主義的看法，已開始重視核心國家對邊陲國家之影響，如透過投資、剝削廉價勞工與原料，將帝國主義視為是一種核心與邊陲間的支配關係，研究重點已放在對邊陲國家之低度發展的過程上。

在資本主義與世界經濟的發展研究與結果，有許多不同的看法與假定，在國際經濟體系下的資本主義發展，帝國主義的發展確是連結了資本主義與世界經濟的橋梁，依賴理論與世界體系理論是繼承這一道脈絡發展而成，也可以說是對資本主義的發展探究較為完整（Peet, 1991; Brewer, 1990），開始對第三世界資本主義的發展感到興趣，一些頗具代表性的學者如Amin（1976）、Frank（1972）、Galtung（1971）、Laclau（1971）、Emmanuel（1972）、Wallerstein（1973）等。而這一觀點對邊陲地區的發展持著比較悲觀的看法，也比較負面，企圖解釋邊陲國家在國際經濟體系下低度發展的原因；相對的，對於帝國主義持較正面樂觀的看法，卻與現代化理論結合，較強調「傳散效果」（diffusion），如資本、投資、技術轉移、現代制度之探借等，企圖解釋邊陲國家在國際資本主義經濟體系下，如何進行經濟的發展。

帝國主義是一種國際政經發展的現象，帝國主義與資本主義的因果關係固然難以確定，但帝國主義與資本主義的發展卻是糾纏在一起的。對第三世界邊陲國家的發展，兩者間的關係也許並不重要，重要的是「究竟帝國主義對國家經濟或世界經濟的影響如何」？正面或是負面影響？縱然現在國際資本主義經濟體系中，仍存在著帝國主義的陰影，國際經濟仍以西

方核心國家為主，仍以資本主義的生產模式與關係為優勢。資本主義的發展已邁入到後帝國主義的發展模式，國際資金控制在西方少數工業國家與大企業公司手上，帝國主義已化身為跨國公司的經營，繼續對邊陲地區進行正當合法性的經濟剝削。在理論上所不同的是，對帝國主義與資本主義的研究，已漸脫離結構決定論的觀點，容許邊陲地區之資本主義的發展，有效的應付後帝國主義之核心經濟對邊陲經濟的參與，邊陲地區仍有發展的可能性，並在國際經濟逐漸呈現出互賴的關係，「雙贏」才是維持核心國家經濟利益優勢的長久之計，零和遊戲規則的帝國主義將使資本主義的發展陷入困境。

肆、資本主義、經濟發展與自由民主

　　資本主義的發展往往會跟經濟發展、自由民主連結在一起，資本主義的發展推動市場經濟，透過自由主義和開放作法，讓經濟市場運作和個人參與的力道更深，這將有助於個人自由受到保障，並進而有利於推動政治民主化。

　　在1930年代出現經濟大恐慌，美國兩大政黨（民主黨和共和黨）都支持增加政府開支，因為經濟大恐慌而產生的新政也被大多數社會上的知識分子支持，並以凱恩斯主義的理論替政府干預辯護，對於十九世紀時的自由放任經濟理想大多都被置諸腦後。弗利德曼（Milton Friedman, 1962）出版的《資本主義與自由》（*Capitalism and Freedom*）一書，便極力反對這些現象，主張經濟中央集權必然導致個人和政治自由的毀滅。

　　弗利德曼在該書裡闡述了兩個重要核心思想，一是資本主義社會一切活動的最終目的，是要達到經濟自由，經濟自由是政治自由得以實現的基礎。二是國家集權對經濟生活的干預是弊多利少。政府的職能範圍應受到限制，應盡可能地通過市場和價格制度來加以執行。該書出版之後，在理論界掀起了一場思想的革命，它使經濟自由主義和自由市場觀念深入到經濟學界的每個角落。

　　弗利德曼特別對於美國前總統甘迺迪的一句經典話語：「不要問你的國家能為你做些什麼，而是要問你能為你的國家做些什麼。」的自由人和國家關係，頗有不同看法。他說自由人關心的僅僅是政府能否保護他們的自由，他們並不介意國家能為他做些什麼，也不關心他能為國家做些什麼。政府存在的必要意義在於保護人們的自由，而對自由最大的威脅往往是權力的集中。弔詭的是，個人必須通過政府這一工具，才可以行使自由；然而，由於權力集中在當權者的手中，這又會對自由造成威脅。

　　資本主義與民主化的關係也很密切，當民主陷入衰退或是民主退潮時期，同樣退潮的可能還有對自由全球經濟的信念，兩者之間的聯繫相當密切。民主和資本主義可謂是一對夫妻，儘管彼此之間經常吵吵鬧鬧。正如哈佛大學的班傑明‧弗利德曼（Benjamin M. Friedman, 2007）發表《資本主義、經濟成長和民主》（*Capitalism, Economic Growth and Democracy*）的觀點，當經濟繁榮時期民主漲潮，反之亦然。自1820年以來，全球實際人均收入成長了13倍，高收入國家的收入甚至成長更多。隨著經濟發展，人們需要教育，這改變了社會體質，也強化了對政治包容的需要。在十九世紀末和二十世紀初，可以說是全球化和民主化的發展時期。反過來，上世紀20年代和30年代是去全球化和去民主化的發展時期。而上世紀50年代和60年代卻是全球化和民主化基本穩定的發展時期。全球化在上世紀70年代再度興起，接著是民主化浪潮，民主政體數量都大幅飆升。但自1990年以來，大約有50個國家成為「半民主狀態國家」（anocracies），也就是說處於政治混亂狀態。[1]

一、經濟發展與自由

　　沈恩（Amartya Sen）對經濟發展與自由的連結關係有其獨特的觀

---

[1] Anocracy意指不是很民主、也不是很專制的一種政治系統，卻是卻常陷入到政治不穩定的情勢。The definition of anocracy is a political system which is neither fully democratic nor fully autocratic, often being vulnerable to political instability.

點，他強調「發展」概念必須超越財富累積、GNP、技術進步，或工業化和其他與所得有關的變數，畢竟財富的用途在於幫助人們達到實質的自由，而這只是人們享有自由的一個擴張過程。發展必須更關注於增進人類的生活與所享的自由，而不是將發展視爲目的。在許多社會制度的推動下，其對發展的最大貢獻，莫過於透過它們在增進與維持個人的自由擁有。因此，效率的評定應從個人自由爲主，而不是從效用觀點出發（Sen, 1999）。

沈恩認爲「發展即自由」，自由的眞諦在於讓人們有能力去做其認爲有價值的事。「自由」成爲「發展」的重要關鍵條件，有自由才能提高個人能力，達到其所期待的生活方式。由此觀點出發，因此他認爲貧窮是因爲沒有自由所造成，因爲沒有自由便是對基本能力的剝奪，自然造成失業或是貧窮。沈恩以「參與自由」作爲對發展的衡量標準。

發展可以被視爲一種擴張人們享有眞實自由的過程，人類的自由是發展的根基和重要工具。自由可以決定社會和經濟的安排，如對教育和保健設施分配，以及決定政治和公民權力，如對於參與集會與言論的自由，用擴張實質自由的方式，有助於爭取發展。同樣地，工業化、技術進步和社會發展的貢獻，也會帶來更多自由的保障。

雖然市場機制與市場效率性是經濟學的重要基礎，但沈恩卻提醒大家，市場機制的力量必須立基於社會公平與正義，透過社會機會的創造，方能補充市場機制的缺憾。一個具有公平和正義的社會，自然可以避免飢餓與貧窮之發生。沈恩所擔心的是，當災難發生或經濟衰退時，其後果不是由全民平均承擔，而是由最貧窮者背負，因此如何掃除對自由的剝奪，以及防止嚴重的貧困發生，便成爲追求發展的重要基礎。

因此，發展必須排除不自由的障礙與來源，包括貧窮、暴政、經濟機會的缺乏、徹底的社會剝削、漠視公共設施、政府不容異己的過度鎮壓等，而實質自由的缺乏直接與經濟貧窮有關，經濟貧窮會剝奪人們許多自由，如免於飢餓、攝取足夠營養、獲得疾病醫療、適時的衣住，以及享有潔淨的水和衛生設施等。因此，自由是發展過程的中心，發展端視人們的自由是否能夠得到增進，以及發展的成就也完全取決於人們的自由思維。

「自由」不僅是「發展」的主要目的，也是發展的主要手段。沈恩特別強調從工具性的觀點來看，主要有五種重要的工具性自由面向：包括政治自由、經濟便利、社會機會、透明度保障、安全保護等。每一種不同的權利和機會都將有助於增進個人的能力。

二、經濟發展與民主化

經濟成長與民主二者之間是否具有因果關係，主要有三種可能解釋：一是民主化推動了經濟發展。因為民主化會落實保障財產權和刺激生產的誘因，從而加速經濟成長。民主化成為經濟發展之「因」，而經濟發展成為「果」。這種觀點也比較偏向於現代化理論觀點，認為民主化推動可以提高人民的自由，重視民主人權，重視教育與社會福利支出，讓政治自由、經濟便利和開放、社會機會、公開透明運作、減少貧窮等，自然為經濟發展開拓一個美好的基礎。

此外，對民主話語經濟發展關係採取比較相容觀點，主要來自古典經濟理論，強調以個人主義為基礎的論述，去捍衛經濟與政治自由的傳統看法（Friedman, 1962）。此種觀點以自由放任為出發點，認為民主政治可藉由制約政府力量，以保障人民財產權。因此，在經濟效率方面，民主政治能刺激生產與消費誘因，營造一個友善的經濟環境，加速經濟發展，使社會福利極大化。其實此一論述主要是用來對抗那些沒有民意監督之威權統治國家，極易產生政治壟斷，而造成暴政與貪汙。因而只有靠民主制度改善，讓人民的參政權受到保障，提高對政府之監督權，才能促成和加速經濟成長（歐陽利姝、馬泰成，2013）。

二是經濟發展促進了民主化。由於經濟發展提高了人民所得，造成中產階級興起，因而提高了人民對政治民主參與意願，使民主成為一種所得彈性大的奢侈品。Lipset（1959）便認為民主政治必須以經濟發展為基礎，只有當所得普遍提高使中產階級成為社會中堅；只有當都市化加劇，使中產階級得以凝固；只有當教育水準提高，使中產階級得到民主素養時，社會才有充分能力制衡獨裁力量，民主政治也才得以成形。Barro

（1999）也以實證研究證明了經濟成長，確實可保證民主化，沒有經濟成長支撐的民主政治，絕對無法維持長久。所以民主化的追求是建立在經濟發展的基礎上，若沒有經濟發展的支持，那就奢言政治民主化了，畢竟推動民主的社會與經濟成本不低。所以順著經濟發展，改善人民的所得收入和生活方式，在出現一批具有知識和生活品味的中產階級後，自然會對政治民主參與的奢求提高，進而促進政治民主化，這是漸進式的政治民主化發展的觀點。

　　三是經濟發展與民主化是相互獨立的，兩者呈現出非線性關係，也沒有因果關係。或者兩者之間的相互關係不是很強，抑或是所謂的「僞命題」、「僞關係」，並無明顯存在著因果關係。再者，兩者之間之所以呈現出關係，也有可能是透過其他中介變項的間接影響所導致，而讓經濟發展和民主化之間在表面上有關係。例如，新加坡的年人均所得已經高達六萬美元，享有高度的經濟成果、經濟自由化與國際化，但其政治民主化仍未達到歐美先進民主國家的層次。此外，許多威權主義國家，也常會打著優先追求經濟成長，然後落實政治民主的政策口號，這對中國大陸仍處於經濟高度成長階段，卻不見民主化隨之而起的跡象。通常這代表著「國家資本主義」（state capitalism）的發展模式，若在獲得高度經濟成長後，卻又無法發展民主化，便會落入到此類不相關的發展關係。

　　此外，在上面的三種經濟發展與民主化關係之外，另一個重要的因素便是「亞洲價值」（Asian Values），而此與經濟發展之間有著密切的關係，如二次戰後東亞地區的高度經濟成長，都是深受到儒家文化影響的區域，讓儒家文化與經濟發展之間的關連性受到學界的重視，這種關連性的研究關鍵要素又被稱爲「儒家動力」（Confucian Dynamism）。如前新加坡總理李光耀和馬來西亞總理馬哈地，甚至當今的中國發展模式，都特別重視亞洲價值的經濟發展動力，以及高度國家領導政策的發展模式。

　　但所謂的亞洲價值似乎有利於國家資本主義發展模式的推動，也出現與民主化保持距離的現象。如Hofstede and Bond（1988）發現各國文化對經濟成長有截然不同之影響，特別是在深受儒家文化影響的東亞地區，儒家文化非但影響國家經濟與政治發展，也是會影響教育型態，也就是政治

社會化的機制。而此一亞洲文化價值反映在政經層面上，出現兩個重要現象：一是服從和尊重威權（authority）領導、尊重傳統社會家庭之長幼有序的倫理秩序；二是強調集體主義（collectivism），就是「犧牲小我、完成大我」的社會價值；三是重視教育價值，這可以反映在人力資本的累積上，對教育之高度重視有助於整體的經濟發展；四是國家機關享有高度自主性（state autonomy），表現出「強國家機關、弱社會」（strong state vs weak society）的領導發展現象。

第八章

社會變遷與社會發展理論

　　社會變遷與發展是社會學裡一個重要的領域，並逐漸整合政治學、經濟學以及歷史學的理論觀點與思考方式，「變遷」與「發展」是兩個不同的概念，但卻往往會被大多數人劃成等號，其實，這兩個概念的確有許多觀點是重複的。「發展」係從「社會生存」的基本概念爲出發點，而生存意謂著生生不息的存在，做生生不息的適應和創造之過程，道出明日一定比今日好，未來一定比目前發展好，發展的模式是一種進化論，而發展的方向是正面向前推進的。簡言之，發展即指爲求完美生存，所做的努力過程，例如，適應生態環境的過程、社會創造革新的過程、解決社會衝突問題的過程、自發性成長過程，抑或是計畫性策略過程等。而「變遷」是一個中性的名詞，強調社會隨著時間的改變而有所改變，變遷是無時無刻的在進行著，社會變遷意謂著當大多數人所從事之團體活動與關係，因時間的變化，而感覺到與以往的社會活動或關係有所不同，社會變遷的現象，反映在社會角色、關係、制度與規範的改變上。但是社會變遷與歷史兩者間的關係卻存在著相當的爭議性，也許一部歷史是最好的社會變遷發展史，然而，歷史並不等於社會變遷，例如，認爲只有歷史沒有所謂的社會變遷理論，歷史便是社會變遷的大動脈（Nisbet, 1969），也就是贊成歷史，反對社會變遷的現象，這是歷史學派的論調；相反的，Lenski（1976）卻認爲社會變遷理論是複雜的，超越歷史現象之上，比如人口成長與都市化所產生變遷的動力，絕非歷史所能交代或說明清楚的。

　　對社會變遷與發展理論的探討，在下面將從三方面來分析：首先，說明發展、工業化、現代化與經濟成長對第三世界國家的意義，並從其中了解這些概念間的特性；其次，將從社會變遷的觀點，探討一些變遷的社會理論；最後，探討社會變遷的動力、方向、模式與策略。

壹、發展、工業化、現代化與經濟成長對第三世界國家的意義

　　無論是「發展」（development）、「工業化」（industrialization），

或是「現代化」（modernization）都是指那些相對於已發展國家（advanced countries）的第三世界國家（third world countries），或開發中國家（less developed countries, LDCs），未來社會變遷的軌跡與目標，甚至是發展策略與手段。而發展、工業化及現代化都是對目前西方已開發國家現狀的肯定，並賦予西方文明正面的價值，當然其中亦隱含有極深的西方文明優越感，反應出來的現象與行爲便是一種種族自我爲中心的意識發展型態。對於大多數的第三世界國家而言，想要擺脫貧窮落後的現狀，學習西方國家的發展經驗與技術，似乎蘊含著國家發展的無窮希望。然而，在諸多解釋社會變遷的古典理論或現代發展理論中，我們不難發現第三世界國家欲邁向發展、工業化和現代化似乎是可求而不可得，並且在各理論的論述中，這些處於邊陲地位且高度依賴的國家只會淪爲低度發展（underdeveloping）的國家，很難達到眞正的發展境界。當然理論的論述猶需實際經驗的印證，從亞洲四小龍的政經發展及東南亞各國的經濟高度成長的成就，對其他第三世界國家發展的希望也帶來了一線曙光。因此追求發展、工業化及現代化，是第三世界國家文明進步寄望所在，也是逃出貧窮落後惡性循環、改善生活水準的唯一道路。以下將分別就發展、工業化、經濟成長與現代化三方面來說明其對第三世界國家發展的意義。

一、發展（Development）對第三世界國家的意義

發展是一種過程，也是一種策略，更是一種需求與期待，甚至是一種目標。發展對第三世界國家而言，可說是一種希望，而且是樂觀的未來觀，但是發展的意義卻極爲複雜，且有許多層面的不同解釋。就發展本身來談，一般而言約略涉及幾種意涵：第一、在經濟轉型方面：國家本身能持續與快速地增進國家的生產量，且「決策中心」能成功地發展製造工業，俾使國家有辦法自主地決定其未來的經濟成長（Furtado, 1964b）；第二、在社會轉型方面：例如收入是否平等分配，人民能否普遍取得「社會財貨」，如教育、健康服務、舒適的房屋、娛樂設備等（Weiner, 1966）；第三、在文化轉型方面：重新肯定國家意識與傳統，

無論是社會領導者或是民眾都能有一個新的自我形象，並驅散二等國民與屈服於外人的感覺（Logas-Matus, 1963）；第四、在政治轉型方面：包括政治的制度化、擺脫威權的控制、擴大人民的參與及其對政治決策的影響力等。基本上，上述四個方面對發展本身而言，是屬於內部性結構的改變（endogenous change），不管是自發的抑或是外來的衝擊，發展表現出來的特徵便是一種變遷，傾向於結構面的改變（Moore, 1974; Vago, 1982）。

發展所涉及的意涵正說明，一條「正」向變遷的道路，它有著西方世界先進國家發展進程的意涵，包括經濟發展、國民生產總值的成長、國民所得之增加、政治制度化、社會文明進步等屬於一種西方價值的全面提升；換言之，在此一價值標準下，第三世界國家唯有透過這樣的進程，方能擺脫落後。然而在資本主義世界分工的體系結構下，第三世界國家對已開發國家資金、技術的依賴，卻造成對第三世界國家自己發展上的限制（limitations）；或者只因追求統計數量上的成長，而忽略實際政經制度的建立，以致形成沒有發展的成長（growth without development）；或者是因為對開發國家過度的依賴，使第三世界國家在世界體系中，僅能低幅度地改變過去的狀況，成為所謂的低度發展（underdevelopment）。儘管在當前世界政經體系中，存在資本主義發達的已開發國家和開發中國家的差異，但是發展亦是第三世界國家企圖擺脫依賴之所寄，因此發展（尤其是經濟發展）更是第三世界國家追求的一大目標（Martin, 1991）。

二、工業化（Industrialization）對第三世界國家的意義

開發中國家將「工業化」視為是社會變遷的一項重要動力，甚至是這些國家的發展機構媒介（agent）（Blumer, 1992）。二次大戰後初期，至1960年代初，許多經濟學家一致認為，「工業化」是開發中國家發展經濟的最好途徑。許多開發中國家的政府接受了此一論點，紛紛制定「先發展工業」的策略規則，大多數國家採用進口替代（import substitution）工業化方法，但也有些國家採用出口擴張（export promotion）。這種策略實施

的結果是，只有少數國家取得成效（特別是實施出口擴張的國家），然而大多數的國家則陷入經濟混亂及令人失望的經濟萎縮。

　　一般說來，所謂「工業化」是指農業在整體經濟上的重要性逐漸降低，經濟資源的主要重心趨向於非農業活動，也就是依賴著工廠工業體系（factory system）的發展，利用機器動力生產方式（Kerr et al., 1964: 14）。從事於工業的勞動人口（labor force）激增，而農業勞動人口的流失，薪資勞工與就業便是工業化的一種的特徵。而在第三世界國家，往往在提高了現代工業部門（industrial sector）的就業率之時，也伴隨著傳統部門失業率的提升，提高工業部門勞動力之總勞動力之比例，這個國家工業化程度將越高。甚至一般人也認為，工業化必然帶動經濟成長與現代化，無怪乎，工業化常被用來推展國家發展與現代化的手段與策略（Blumer, 1992; Vago, 1982）。

　　然而在實際上，農業是開發中國家的唯一經濟命脈，把發展農業放在優先地位，讓農業成為開發中國家居主導地位的經濟部門，應該是一項重要的任務。然而就某些情況而言，許多國家遭遇到的各種困難卻是由於忽視農業的重要性，把大量可用資源集中用於工業投資所造成的。在另一些國家發展上也發現，國家的新興工業可能在與進口貨品競爭之前，有效保護稅率必定非常高，就此一意義而言，工業化的成本代價變得非常之高。在一些貧窮小國案例中也發現，他們在建立自己的工業時困難重重，因為他們的市場規模對於工廠生產的最低限度之有效規模來說都嫌太小；在有些案例中更可發現，它們的國際收支狀況並未真正獲得改善，它們的進口商品之結構，從最終消費品轉向機器、原料和零組件，但是其經濟的依賴程度仍然很高；在有些國家裡，隨著農村人口迅速向城市移居，所得的分配確實變得更不平均，城市失業越來越嚴重，政治上困難重重。近年來，開發中國家的經濟學家和政府以更審慎的態度，看待工業化策略之效果。當然，對於第三世界國家的發展策略之建議，也都開始把農村或農業的發展放置在國家經濟發展的優先地位上（Martin, 1991），從此觀點言之，工業化也可被視為是農業進步發展的結果。

　　工業化並非是單一事件，或獨自可自發而起的，它伴隨著社會分

工合作（the division of labor）與職業專業化程度之提高而有所發展，工業化能發展多少受到社會結構變遷的影響。工業化發展配合了一些社會面的助力，例如經濟組織之成長與職業專業化，提高經濟與生產效率（efficiency）；技術之變遷也帶動了職業的分化與專業化；新產品的發展與服務業的興起，影響了整個勞動力的分配；地理動員效率的提高與教育水準的普及與提升等，均密切的關係到工業機能的發展。

三、現代化（Modernization）對第三世界國家的意義

　　現代化意指當一個社會想要工業化時，幾乎其每一部分都會發生各種變革的總稱。現代化所涉及的是一個社會之經濟、政治、教育、傳統和宗教的持續變革，其變革雖有先後，但是都會受到影響。現代化背後的一個主要力量是十八和十九世紀殖民帝國主義的崩潰與瓦解，以前的殖民地（例如印度和印尼）在戰後皆已成為新興國家。很多社會學家在研究這些開發中國家時，都不免會溯及到十九世紀的老觀念——「傳統」（traditional）社會與「現代」（modern）社會。很多人預測，第三世界會循著西方世界的老路發展，例如雷諾（Lerner, 1968）對現代化就做了這樣一個定義：「開發程度較低的社會為達到與開發程度較高的社會相同的水準，而發生的社會變革過程。」一般認為現代化正是第三世界國家發展的一種可循途徑，藉此途徑第三世界國家可以逐步邁向文明之路（蕭新煌，1985；陳一筠譯，1990）。

　　戰後，現代化被許多第三世界國家視為是一種發展的仙境，現代化的美景也迷醉了第三世界的人民，如癡如醉的叫喊現代化，以現代的發展標準而言，現代化對第三世界人民而言，已變成了一種神話（myth），更是被政府用來獲取其正統性的政治意識型態（ideology）。顯然地，現代化已成為一種麻醉藥，讓人民能稍微對其落後寬心容忍一點，對政治的穩定或許多少有幫助（Vago, 1982）。

　　Chodak（1973: 261-271）從第三世界之歷史現象與現代化的過程，將推展現代化的方式歸類為三種：第一、一個國家主動推動工業化，加速

人民態度與行為的變遷，形成一套新價值體系，這套價值隨之也對工業化之升級亦有幫助，基本上就是一種工業現代化（industrial modernization）的過程。第二、自發性的增加與先進國家的接觸（contact）機會，採借有利本國發展的事物，也就是所謂涵化的現代化過程（acculturative modernization）；第三、政府採取計畫性政經社政策，有目的的推動現代化，政府試圖建構其本土化的組織、制度與價值觀，也經由教育、行政、政府與經濟社會改革過程，達到建立一個現代化之國家（modernizing nation-building）。簡言之，這種型態也就是「國家機關」引導現代化模式（induced modernization of the state）。

四、經濟成長（Economic Growth）對第三世界國家的發展意義

經濟成長已被第三世界國家用作發展的策略之一，經濟成長也被視為是提高現代化程度的手段。事實上，第三世界的經濟成長與先進國家經濟成長的方式與向度不同，對第三世界國家而言，其經濟成長不是依賴著科技的發展，而是在傳統生產工業上，廣泛地對土地與勞工剩餘資源的剝削所致；其次是其經濟成長與工業化程度並沒有明顯的關聯性，反而是與增加初級農產品與原料出口的依賴有關（Sundrum, 1990）。

經濟成長對第三世界國家有幾個層面的意義：第一、第三世界國家追求經濟成長所依賴的生產方式仍脫離不出其殖民型態的經濟生產模式，強調經濟成長的結果只不過是深化其殖民經濟的生產方式與貿易依賴而已，尤其是依賴出口貿易的經濟成長模式更反映出對其殖民國家的依賴；第二、經濟成長對第三世界國家來說也會造成財富分配的不平均，在進行資本累積的發展過程中，難免會發生財富集中的現象，但也發生嚴重的貧窮問題；第三、對跨國公司或外資的依賴，藉由引進跨國公司以帶動國內的工業化，結果經濟的成長造成國家經濟自主性的喪失、跨國公司對國內市場的控制；第四、勞力密集工業的興起，廉價的勞工成為經濟成長的一項動力；第五、經濟成長對第三世界國家發展可能形成二元化成長的模式，

如現代化部門與傳統部門（modern and traditional sectors）的興起，造成發展上的不一致，在現代化部門資本的累積速度快，而資本的累積效果也吸收了傳統部門的剩餘勞工進入現代化部門；第六、經濟的成長也可能帶來人口的高度成長，造成更嚴重的失業問題；最後，經濟成長也可能暗示著國內資源動員與配置（allocation）是否恰當的問題，如土地、資本、天然資源與勞工等分配之效率（Thirlwall, 1989）。

貳、社會變遷與發展

一、社會變遷之概念

　　社會變遷（social change）乃是社會現象的改變，它普遍存在任何一個社會，而且是不可避免（inevitable），也無法抗拒（irresistible）、無法倒逆（irreversible）、無法喚回或變更（irrevocable）的一股動力潮。正如社會學家Amitai Etzioni所言：「對社會變遷做研究可說是社會科學的重點。我們正處於一個動盪的時代，其中有革命、改革、進步與退步。嘗試著去探索這些現象與過程的機制，事實上即掌握了時代動脈的精髓。」然而，對於社會變遷的研究也往往試圖從社會過去發展的軌跡予以解釋，因此極為重視社會發展的歷史與意義，對於社會未來的發展走向評估與預測的研究則較少。

　　社會變遷也常常被視為「過程」（process）、「進步」（progress）、「進化」（evolution）、「發展」（development）、「工業化」（industrialization）、「現代化」（modernization）與「經濟發展」。從這些概念中，無疑地已道出社會變遷是在一種進化的過程中，尋著發展的道路前進。當然，社會變遷不一定就是進步的現象，變遷的結果也可能是一種落後退步（backward）的現象。不管如何，社會變遷基本上是社會結構的改變（change），也是社會功能的改變，也可能是社會關係的改變，也是社會組織發生修改（alteration），或社會體系的改變。對一

個社會或國家而言，社會變遷並不等於發展，也不等於現代化，但發展與社會變遷是並行的，發展在某種程度而言可以說是社會變遷的本質，也是社會變遷的方向，對一個國家而言，發展或現代化就變成策略性的社會變遷目標。從這個觀點而言，社會變遷也成為政治經濟學分析的重要理論與領域，特別是對低度開發國家如何在社會變遷的過程中獲得發展與現代化。

基本上，從社會變遷的角度來探討「發展」，可以從以下三方面來加以解說。第一、將發展視為是一種過程（development as process），認為發展是一種來自社會內部的演化現象，演化理論（evolutionism）與功能論（functionalism）是此種「過程論」的主要支持者，重視社會系統（人與社會）內部所發生適應能力提升（adaptive upgrading）的過程，認為發展是一種「內發性」的現象。

第二、將發展視為是一種各社會間「互動」關係的結果（development as interaction），主要理論有依賴論與功能論，前者認為在零和遊戲規則的互動下，發展是建立在強勢者剝削弱勢者的基礎上，同時這種剝削關係卻深受外在結構的制約；而後者則認為互動的結果使強者最適環境的變遷，而得以發展，相對地弱者亦要不斷地改造其內部結構與價值觀念，亦得以發展。縱然如此，兩者皆重視社會體系內部與外部環境的影響，是種適應與衝突的過程，認為發展是一種「外發性」的現象。

第三、將發展視為是一種「行動」（development as action），側重於發展的意識型態、發展模式、發展策略、發展計畫與工作評估等問題。國家機關論（statism）與現代化論是此說的代表，強調社會體系之自發發展力量與計畫發展能力，交互運作與管制操縱的過程，認為發展是一種「自發性」與「計畫性」現象（蔡明哲，1987；林嘉誠，1992；Vago, 1982；Parsons, 1960, 1966）。

二、社會變遷理論之類型

社會變遷領域的理論研究典範，根據Boudon（1984）的看法，將之

簡單的分成五種理論形式。第一種形式是直線演化（linear evolution）的發展模式，也就是強調發展趨勢（trend）。社會之變遷乃寓於社會分工之複雜化，將變遷的模式化約爲單一線性的發展，再由單一的線性演化發展成階段法則理論（stage theory），例如，「兩階段論」（two-stage theory）有涂爾幹之機械連帶發展到有機連帶、唐尼（Tonnies）的社區發展到社會、緬因（Maine）的身分（status）過渡到合約（contract）等；孔德的三階段論，由神學過渡到哲學，再由哲學發展到科學、摩根（Morgan）提出由奴隸到野蠻，再到文明；甚至羅斯托（Rostow, 1961）之五階段論，傳統社會、先前經濟起飛、起飛（take-off）、趨向成熟與高度大眾消費；抑或是人口轉型說（demographic transition），由高死亡率與高生育率時期，過渡到高生育率與低死亡率階段，再發展到低死亡率與低生育率。

第二種形式是條件法則（conditional law）式的變遷理論，也就是如果前提如何，就會引發某種的變化，根據著〔if A, then B〕的邏輯，有A的出現在通常的情況下就會出現B，A是B出現的一個前提條件。例如工業化的效果，會造成小家庭結構的出現，以及造成大家庭體系的崩潰；抑或是一個威權主義國家享有經濟的快速成長，創造出一批中產階級，會提高其參與政治的意願。

第三種形式是一種結構法則（structural law），是第二種形式（條件法則）的衍生。所謂「結構」係指一種型態（type），也是基本的特徵現象，更可能是一種意識型態（ideology），由許多的結構變數所形成，而各個結構變數間存在著某種程度的特定或穩定關係。也就是說變數間呈現出一種複雜的現象，自成一變數的系統，〔if A, then B〕中的A與B不再僅是代表一種單一的狀況或變數，而是一撮變數或一套特徵。結構性的關係變數是一連串的特徵連結在一起，其變數間的關係，可表示出〔if A, then B、C、D、E〕或〔if A、B、C、D……, then A'、B'、C'、D'……〕的方式。例如工業化的推動，造成大家庭的崩潰，其中工業化是一個相當複雜的現象，不應只用一個變數A來表示，應該用〔A、B、C、D、……〕一連串的變數，才能表現出工業化的結構關係。

　　第四種形式是著重於變遷的類型（forms），而非變遷的內涵，這種形式的變遷研究，並不強調甚麼會有所變遷，但是卻將焦點放在如何變遷，以怎樣的形式以及怎樣的方式，變遷才會發生。例如黑格爾學派之「唯心論」與馬克思學派之「唯物論」間的辯證，或孔恩（Kuhn）之《科學革命之結構》（*The Structure of Scientific Revolutions*）中，對於變遷形式與典範的探究，認為科學的發展過程由一個常態科學（normal science）的狀況，提供研究者參考架構的「典範」（paradigm），然後出現不規則（anomalies）階段，又稱為革命性的時期，常態科學中的重要典範無法有效解釋所觀察的現象，甚至彼此間相互衝突與矛盾，接著再發展到一個新的常態科學階段。

　　第五種形式是對變遷原因（causes）或因素的探討，重視因果關係的研究、發展或變遷是如何發生的。例如韋伯認為新基督教倫理是資本主義的精神，以及McClelland主張成就動機或Hagen的挫折論是現代化的重要因素。

三、社會變遷理論

　　社會變遷理論基本上可分成五種，即進化論、衝突論、功能論、系統論與社會心理論。分述如下：

（一）進化論（**Evolutionary Theory**）

　　進化論源於十九世紀，歐陸學者對社會進步（progress）的觀點，深受達爾文主義的影響，此一理論企圖對人類社會進行相似於有機體的比擬研究，其基本假設（assumptions）如下：第一、社會的變遷是可以預測的（predictable）；第二、變遷是一種累積的過程（cumulative process），將從一個發展階段過渡到另一階段；第三、變遷的趨勢與方向是單線式的發展（unilineary）；第四、社會變遷的結果是趨向於現代文明的樂觀「未來論」，也就是有從傳統發展到現代的必然性進步（progressive）；第五、社會變遷的速度是和緩漸進的（gradualism），非一蹴可幾；第

六、從單一發展到複雜的社會分工；第七、針對整體全貌（holism）變遷之宏觀分析；第八、變遷是自然的、普遍的、持久的以及四處皆然的現象；第九、變遷是本質的或內生的（endogenous）變化現象，並非是外生力量所造成的；第十、變遷是不可避免、不可逆轉的一種過程（Smith, 1973: 27-28; Sztompka, 1993）。

　　進化觀理論如上所述之第一種形式，代表人物有史賓賽（Spencer）、涂爾幹、孔德、唐尼、摩根（Morgan）、貝克（H. P. Beck）等，這些代表著古典進化論的觀點，然而受到相當強烈的批判，其所主張的特點也變成被攻擊批判的弱點。第一、對社會變遷的看法太過於直線進化與單一模式；第二、二分法（dualism）的研究方式著實令人質疑；第三、對於發展過於樂觀，社會變遷也有可能是退步的；第四、忽略頓時劇變的社會變遷可能性；第五、忽略外來力量（external forces）對社會變遷的影響與貢獻；第六、太過於種族中心主義的思想；第七、價值無法中立的缺點。

　　新進化論（neo-evolutionism）企圖尋求一個新的理論基礎，替代以往過於偏向哲學與歷史層次的探討，並針對其受批判的弱點，對社會變遷的處理重視具體與實證之分析，與古典進化論有幾方面明顯的不同：第一、新古典進化論已從整體宏觀的研究途徑，轉向對有限的社會層面探究；第二、強調進化過程的因果關係，甚於只是提出連續性的發展階段而已，也就是說重解釋，而非只是分類法（typology）的敘述而已；第三、變遷的理論前提是機率可能性（probabilistic）的狀況，而非直線決定論的方式；第四、漸漸整合了其他不同進化論的看法於一體（Sztompka, 1993）；第五、指出文化的分歧性（cultural diversity）。

　　新進化論的主要代表人物有史提沃（Steward）、懷特（White）、沙林斯（Sahlins）、奢維斯（Service）與藍斯思基夫婦（Gerhard and Jean Lenski）等人。史提沃（1955）提出了多線進化論（multilinear evolution）的觀念，認為每個社會所處的環境不同，自然蘊育出不同的發展方式，然而，史氏多線進化通常被視為是一種研究的方法論，並不將之當作是一個完整的理論，甚至被批判忽視歷史的面相，且描述性大於理論

性。沙林斯與奢維斯（1960）將社會進化視為是分歧與累積（diverse and cumulative）並進的變遷過程，並提出「普遍」與「特殊」（general and specific）進化的觀念，兩者間可能存在衝突，前者係指所有人類一般性的變遷過程，抽象層次較高，後者卻包括了對特別外在環境適應的一些具體作法。沒有創新的能力或沒有提高適應的能力，社會的蕭條景象將會發生。懷特（1959）提出技術對變遷的決定論觀念，文化的影像是人類適應自然之設計，藉由技術的改善來滿足人類的需求，因此，技術的改進反映了社會變遷的情況。而藍斯基夫婦（1974: 23）則提出區位進化的研究途徑（ecological evolutionary approach），重視人類與環境間的關係，以及人與人間的相互依賴方式，並著重於基本的、長期間的、發展的與適應的變遷過程，以及其間競爭與衝突的相關過程。

（二）衝突論（Conflict Theory）

　　當前社會變遷理論主要是受到兩種不同緣由（orientation）的研究觀點所支配，即是衝突學派與功能學派。前者強調階級衝突對社會變遷的重要性，變遷的速度是急劇的；而後者卻重視社會制度與結構功能整合均衡的重要性，變遷的速度是漸進緩慢的。

　　古典的衝突理論主要以馬克思的理論觀點為代表，他認為：「沒有衝突，就沒有進步，這可以說是人類文明的法則。」以及指出「人類歷史只不過是一部階級鬥爭史」，並說明人類歷史發展主要有五個階段，乃循著「原始共產主義」（primitive communism）、「奴隸制度」（slavery）、「封建制度」（feudalism）社會，而到資本主義（capitalism）社會，最後是社會主義（socialism）社會。每社會之階級間均存在著一種對立關係，且終將發生反抗與推翻事件，社會發展於是進入另一新的階段。例如封建制度社會存在著地主與農民階級彼此對立的現象，而在資本主義時期則是出現資本家與工人階級對立的局面。馬克思認為當資本主義發展到一定程度需要許多勞工到城市就業時，它無形中解放了農奴，而當工廠系統成熟後，工人階級也告完成。資本主義又蘊含著競爭，使得資本家不得

不斷地改善其生產技術，而競爭的結果也造就了壟斷現象，但是持續壟斷的結果將顯現出更極化的階級分野——即資本家相對於無產階級。前者控制政府及法令的機制，使他們更利於剝削，「國家機關」之利益於此情形下，反映的不過是資產階級之利益而已。同時，無產階級也不斷地增加塑造無產階級間集體團結的階級意識，最後採取革命手段對抗資本家。

馬克思衝突理論對社會變遷的研究，深受許多批評，例如，社會二元化的論證並不存在，社會所呈現的現象是高度的異質化（多元化）發展，甚至也忽視掉了「中產階級」形成的事實，及其對二元化階級的影響。其次，馬克思學說未能成功地區分出持有人、控制者及技術專家在資本方面的運作角色，也無視於日益突顯的社會流動現象，因此達倫道夫（Dahrendorf, 1959）批評馬氏對衝突的解決方法僅限於鬥爭。再其次，對階級的討論似乎僅著重在財產的擁有一層面上，除此之外，對於官僚化的趨向與發展也視若無睹。最後，低估了國家機關在政經發展上所扮演的重要角色，社會的變遷不能只化約成階級間的鬥爭關係，國家機關對於階級關係與形成，也具有相當的影響力。

由於以上的缺點與批判，在1950年代出現了新古典的衝突理論，推翻古典馬克思的觀點，僅保留「衝突」的概念。例如，達倫道夫認為每個社會的變遷與衝突因素是不可避免的現象，而且社會裡每一個單位皆直接或間接的影響社會變遷，社會成員間的關係是支配與被支配間權力分配的結果，並且放棄階級二分法的鬥爭方式，提出「利益團體」間的衝突與競爭概念。考舍（Coser, 1956）也主張衝突並不一定是破壞的，它對社會有時是會產生正面的功能，因為衝突代表著社會結構的失調，衝突能激起社會的重組與整合，增加社會的適應能力。

（三）功能論（Functionalism）

在功能學派方面，派森思（Parsons）是代表人物，他認為社會是由許多次級系統所建構成的行動體系。對派森思而言，所有行動系統均執行四項主要功能——「適應」（adaptation）、「目標達成」（goal attainment）、「整合」（integration）及「潛在模式之維持」（latent pattern maintenance）。就整個大社會來說，「經濟體系」扮演適應功能，「政治體系」擔負目標達成功能，「社會體系」扮演整合功能，而「家庭及宗教體系」則執行維持潛在功能之要務。並強調社會變遷為一持續分工的過程，但這個過程的轉變必須取決於該社會適應能力的提升（adaptative upgrading）。

派森思並指出社會的變遷必須經歷四個重要階段（Parsons, 1951, 1960, 1966）：第一、初民社會（primitive societies），此階段的特徵是分工程度不高，親屬和宗教扮演維持社會體系的主要功能，而酋長則執行政治目標達成的功能；第二、中古社會（archaic intermediate societies），此社會特徵是識字率的提升，政治統治權則由一群類似教士階級所操縱；第三、中度進步社會（advanced intermediate societies），此社會中成年人幾乎全都識字時，除宗教外，律法將成為執行政治統治的主要工具；第四、現代社會（modern societies），此社會展現出高度工業技術、高度分工、制度化的財產制度及其他如史麥塞（Smelser）在探討「現代化」時所提出的特徵（馬康莊、陳信木譯，1989）。

簡言之，結構功能論者認為，體系的組成成分對其續存的運作具有正向貢獻。重視體系之某一部分與其他部分之互動與依賴關係，而體系的部分或體系之整體，皆被認為是以均衡的狀態存在；所以只要某一系統部門發生變化，將會導致其他部門的變遷與調適；然而，系統部門的變遷可能達到彼此平衡狀態，卻不影響其整個體系之變遷。由此可見，功能論固然採取均衡的觀點，卻絕非是一完全靜態的觀點。社會變遷的發生便是基於其社會體系的這種均衡狀態的變動，而其間所發生的變遷是井然有序的，而非革命性劇變的。功能論也受到相當的批判，例如，忽視歷史過程與社會階級互動的影響；過分強調社會系統的穩定與均衡，忽略衝突之存在；落入目的論（teleology）與神學論（theology）的陷阱；由於其開放語句（tautology）之邏輯，而無法被用來檢測外在社會現象等。

（四）系統論（System Theory）

系統論的觀點是整體總是大於部分之總和（the whole is greater than the sum of its parts），系統理論是建立在結構功能學理論的基礎上，但不強調系統之穩定與均衡狀態的重要性，此研究提供了結構功能分析的另一種選擇。系統論認爲一個體系是一個有組織的整體，包括其相互依賴部門間的互動以及其與外在環境的關係（Buckley, 1967; Vago, 1982）。

系統論認爲影響人類社會行爲有五個重要的副系統，此五種副系統是同時存在且相互互動，即生態區位系統、人類本身之有機體系、人格體系、文化體系，以及社會體系，每個社會行動皆是這五個副系統相互作用的結果與產物。

系統論將社會視爲是一個適應的體系，有其特別的基本適應的形式，此適應的系統會受到幾個因素的影響：第一、不斷地引進一些變異（variety）事物進入系統，會引起體系的結構關係；第二、體系內的緊張壓力與成員需求的滿意程度，也會刺激系統的變動；第三、外在環境的改變，或內部結構的改變。總之，系統論之適應系統是採取相當開放的系統運作，著重於選擇與決策的過程，提供一個開放的研究架構來分析整體社會的變遷情況。

（五）社會心理論（Socio-Psychological Theories）

社會心理論強調社會的變遷與發展，導因於一些社會心理因素的影響，重視人格特質的變數分析，可以說是一種心理決定論，因爲人格特質會影響個人如何去行動，以及發明、創造與發現的意願，去改變社會現象；因此，此理論認爲社會要有變遷，首先社會成員的之人格必須有所改變。

韋伯（Weber）的《基督教倫理與資本主義的精神》便是一個經典代表作，指出現代工業資本主義的發展，是因爲歐洲在十六世紀，新基督教倫理的普遍推廣所致。由於新基督教倫理強調現世觀念、辛勤工作累積財富、節儉等美德，聚集財富不再是不道德的行爲，更可以借錢謀利，而

偷懶、浪費與安逸享受才是罪惡，這些是蘊育資本主義興起的重要特質。McClelland（1961）提出的「成就動機論」（achievement motivation），成就動機高的社會，將有較高的經濟發展。Hagen（1962）提出「地位尊榮的喪失論」（withdrawal of status respect），由於其高貴社會角色的喪失，淪爲社會低等地位，極受社會的羞辱，產生社會的疏離與挫折感，將其對社會的仇恨與不滿轉移到其子女身上，透過一代傳一代過程中累積挫折與憤怒，這正是他們轉變社會身分的一股動力，而社會的變遷正是基於此種挫折感的發揮所遷動。Inkeless（1964）之《成爲現代人》（*Making Modern Men*）的看法，以爲不論一國現代化的程度如何，現代人的特質均無差異，例如理性、相信科學、有長期規劃等現代特徵。以及Bellah（1957）研究日本宗教與經濟成長間的關係，Lipset（1963）之經濟發展與民主之問題，甚至最近也興起儒家思想與價值體系之研究，究竟如何影響東亞經濟的高度成長，如日本與四小龍之經濟奇蹟，皆可說是從社會心理與文化的觀點，來思索社會變遷最好的研究。

參、社會變遷之動力與模式

　　社會變遷是在結構變遷的基礎上來談的，而所謂「社會結構」係指長時期持續性穩定且有規律的互動模式關係，「社會規範」（social norms）可以說是社會結構最基本的單位，再由多種不同規範，便可以形成一個「角色」（roles），再由一些不同的角色組合形成一個「地位」（status），再由一些不同的地位組合成一個位置（position），再由一些不同的位置組合，便形成「團體」（groups），漸次發展到「組織」（organization）、「社區」（community）、「國家」（state）等。從另一方面再來解剖社會結構，亦可發現一些要素，例如，社會行動（social action）、行動者、社會地位、社會團體與組織、社會階級與階層、社會制度等。社會行動基本上是等於社會規範，社會行動必然符合社會規範，因此，只要這些社會結構的基本要素有所改變的話，那麼社會自然會變

遷。

　　社會變遷根據Moore（1974）的看法，認爲社會變遷可分成大規模（large-scale change）與小規模（small-scale change）之變遷，小規模的變遷一直在持續運作著，未必會對社會本質有所改變，相對地，有時大規模大結構發生劇烈的變遷，小規模的結構似乎也不會有所改變。小規模的變遷係指社會結構的變遷，並不會對社會結構發生明顯的影響，其途徑不是突然的，而是無時無刻普遍存在的現象，它在短期內是無法察覺的，可是長期上來看，便可看出其變遷的情況與特徵。小規模變遷廣泛地包括有四種類型：社會行動的反覆循環動作與互動、團體結構的變遷、團體間相互關係的動力，以及行爲法則與價值的不一致影響。小規模的變遷是緩慢漸進的，透過累積的效果，達到社會變遷的事實。

　　大規模的變遷主要指對制度或社會結構產生重大明顯的影響，可從幾個層面察知社會變遷的情況，例如，社會制度功能的改變、社會價值觀念之改變、生產模式的改變、適應環境能力的提升、科技之創新、社會秩序的改變，以及社會革命的發生、社會分工的多元化等。基本上，推動社會大規模變遷的主要動力來源有七：第一、工業化的推動與工藝技術的進步，工廠制度的興起，由農業轉向工業的生產關係；第二、文化的傳播（diffusion），透過採借其他文化的精華，來刺激或改善其社會狀況；第三、涵化（acculturation）作用，將其他文化在長久的交往後，融化到自己的文化裡；第四、採取現代化策略，改變社會的價值觀與制度，從傳統社會過渡到較開發的社會；第五、進行社會革命，建立一套新的社會制度；第六、進行資本累積，追求經濟成長；第七、進行都市化發展，將社會人口從農村遷移到都市，改變生活生式與人際關係。從這些變遷與發展的動力來源來看，自然也形成或顯現出社會變遷的模式（pattern），即進化變遷模式、傳播變遷模式、涵化變遷模式、革命變遷模式、現代化變遷模式，工業化變遷模式、都市化變遷模式、與科層組織化變遷模式。

　　社會變遷是許多因素（factors）作用的產物，絕非只是單一因素影響的結果，這些因素可以說是促進社會變遷的必要條件，而非充分條件。根據Vago（1982）的看法，社會變遷有幾個重要機制（mechanism）：

第一、技術（technology）的發展，它能改變社會的生活方式，改變人與人間的互動關係，以及生產模式；第二、意識型態（ideology），係指思想、觀念、價值，意識型態指引了變遷的方向，當然也有可能變成變遷的阻礙；第三、競爭，競爭會帶來創新與進步，也可能會帶來第四個機制──衝突；第四、衝突，衝突也會帶動變遷；第五、政治（polity），透過政府干預手段或經濟計畫，達到變遷的目的，當然政府有時也會變成變遷的阻礙；第六、經濟機制，即生產、分配、消費、利益的運作與變化；第七、社會結構的緊張與壓力，由於內部與外部因素的失調，如人口因素、角色衝突、社會資源分配、階級關係等。

從長期的變遷過程中，不難發現社會變遷的方向與軌跡，而這些軌跡形式，即便形成了社會變遷的社會法則（social law），這也就是前面所提對趨勢（trend）的研究，研究社會變遷趨勢或方向的好處，乃是在於可以提供宏觀層次變遷的參考與指標，達到有計畫的社會變遷目的。一般而言，變遷的方向可以簡約的被歸納成五種不同性質層面的理論架構：第一、直線性變遷形式，即社會的發展是由單一轉變到複雜多元社會的過程，經由增加分化、專業、整合與適應的作用，也就是進化觀；第二、階段或時期（stage or phase）變遷形式，所有的社會變遷是針對某一特定的目標發展，即由一個階段之完成，再提升到另一新階段的發展；第三、循環變遷形式，社會變遷乃是遵循文明、成熟、衰退的過程發展，即「天下合久必分、分久必合」的現象，主張變遷不是累積的結果；第四、非傳統的變遷形式，包括有分歧式（branch）發展、變遷退化（regression）形式、變遷衰退（stagnation）階段形式、多線方向（multinear）變遷形式，以及無規則（random）變遷形式；第五、創新傳播變遷形式，透過採借其他社會優勢文明之科技、制度或價值等，創造出有效的社會高度變遷（Vago, 1982; Sztompka, 1993）。

提出社會變遷方向的研究，最完整且最著名的，非Moore（1974）莫屬，他提出十種變遷的形式，如圖8-1至圖8-10所示，代表著不同的變遷模式，即是簡單直線進化、階段進化、不等速進化、短期循環進化、分歧進化、無規則方向的循環、人口成長形式、人口死亡率、成長指數

（exponential）形式（也就是複率式的成長），以及原始初民社會形式。
圖8-1是代表最簡單的直線進化，溫和漸進的發展，例如經濟生產力之平
均增加現象；圖8-2至圖8-4呈現階段或循環的成長理論，圖8-2之例子如孔
德之人類智慧發展的主張，是從神學到哲學再到科學的過程；圖8-3出現
在如歐洲之文明發展過程，從希臘羅馬之文明，到文藝復興，再到工業革
命；圖8-4可以用來解釋國際經濟商業循環的現象，抑或是選舉經濟發展
效應；圖8-5的現象只能用來說明社會階層分工或職業專業化；圖8-6解釋
了史賓格勒與湯恩比的文明循環論；圖8-7代表了人口成長與醫學文明之
發展關係；圖8-8代表人類死亡率一直在下降，且生命期望年齡的提高；
圖8-9和圖8-10可以說明人類科技文明發展的趨勢，以及1970年與1990年
菲律賓的經濟每況愈下之蕭條現象，或是1960年後南斯拉夫的經濟發展衰
退情況皆是。這十種變遷模式，代表著社會變遷同時存在著或進行不同形
式的轉變，也代表著社會變遷的動力組合，說明以往曾出現的變遷模式，
形式或許不同，但促使社會變遷的本質卻是相同的。

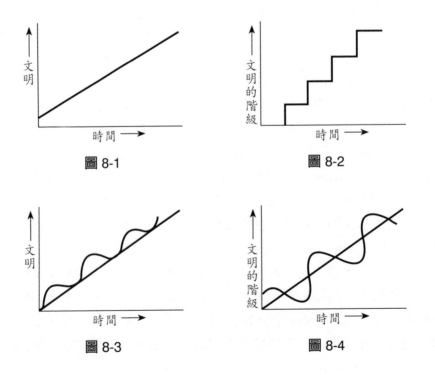

圖 8-1　　　　　　　　　　圖 8-2

圖 8-3　　　　　　　　　　圖 8-4

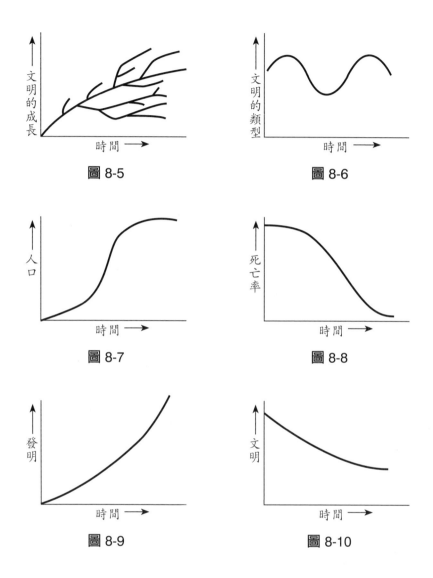

圖 8-5

圖 8-6

圖 8-7

圖 8-8

圖 8-9

圖 8-10

　　在社會變遷的過程中，從一個單一的、同質性的、保守的傳統性
社會，面對社會變遷轉型至複雜的、異質的、開放的現代性社會時，在
此壓力下，一個社會對於社會秩序之建立，通常會出現五種不同的反應
（Blumer, 1990）：第一、衝突性的「分裂」（disruptive），例如近代中
國歷史之分裂事實；第二、對外來影響採取「拒絕」（rejective）方式，

例如清朝與當時的日本，或1978年以前的中國大陸採取鎖國政策等；第三、採取「分離並存」（disjunctive）的方式，例如阿拉伯油田的各自開發與合作，石油輸出國家組織（OPEC）機能運作便是；第四、採取「同化」（assimilative）方式，例如日本社會傳統文化與現代價值和諧並存現象；第五、採取「支持」（supportive）的反應，也就是傳統社會支持工業化的推動。這些反應方式的不同，自然會導致有不同的發展結果。

其實，社會變遷在1980年後逐漸脫離傳統的變遷探究方式，也嘗試著兼容其他的相關理論，開始重視「社會結構」、「歷史」、「階級」、「政府」、「官僚組織」、「金融資本」、「外部因素」與「比較」等，來建構更能反映現實的變遷理論架構，朝向社會現代化、工業化、社會運動、社會階級衝突、國家機關角色與功能、國際間的互動關係之深入研究。

除此之外，研究社會變遷至少可以獲得四種啟示：第一、從社會變遷的法則中，我們可以循序漸進期待有更美好的未來，降低我們所無法承擔錯誤試驗變遷的代價；第二、能否跳出傳統既定的西方社會變遷的模式，重建東方文明特有的變遷模式；第三、研究社會變遷，自然會產生對任何一個社會之結構與本質有所體認，對其變遷會寄予高度的關懷。也許韓廷頓（Huntington）的文明模式看法，可以道出整個社會變遷之本質與對人類社會的期待：「歷史沒有終結，世界也沒有統一，文明使人類結合，也使人類分裂，我們只要認清造成文明衝突的是哪些力量，就可以設法控制，在一個不同文明組合而成的世界裡，每種文明都必須學習與其他文明共存。」而其所謂的文明，便是社會變遷的現象與結果。最後，社會變遷的研究與評估，至少對於國家發展的策略與模式可以提供一些貢獻，而對社會變遷之本質與結構有進一步的了解，對於社會變遷之方向與速度，控制的能力必然會提高。

肆、社會變遷與全球化

　　全球化（globalization）是當前社會科學領域中很流行和很時髦的名詞，甚至代表當前世界發展的趨勢。雖然自有人類社會以來，便有全球化發展的現象，只是在當時全球化的動力和力道不強。說穿了，其實只要人類往外開始移動和擴張生活圈，同時隨著宗教和文化的傳播，以及交通運輸的改善，全球化的發展趨勢將會更有效與具體。

　　自1980年代以來，人們對全球化的興趣日增，全球化同時是用來指一個過程、一種政策、市場戰略、困境挑戰、甚至是意識形態。全球化不是一個單一的過程，而是不同過程的複合體，有時是彼此重疊和勾聯的、甚至相互矛盾和對抗的過程。

　　因此，全球化是世界體系經由經濟活動整合的過程，影響層面包括多元人口、經濟、文化、政治、生態等領域，衝擊人類文明現代發展。基於此，全球化被定義爲是全球整合的過程，包括多元人口、經濟、文化、國家政治力量等，都會影響到其他國家，也受到其他國家的影響。而國家經濟力量更是主宰全球化趨勢的最大推動力量。

　　全球化是多面向（dimension）的發展現象，有些學者認爲目前所謂全球化的現象或過程只不過是現代化發展的延伸，或被稱爲「第二波的現代化」，也就是「現代化2.0版」。如紀登斯認爲全球化只不過是現代性（modernity）向全球擴張，因爲「現代性的骨子裡都在進行全球化」。另外，有些學者認爲現今全球化已跨越傳統民族國家爲疆界，在理論上創造一個單一的世界（one world），這是從全球發展的聚合性和普同性現象，達到一個相似性頗高的「全球村」一體化的境界。

　　全球化正在推倒各國疆界，使全球市場一體化，甚至有些人把全球化喻爲「地球村」。對於全球化的觀感是正面還是負面，目前仍見仁見智，尚未有定論。不過近代全球化的發展風潮，已經和地方化結合成一體，出現「全球在地化」（Glocalization）的研究，讓全球化發展趨向於普同化之際，也出現了重視「在地化」的多元發展，全球在地化的重視，也出現

了「全球的思維、在地的行動」（Thinking globally, acting locally）的概念與市場策略應用。

　　大前研一（Kenichi Ohmae, 1989, 1994）提出了「無邊界世界」（borderless world）的看法，這不單指以民族和國家邊界為基礎的傳統政治邊界將變得具有可滲透的趨勢，而且還意指先前人們因時空分隔而造成的分離，也變得不是很重要，甚至沒有任何的影響。

　　此外，修爾特（Scholte, 2000）認為全球化是隨著人們之間「超疆域」（supraterritoriality）關係的發展有關，在這種社會空間的重構中，由於日漸廣泛的聯繫具有「跨世界」和「跨邊界」特徵，原來的疆域變得無足輕重，這是跟大前研一的無邊界世界，頗為一致的觀點。特別是規模巨大的電子貨幣，現在只要在電腦或手機螢幕上點擊一下，便可以瞬間匯到全世界每一個角落。

　　隨著資訊科技發展，不但確保了貨幣和其他金融市場之間的連結，也能夠對世界任何地方的經濟事件做出迅速的反應。又如透過網際網路科技，幾乎人人手上拿著智慧型手機，隨時都可以獲取新的資訊和操作買賣運作，甚至無遠弗屆地可以跟在世界任何角落的人溝通。當光纜和衛星技術的精進，使得電話訊息、電視節目、網路聯繫、電境商務，幾乎可在瞬間傳送到全世界。資訊科技的發展似乎已經超越了空間和疆域的限制，讓人與人在世界上的距離越加縮短，而地球村的概念越加成形。

　　全球化經由知識、資訊與科技進步，以及政治經濟決策，帶來時間與空間的壓縮，造成世界日漸互相關連。全球化使地區性的變遷跨越時間和空間，成為全球性變遷的一部分（Giddens, 1994）。全球化是一種全球相互依存的國際關係（global interdependence），在市場、資訊、產品、文化、資金、勞務、服務等國際交流下，國與國的界線越趨模糊，經濟市場也發展成全球市場，文化傳播延伸為國際文化交流。

　　全球化理論解釋主要有三種觀點（Held and McGrew, 2007），首先是超全球主義論，認為現代的全球化已經被界定為人類歷史上的新時代，認為人類各方面都將在全球化的浪潮下進行整合，而傳統的政經、國際結構將在全球化浪潮下被取代，尤其是在近代國際政治扮演重要角色的民族國

家。所以全球化建立一個新的全球社會，弱化了國家的重要性。

其次是懷疑論，認為全球化現象並非近代才開始出現，人類的歷史上不乏像是當前的高度互賴與連結的情況，全球化更可能是一種世界體系中核心國家經濟、文化、政治霸權上的擴散與繁榮，而非全球雨露均霑的正面現象。因此，懷疑論者認為超全球主義者過度樂觀，全球化的過程本身就高度仰賴核心國家的影響力，頗有馬克思觀點的思維影子，全球化是核心國家或是霸權運作的結果，甚至是資本主義擴張，伴隨殖民主義的手段，讓世界變得連結性更高。

最後是轉型主義論，認為全球化現象並無揭示一定的道路，從全球的政治單元到個人，都是建構全球化的一分子。在矛盾中依循著全球化現象建立、或是去適應新的規則。有如傳統的社會變遷理論思維，在轉型過程中出現邁向全球化發展的趨勢。

事實上，目前全球化的快速發展主要跟資本主義（capitalism）的興起有密切關係，以及隨之而來的工業化推動，加上國際貿易與國際投資的盛行，透過資金、商品、勞工、旅遊、投資、服務、資訊等業務推動，都有助於全球化的發展。

隨著全球化的發展，自然新的問題也不斷湧現，諸如全球暖化、跨境水資源、空氣污染、重金屬污染、核廢料、漁業資源過度捕撈等環境挑戰。全球化進程不僅影響著人類交往、經濟和社會、以及自然環境，同時這些因素也反過來作用於全球化。有「全球化」也有「反全球化」（anti-globalization）的發展，如全球經濟論壇的支持者，往往會出現有反全球經濟論壇的「全球社會論壇」來對峙，前者代表資本家的利益，而後者卻是代表著全球社會大眾的利益。儘管如此，反全球化其實也是一種全球化運作的現象，不會因為反全球化便會阻礙全球化發展，這似乎是一種全球化發展的弔詭地方。

基本上，全球化是一個多面向的過程，包括政治、經濟、社會、文化、軍事等，因此出現明顯的政治全球化、經濟全球化、社會全球化、文化全球化等現象，讓世界各地趨向於相同。當前學術界的觀點將全球化劃分為三大領域：即經濟全球化、政治全球化和文化全球化。

　　從經濟的角度來看，經濟全球化意指伴隨著世界資本主義的擴張，在這種市場機制下之生產與消費型態改變，以及通訊網路等形式不斷成長，甚至全球購物同步，甚至電競平台和物聯網（IoT, Internet of Things）的網路服務，也打破了以往購物的消費模式。甚至，許多人視過去二十年國際貿易及投資的成長，都視為是經濟全球化。基本上，經濟全球化可以分為商品市場一體化、勞動市場一體化、以及經濟市場一體化。

　　在政治全球化上，當國際組織越來越重要，便會顯示出政治全球化的發展趨勢。這些國際組織的管轄範圍不是單一國家，而是包括若干國家的國際區域，因而具有跨國特徵。多數國際組織形成於1945年戰後的時期，如聯合國（UN）、北約（NATO）、歐洲經濟共同體（EEC）及其後繼者歐洲共同體（EC）和歐洲聯盟（EU）、世界銀行（WB）、國際貨幣基金（IMF）、經濟合作與發展組織（OECD）以及世界貿易組織（WTO）等。通常超國家機構能夠將其意志強加於民族國家身上。政治全球化一方面側重在國家之間的關係發展，另一方面也反映出認同國際主義和某種形式世界政府的理想主義信念。例如對於民主人權、地球環境、發展不平等、安全風險等議題，都會影響到全球政治的關注。

　　在文化全球化上，其實文化全球化也是一個整合過程，世界某一地區產生的信息、商品和觀念進入全球的流動當中，往往會「拉平」（flatten out）民族、區域和個人間的文化差異。

　　此外，文化全球化也會受到跨國公司的成長影響，以及出現全球商品流通的驅動，這種全球化過程甚至會被說成是「麥當勞化」（McDonaldization）或是「美國化」的現象，或是稱為「跨國企業化」的經營現象。其實世界各地都有肯德基炸雞（KFC）、好萊塢電影、NIKE跑鞋、Reebok、可口可樂、百事可樂、和星巴克咖啡（Starbuck）等，都可以視為是全球化的現象（李茂興、徐偉傑譯，2000）。

　　然而，文化不僅可以服務於全球化的發展，也可以制約全球化內涵，也就是出現「在地化」（localization）的現象。這些跨國企業一方面向世界兜售商品同時，還需要對本土文化和社會習俗有所關注。如麥當勞的連鎖店分布在世界各地，但是每一家麥當勞都並非只有美國口味的食

品，很多時候都會因應當地材料的供應問題，而作出相應的配合，或是加入當地的文化特色與飲食習慣，加以「全球在地化」的發展策略。諸如在印度的麥當勞便不可能販賣牛肉漢堡，在回教世界麥當勞也不會出現有豬肉的商品。

更值得一提的是，就是所謂的「資訊革命」（information revolution），在資訊科技的精進下，更為社會創造出「資訊社會」（information society）的發展時代。資訊革命所推動的流行全球文化和全球經濟，透過衛星通訊、長途通信網絡、資訊技術、網際網路以及全球媒體企業，創造出一個全球「資訊文化」與「資訊經濟」發展的時代。

事實上，全球化伴隨著「資訊社會」（information society）或稱「數位社會」（digital society）的發展，不僅加速了全球化更有機連帶的整合，以及範圍空間更廣的活動領域，也將社會帶入一個資訊經濟時代，不同於過去的農業、工業社會的發展模式。而當資訊社會的來臨之際，勢必也會帶動全球在「智慧社會」（smart society）、「智慧經濟」（smart economy）和智慧城市（smart city）的發展，將世界帶入到全球數位化的年代。

資訊化社會是一個延續性的全球發展現象，從來自農業化生產的社會，即依賴農業生產形式來獲取農業資源，經由工業化革命而形成工業化社會，其生產的形式主要是製造與裝配生產，再經由以服務業為主的後工業化發展時代，尤其以資訊化革命的衝擊最大，而進入到資訊化社會和資訊化消費的年代。在一個資訊社會中，資訊的創造、分發、散播、使用、整合和操縱是一種重要的經濟、政治和文化活動與手段，「資訊」成為一種新的生產模式，誰擁有資訊科技的技術優勢，誰便會擁有經濟競爭力，也將成為新一波社會階級組成的動力來源。

「資訊化」（informatization）概念產生於日本，於1963年由日本學者梅棹忠夫在《資訊工業論》一書中描繪了「資訊革命」和「資訊化社會」的發展，預見在資訊科技的發展下，將會引起全面的社會變遷，將社會推進到「資訊化社會」。進一步而言，資訊社會的目標是通過具創意而有效地使用資訊科技，以取得國際上的競爭優勢。在經濟上相對應的就是

「知識型經濟」，即是通過開發知識來創造財富。有能力參與這種社會經濟活動的人會被稱為「數位公民」，讓資訊社會進入到一個嶄新的社會發展階段。

一般說來，產業革命將人類文明從農業社會推進至工業社會，而資訊與通信科技的發展，正在將人類文明進一步帶入到「後工業」的資訊社會，而後工業社會的特徵在於資訊成為生產、消費及交易的主要方式，社會經濟活動因而也集中在資訊的創造、處理和傳播（Bell, 1976）。再者，資訊社會的發展主要訴諸於五個面向：即科技、經濟、職業、空間、和文化等因素的結合。資訊社會被視為是工業社會的繼承，而其有緊密關係的概念也常包括有：後工業社會（Daniel Bell）後福特主義、後現代社會、知識型社會、遠程通訊社會、資訊革命，以及網路社會等等（Webster, 2002）。而資訊社會通常有下面幾個重要特質：一是資訊或知識商品化；二是大量的資訊工作者；三是多樣化媒體的充斥和豐富的網路訊息；四是科技知識，尤其是資訊科技的廣泛運用；五是個人與組織之間密切的資訊關聯性。

總之，多年以來，全球化與資訊化已經重新定義了工業、政治、文化，甚至或許還有社會秩序的基本規則，儘管二者闡釋著不同的現象，但在社會、政治、經濟及文化方面的功能影響卻存在著顯著的重疊。全球化與資訊化將對社會的文化和社會結果產生巨大的影響。一方面，全球化與資訊化可能會削弱國家制度作為政治制度的概念。但隨著國家地位重要性的下降，跨國公司、非政府組織以及「超強個人」等都提高其影響力和重要地位。另一方面，全球化與資訊化使資訊得以有效流動，因而個人和社會可以由此獲得巨大的權力和利益，扮演更重要的國際政經角色。

第九章

公共抉擇與集體行動

　　「公共抉擇」與「集體行動」已成爲政治經濟學研究的一個重要領域，隨著理性抉擇（rational choice）、博奕理論（game theory），與社會交換理論（social exchange theory）的興起已受到重視，這些研究觀點（approaches）已被經濟學家、政治學家，與社會學家所採用。事實上，這些觀點也常被用來了解社會、政治，與經濟政策形成的過程，特別是對於如何透過集體行動組織（collective action organizations）來影響政府公共政策（public policy）之形成，這也變成了公共行政研究的重點，尤其是對利益團體（interest groups）或稱組織化團體（organized group）的分析，究竟這些利益團體該如何運作，才能影響公共的決定（public decision）（Salisbury, 1975; Knoke, 1990）？

　　有組織化的社會集體行動已變成政治活動中的主要現象，透過組織的動員，團體行動才得以持續；換言之，「組織」將使相同目標成員結合一起，在政治上形成一股穩定而較大的對抗力量，進行社會運動。沒有組織，將沒有運動，沒有運動，將很難形成社會改革的動力。利益團體可以說是這種有組織化集體行動的最佳團體寫照，對政府而言，這些利益團體便成爲所謂的「壓力團體」。然而，利益團體並非只是針對政府抗爭，爭取其團體利益而已，也往往與其他利益團體相抗爭，當然，利益團體普遍地出現，必然要在一個現代多元化結構的社會結構下，才能得以存在（Berry, 1984; Bayes, 1982）。這就是民主政治社會的基本特徵。很清楚地，組織化的集體行動已經成爲政治行動不可或缺的工具，透過社會運動施予政府壓力，可獲得符合其團體利益的公共政策擬定。因此，政治現象也只不過是組織運作的現象而已，而組織集體行動有效動員，也將有效地對有限的社會資源進行再分配方式，也就是說，沒有組織現象，就沒有政治現象。

　　關於集體行動與公共抉擇之研究可從兩方面來加以討論，才能進一步了解其眞相與脈絡。一方面是從集體行動組織中所包括的兩個相互關聯要素（即個人成員與制度）的觀點著手，透過這兩種要素之相互作用，基本上反映出三種型態的面向，一是從個人行動之層面，來看其集體行動之目標與價值，可能是透過組織形式運作，也可能是在沒有制度的情況下

進行；二是從組織本身的立場為出發點，在組織的高度發展下，必然會朝向科層化（bureaucracy）的發展，也會產生「寡頭鐵律」（iron law of oligarchy）的領導方式（Michels, 1966），甚至，會出現組織目標與利益跟領導團體（ruling group）之目標與利益大異其趣的現象。假若前面兩種配置在一起，必然產生利益衝突，這也就形成第三種的互動研究觀點，領導階層如何控制組織、利用組織，來達到其控制資源分配的目的；相對地，個人又如何的利用組織的運作，來增加其個人享有的資源與分配。表面上，兩者間的關係是對立、衝突的，但實質上，兩者卻因對外與對內層次，集體個人行動目標與組織目標之並立，而有不同的結果，這個觀點與下面另一著眼點有相似之處。

另一方面是從政治經濟學的觀點著手，來分析集體行動組織與政府的公共抉擇間的相互關係，基本上，它連結（linkage）了微觀（個體）層次（microlevel）的個人理性選擇，與宏觀（總體）層次（macrolevel）的組織集體社會行動，探究組織是如何的對其成員進行有效的控制，並且如何有效地動員（mobilization）其成員，以獲取其組織目標與利益。

針對公共抉擇與集體行動關係之探討，將從三個模型（models）之研究為出發點；其次，將對集體行動組織進行分析與說明；最後，將試著探討公共抉擇與集體行動的相互關係。基本上，本章的研究方式將著重在對理論理解性（comprehensive）的詮釋，以及進一步說明兩者間的關係，對政治經濟學而言，本章節的研究方向是設定（setting）在對內部利益團體與政府之間的相對關係，與前面幾章向外部（國際間）的研究架構，有明顯地不同之處。基本上對政治經濟本質而言，集體行動是一種政治，也是一種經濟，更是一種社會參與之方式與手段，而「公共抉擇」可說是集體行動之所歸，「公共政策」的形成卻是集體行動的結果與目的。

壹、抉擇理論模型之探討

一、理性抉擇模型（Rational Choice Model）

　　理性抉擇模式是建立在實證（positive）的基礎上，理性的觀念存在已久，例如柏拉圖、霍布斯、康德、休姆（Hume）、邊沁等人均對理性有相當的論述。基本上，理性（rationality）的標準被視爲是社會的基本結構，理性對個人的意義來說，也就是對事務進行合理的抉擇與精細的評估。一般說來，個人理性可分成兩種，即工具性的理性（instrumental rationality）與認知性的理性（cognitive rationality）。前者所處理的是有效手段與被追求目標間一致性的問題；而後者則針對當前信仰規則（belief）與被延遲訊息（detained information）一致性的問題。也就是說，前者是如何在受到限制（就是確定或可能不確定，probabilistic uncertainty）的狀況下，將效益極大化的行爲；而後者意謂著理性的預期（rational expectation）狀況，這是較心理層面的假設問題，尤其當個人處於對外在環境資訊來源不完全或不完美時，抉擇將反應出個人對情境變化之理性評估結果（Walliser, 1989），兩者關係到目標（goal）與信仰規則，以及個人對情境條件的確定性。個人往往會建構他自己與社會環境關聯的信念，也會受到自己的這套信念與其他人之影響，使得表現出行爲效率的程度有別。

　　工具性與認知性理性對個人（an agent）下決定選擇的過程來說，也可被視爲是彼此互補的，例如能動者亦多少反應出個人內在行爲的邏輯，而後者也多少關聯到個人與外在環境的關係。因此，不管如何，一個人之理性表達方式將牽連到幾項面相，如個人信念（belief）、外在環境（reality）、資訊（information）、事理一致性，與社會規範價值等，才能掌握住理性的概念。

　　在理性抉擇的模式裡，通常受到了工具性與認知性兩方面相互不斷的影響與互補作用，醞釀出個人理性的標準（Bray, 1982）。理性標準也深受到幾個因素的影響：第一、對資訊的選擇，經由觀察，發現或其

他管道獲取，當然，資訊來源之精確性與充分性將影響抉擇的正確度；第二、個人之知覺（perception）問題，往往會影響到對控制手段（the degree of control on means）的高估或低估，也會受到結果價值的影響，反映出知覺與現實的差距，或價值與理性的不一致的問題；第三、個人經驗學習過程（a learning process on determiners），學習過程不僅會改變其認知架構（cognitive scheme），接著將修正其選擇行為或其偏好程度，所以，學習過程多少是一種行動的選擇，甚至是「選擇過程的修正」（modification）；第四、外顯效果的過程，關係到在某一情境下，對於執行某一決定所獲得之結果過程之觀察，也就是對因果關係之歸納，尋求出一些行為與目標獲得之規則，只要改變選擇或更換策略，將會獲取可預期的結果；第五、關係到公平分配與效益選擇的問題，理性的標準牽連到公平分配與效益的信念，而往往此兩者又處於對立的基礎上，常困擾著個人抉擇的行為。其實，這五種因素是息息相關的，只是層次與面向不同罷了。

　　根據Luce與Raiffa（1957）之研究，將理性抉擇模式提出四種不同的型態：第一、個人在情境確定（certainty）的狀況下做決定（division-making），也就是在許多不同的選擇下（alternatives）做評估；第二、個人在情境具有風險或不確定的狀況下做決定，由於訊息的不足產生類似打賭（bets）的現象，也就是說對其選擇之行為無從獲知其結果將是如何，如賭賽馬就是一個典型的例子；第三、個人之決定受到個人間互動的影響，個人間的互動不是在不合作的情境下進行，便是在合作的遊戲下妥協（negotiation）或討價還價（bargaining game），也就是相互臆測的遊戲模式，自己的選擇是對方反應的結果，這種型態也就是在任何情境下牽扯上參與者間的互動關係，便可被模塑為一場遊戲（game）；最後是集體或社會決定的形成，直接影響到社會福利政策的抉擇，這關係到公共抉擇的問題，如何在社會上將不同個人之不同偏好（preference）等級化（ranking），再凝聚（aggregate）所有個人之偏好等級，反映出最大多數人的最大偏好與傾向，公民投票往往是反映出社會選擇最典型的例子，也是有效的政治方式之一。集體行動之目標，也暗示著是一個群體或團體，

階級，組織，族群之抉擇，大多數人的最大偏好與期待。理論上，社會福利政策正好能傳達大多數人的最大利益，也表達了大多數個人的集體決定（collective decision）表徵，第三與第四類型將是分析的重點與方向。

　　Olson（1965）從理性自利為出發點，分析個人利益與團體利益之相互衝突的現象。他認為個人是理性自利的經濟人，最佳的方式是坐享團體爭取到的資源或公共財（public good），而不必奉獻自己的力量，這些人便是所謂的「搭便車者」（free-rider），「天下有白吃的午餐」便是對搭便車者而言；尤其是對公益性的大型團體而言，便往往會製造出一些搭便車者，只享權益，不盡義務。而出現搭便車的問題，在政治性的團體組織裡尤甚於社會性和經濟性的團體組織。Olson對團體大小（group size）、成員，與公共財（public good）提出一些論調，第一、假如團體組織的目標與提供的利益是公共財的話，將降低個人加入團體組織之意願，因為公共財並沒有具有排他性，當團體組織達到目標時，無法避免也無法防止非其組織之成員享受這目標成果；也就是說，不加入團體組織之個人，也能與參與組織之成員，同樣享有團體組織經奮鬥而獲取的目標成果，例如，工會運動、環保運動、社會福利，與民主運動等，均具有公益性的特質。第二、對一個大型的團體組織，易於產生搭便車的行為傾向，尤其當個人感覺到其個人對團體組織目標的貢獻微不足道時，會降低個人參與組織的意願。個人是理性的行動者，其貢獻在不足以對目標獲取有絲毫地影響，而且每個人也可以享受到目標成果，那麼一個理性的個人自然不會選擇參加組織，去為目標盡力。第三、然而每個人都是理性者，終究沒人參與組織，團體組織之目標將無法獲取，個人又怎麼會有白吃的午餐呢？第四、基於上面三項前提，可知團體組織的大小也會影響到個人參與的傾向，因為每一成員所做出的貢獻，均直接的影響到目標的達成，每個人在團體內的相對重要性提高，也相對地應付相對責任，個人沒有成為搭便車者之可能。第五、對大型團體組織的運作，為防止搭便車者出現，就必須提供選擇性的誘因給予其成員，才能提高個人參與的意願（Barry and Hardin, 1982; Reisman, 1990）。

　　Olson的理論直接威脅到馬克思的勞資關係立論，馬克思對資本主義

的分析，認爲由於資本主義發展與其內部階級矛盾，勞資階級的對立與利益衝突，在勞工意識到資本家對其利益大力剝削，終將產生階級意識，勞工集體行動隨之興起，也是推翻資本主義體制的動力。在勞工專制下，過渡到社會主義的體制，也就是馬克思所詮釋的「理性的自私考量乃是集體行動的動力」。依據Olson的論調推演，假如個人（指勞工）是理性利益考量者的話，如上所述，勞工的集體行動根本不可能發生，因爲勞工不會參與集體行動，不用奉獻己力，一樣能分享到集體行動目標的成果，勞工集體行動也會在搭便車效應下瓦解。也就是說，並非所有遭受壓迫剝削的人，都會「自動自發」的參與集體行動；同時，個人理性自私的考量，也將阻礙集體行動的產生。當然，這種爭論點的衝突與矛盾，主要關鍵仍在於方法論之宏觀與微觀分析處理所造成的差異。

　　公共財、個人選擇行爲、兩人遊戲相互抉擇行爲，與個人和團體的關係可以從圖9-1看出其間的關係（Olson, 1965）。從圖9-1可知，對個人最有利的狀況是型III，即我不貢獻任何勞力，而由他人提供公共財，是個人之最佳選擇，也就是搭便車者；當個人選擇不貢獻時，最糟的狀況也只不過其他人（多數人）採取不貢獻的方式（即型II），縱然如此，對個人而言，也無任何的損失。然而對團體最有利的是型I，大家來貢獻。型IV是個人貢獻，而他人不貢獻的狀況，這對理性的個人而言，是件不可能會發生的事，但若發生，這將是下面將討論的規範性之抉擇問題，個人之抉擇並不完全只是強調利益而已，有時亦有爲他人服務的熱誠。除此之外，也闡述了另一個意涵，即是個人理性的利益是否與團體的利益一致的問題？圖9-1顯示出個人利益層次與團體利益目標層次連結上的差異，這一點與上一段所言宏觀或微觀的不同，頗能吻合一致。

　　遊戲（博奕）理論與Olson的論點非常相似，參與者可以是個人、團體、或者是一個政府、國家，其所必須具備的條件有三：第一、不了解對方意向的情況下，則彼此將進行妥協商議（bargaining or negotiating），以取得有利雙邊的最佳選擇；第二、要有確定適切的目標；第三、要有訴諸於理性行動的能力。基本上，遊戲理論是一種抽象、演繹制定模型，不論及實際上是如何的做抉擇，只是說明一種競爭狀況，個人的行爲如何合

他人（或團體）

我 （或個人）		貢獻	不貢獻
	貢獻	有公共財 I	無公共財 II
	不貢獻	有公共財 III	無公共財 IV

圖 9-1

乎理性，將會如何的抉擇。其最大的特點，乃是個人無法判斷做一最佳的選擇決定，必須視對方的行動與狀況而定，當雙方處於對立競爭時，遊戲理論策略的應用，便是爲求個人利益的極大化或將個人損失降至最低。「囚犯難題」與「雛雞競賽」便是最佳的兩個例子，而策略（strategy）與極大極小（minimax，就是損失極小化或利益極大化的原則）的應用是遊戲理論中的兩個重要概念。這就如前面所言，如何理性地運用策略，將可能造成之損失減至最低，或將可能獲取的利益提增至最高，所以，很清楚地，一個理性者的行爲必然會傾向於保守作風，努力地避免風險的承擔。然而，避免冒大風險，又如何能獲得最大的利益呢？事實上，在爾虞我詐的現實遊戲對抗中，很難得知對手的眞正目的與價值（real payoff values），最佳或次佳抉擇將面臨困境；而且，所依據的標準是認知主觀思維運作，抑或是現實環境客觀評估，也將使抉擇者在遊戲競技中處於困境。不管如何，遊戲競技所顯示的是一種理性的形式，損失極小利益極大（minimax）也將成爲遊戲競技中的最佳理性策略（朱志宏，1983；林水波與張世賢，1989）。

二、規範順從模型（Normative Conformity Model）

規範順從理論對理性模型產生莫大的挑戰，認爲人除了理性的自私考量外，尚有道德、價值規範，與利他的動機與考量，個人行爲受到社會規範期待價值的影響甚鉅（Marwell and Ames, 1979; Alfano and Marwell,

1981）。經濟學家似乎較傾向於理性模型的探討，而社會學家則支配了規範順從模型的研究（Knoke, 1990; Mueller, 1989）。

　　規範（norm）是社會行為的準則，指導著社會成員適宜且符合社會要求的行動，規範在社會情境裡規定互動的個人行為，意涵著公正公平的觀念。個人經由社會化（socialization）的過程而獲得，在一連串學習、模仿、認知、順從壓力（pressure from comfirmity）、互動，與懲罰行為偏差等作用下，社會人的行為多少變成了模式行為（patterned behavior），也誠如涂爾幹所言的社會事實（social fact）般，在集體意識（collective consciousness）下，產生一致模式之規則性的行為反應（patterned regularities in human behavior）。韋伯對於個人之社會行動，也提出四種類型：第一、人的行動可能是有意義與目的的理性行為，這歸屬於理性抉擇模型；第二、人的行為可能是價值取向的，也就是規範性之行為；第三、可能是由情感動機所引發的，這是下面將探討的第三個模型；第四、基於吻合傳統的規則行動，表現出從眾、順從、服從的行為，視為理所當然的反應。第二種與第四種是較為傾向於規範順從的模型探討。理性與社會價值在通常的情況下是一致並行的，也就是說在一個社會裡，選擇有價值的事物也往往是一種理性的抉擇與反應，爭取社會所贊同的目標是理性行為的抉擇。然而，價值與理性（利益）卻又常會發生不一致的現象與結果，從個人與團體立場、從主觀與客觀思維，或從內在與外在條件等層次之不同，即產生了規範與利益不同步的現象。Parsons（1937）受到韋伯的影響，也提出社會行動的理論，認為社會行動是受到社會規範內化（internalization）中自願個人意志（voluntary individual will）與集體主義（collectivism）兩個因素相互的影響。社會行動牽扯到四個要素：第一、產生在一個環境下（situation）；第二、有助於行動者達成目的的手段或方法（means）；第三、阻礙獲取目標的障礙；第四、必須在社會規範所容許的程度內進行。也就是說，行動者在互動過程中，一方面將尋求適當途徑，利用社會文化贊同管道爭取目標，另一方面也意圖避免受到困擾與障礙。這種方式正好吻合Mills所言「社會學的想像」有異曲同工之處，企圖連結個人行為與社會結構的相互關係，換言之，將

個人行為置於社會規範架構（framework of social normative structure）下探討，將能詳盡的勾劃出規範順從的模型。

社會規範在社會交換理論（social exchange theory）中也扮演著極重要的角色，即社會行為是一種交換行為，而交換過程必然在公平交易的基礎上進行，行動者雙方勢將從理性為出發點，考量其成本與報酬利潤的問題。如果交換雙方不能彼此獲得滿意，則沒有必要交換，這種交換結果，似乎是建立在「雙贏」的基礎上，而非零和遊戲規則，然而，不同的投資或交換的東西，並非只是在於可以衡量的有形物質上（如財富貨幣、商品），無形的社會贊同（social approval）行為與事物亦可交換（如喜愛、幫助、聲望、痛苦、機會、支持等）。進一步言，交換理論也揭示了個人間互動之妥協商議的交換行為。

規範性的價值往往是無形的、不可量化的，不若利益（潤）與財富是有形而又具體可數的，一般說來，規範性價值，如利他（altruism）、忠誠（loyalty）、善惡、好壞、是非對錯之信念、意識型態、友誼、愛、權力、宗教信仰、領導、暴力、守法、教育、歧視、偏見、安全（security）、聲望、地位、贊同、文化、風俗、習慣、同情心、理念、奉獻精神等，均會影響到個人的行為傾向。也就是說，個人理性利益考量並不足以完全左右其行為，對規範性價值的信守與順從，也往往會支配個人的行動。例如，選舉投票行為、犧牲小我完成大我之行為、環保運動、民權運動，或公益團體等，其動機均受到規範性行為的影響。其間，或許有許多搭便車者，但也不乏許多默默耕耘奉獻者，更有許多信服公平主義者，不願意「搭便車」，占人家的便宜，也不願意平白犧牲付出。然而，當仍有許多默默奉獻者的存在時，而且規範性順從者似乎也會繼續持續下去，這也顯示出搭便車者仍有存在的可能性，也是讓搭便車者存在的一個重要前提。

雖然，理性與規範性行動者模型企圖解釋個人行為是主觀且有目的的（purposive），而非客觀決定論的（determinative）；如前所述，兩者間最大的不同，乃在理性行動者抉擇所考量的是個人利益取向的（individual interest-oriented），相對於規範性行動者抉擇所憑藉的是社會

規範取向的（social norm-oriented）。縱然如此，假若規範被內化後，個人將喪失自主性與意願性（autonomous and voluntaristic）的抉擇程度，同時在社會順從規範與社會控制主導下，將決定個人的行為。對於理性行動者而言，個人對其所追求之「利益」行為，也只不過是受到來自個人對其「利益」本身之界定如何，而有所不同。而界定的標準顯然是社會規範的產物，個人只不過是在被決定之利益規範下進行個人行為而已。因此，不管是理性或規範行動者模型，均在個人自由意志、理性本質與社會規範決定、工具性質（instrumental quality）相互作用下進行（Knoke, 1990）。所以，假如這是一場社會遊戲（social game）的話，社會規範無疑是遊戲規則，提供工具與管道，以及利益目標架構，行動者只不過是在被設定的環境（environment）視窗下行動而已。

　　從組織學的觀點來看，韋伯與大部分的古典管理學者皆認為組織是理性的，因為組織是有次序、有規律的實體，組織的規章與法制將約束其成員的行為，而不是受到人為因素之影響（張笠雲，1990）。但是March與Simon（1958）之決策理論，似乎反映出不同的現象，認為「人」才是主導組織運作的因素，沒有人就沒有組織的活動與運作，而人並非是那麼的理性，所以組織的理性是值得懷疑的。然而從上面兩個觀點，或許可以發現，究竟人的行為是理性的，抑或是組織的現象才是理性？然而，組織加諸個人身上的行為，是否是一種理性呢？從個人的立場上來看，人往往會根據以往的經驗與情境中，來尋求答案或行動的依據，若是對未曾經歷或複雜的問題，將花費相當的工夫來決定。同時，通常人在尋求答案時，並不是尋求最佳的方式，而是最能令其本身了解與滿意的方式，而這種方式對組織決策或許有影響。從組織的立場來看，人是受到組織結構的社會化影響，人基本上已變成「組織人」，接受組織的目標、資料、規範等，決策的本質是組織，並非是個人，這種決策的模型，說明瞭人在決策過程中，只是組織的工具而已。但是從社會學的想像（sociological imagination）架構下，來看這種模型決策運作方式，可理出「組織結構與功能的形態，是受到組織成員所採行解決問題的過程」，而「組織理性選擇」的特徵卻又加諸在成員身上，形成一種循環運作變遷的動力。這種模

式關係發展出來的決策方式，傾向於漸進決策模型（incrementalism），也就是政策只是過去的加以修正而已（林水波與張世賢，1989）。

三、情緒反應模型（Emotional Response Model）

　　不同於前兩個模型，情緒反應模型是以「情感」（affection）為動機，社會學家與經濟學家對此模型的研究較少，反倒是心理學研究的重要領域，因為情緒難以捉摸，沒有規則可尋，情緒的行為更是難以理性方式推敲，情緒反應的目的也很多元化，不容易衡量，例如，愛恨、快樂、痛苦、同情心、友誼、不好意思、憤怒等。簡言之，情感是情緒的反應，其態度與行為難以用理性來評估，一般說來，情緒反應是一種自主性較高的表現，雖然，情緒往往被視為是「不理性」的現象，但終究它是另一種形態的行為反應模式（alternative mode），不若理性模型與規範性模型受到外在結構影響甚鉅，相形之下，自發性自主能力降低。在社會學裡，研究情緒與態度也泰半是社會心理學的重要主題，一些概念如動機、態度、情緒、意識、愛情、親近、喜歡、知覺、恐懼、需求、挫折攻擊、偏見與歧視等。基本上，情緒反應模型著重於個體或行動者的內部心理運作，也就是說，行動者除經濟理性觀念對人類物質的需求欲望外，仍有其他心理層面的需求欲望；如馬斯洛（Maslow, 1954）所提出的需求階層論（hierarchy of needs），認為人除了生理性的需求之外，尚有安全感、情感、尊嚴感，以及自我實現的需求。如果，行動者的行為只有經濟理性的話，必然產生某種程度的疏離感，加上機械化的互動與人際關係，將使大部分的活動僵化、形式化。芝加哥西屋電氣公司霍桑廠（Hawthrone plant）的研究，便是一個典型的例子。

　　表現在團體裡的個人行為與領導方式，往往導源於兩種因素，一是社會情緒導向（social emotional orientation），另一是工作導向（task orientation）；後者傾向於經濟理性的模式探討，而前者則關係到情感反應模式之研究。反應團體與個人間互動關係，人群關係理論可以說是最典型的一種。從「霍桑研究」的發現，才開始重視工作場所中的社會因素與

理性組織結構中的非正式團體，認爲組織中工人的自尊與士氣、團體動力、團體壓力也是重要的因素；因此，在監督與管理方法上，尤需強調與工人溝通與了解工人感受，以鼓勵替代高壓，給予發揮才能的機會，非僅止於金錢獎賞的誘因而已。而對工作滿意與領導兩個問題，便成爲人群關係的重點，所謂「工作滿意」是一種個人主觀心理的意識狀態反應，也就是源於工作的一種正面情感性的反應（Locke, 1976）。一般而言，對工作的滿意程度高低，取決於個人對其工作環境實際所得的報賞與預期所得報賞間的差距程度，差距低意謂著滿意度高，反之則低，這就是所謂的期望差距論（discrepancy theory）。以馬斯洛（Maslow, 1954）的需求理論最爲代表，主張人類的需求與欲望，必然會去加以爭取，來滿足自我；從最低層次也最爲迫切的需求，如生理和安全感的需求，滿足後續而追求較高層次需求的滿足，如情感、自尊，與自我實現。其實，對工作的滿意程度的探討，也可以轉換成對社會、政治的滿意研究，至少，從馬斯洛的五個層級的需求，可以找出一些變數，例如薪資所得、社會安全、成功機會、公平性、參與決策權、自主性、社會秩序等。

　　在領導方面是比較偏向於工作導向的探討，組織效率也往往深受領導方式的影響，領導人的性格特質（例如社會靈敏度、情緒穩定程度、外貌、統御力等）變成一個重要變數。所謂領導係指影響一個組織之活動的過程或行動，這些行動可以促使整個團體建立共同追求的目標，並完成團體的目標（Stogdill, 1974）。一般而言，領導的效率（leadership effectiveness）如何，主要取決於四個要素：第一、領導者的人格特質；第二、領導者與被領導者間的關係，團體成員對領導者之信任、支持、喜愛、遵從的程度；第三、工作結構，即工作目標之明確度、解決方案如何？決策的正確性等；第四、領導者之法定權力或職權，也就是領導者的正當性與權威性。領導的特徵只不過是在人情導向與工作導向間游動，傾向於人情取向，組織之人際關係是「合作的」，領導人的領導方式偏向民主；若是傾向於工作取向，組織之人際關係是競爭的，領導人的領導方式偏向於威權。但是往往前者民主式的領導效率比較高，效率高是一種理性的表現，然而卻建立在人際關係情緒表現融洽的基礎上。情緒融洽的組織

成員互動關係，表現在決策的過程中，必然是一種民主的領導模式，傾向於團體的決策模型，政策是團體間折衝後的均衡。相對地，一種威權的領導模式，則傾向於菁英決策模型，政策只是領導菁英的偏好而已。

貳、集體行動與利益團體

　　集體行動的組織是一個有目標取向的活動系統，而集體行動是去獲取目標的方式，如何發起組織團體成員之集體行動，來影響政府的決策，就是集體行動與公共抉擇的研究重點。

　　對於集體行動的研究，有三個前提必須加以澄清（Barry and Hardin, 1982）。首先，個人的行動與集體行動有別，一個理性者的行為是理性，但是許多理性者的理性累積，就不一定呈現出數學上累積的運算結果，有可能出現非理性行為。當然，團體組織的理性行動，也不一定是個人的理性標準，兩者間有相當的差距。儘管Olson（1965）與Hardin（1982）皆認為集體行動的問題分析，在結構上可以視同為一種遊戲之策略組合，也就是多人囚犯困境（n-person prisoner's dilemma）的分析，但是一群人對於其團體之集體利益追求行動，不會是一致的。

　　其次，集體行動的分析應該是動態的（dynamic），並非是靜態的（static），集體行動的問題是一直在發生與進行的，集體行動也絕不是單一抉擇的問題，而是在許多抉擇中所做出的一種結果，因此，強調抉擇受到個人間、團體間，或個人與團體間的互動關係影響。甚至出現在動態的研究裡，當理性受限時，會導致困境囚犯的合作或發生集體行動；相對地，在靜態分析架構下，當理性受限時，將排除合作的可能性。同時也會出現，合作的程度隨著遊戲人數的增多而呈遞減現象，進一步而言，當團體越大時，集體行動的邏輯越是傾向於反對合作。

　　最後，集體行動的邏輯並不是一個利益團體組織理論，而是一種是否有利益團體組織或其他類型之集體行動的理論。通常對集體行動的解釋，往往是從個人的動機來著手，個人決定了參與或不參與哪一種的集體

行動，所以團體的政治是由於許多人參與的動機增強，而表現出團體的行動。但是「成本」的觀念也是一個重要變數，有些集體行動試圖去影響政府的政策，其成本負擔卻相當的低廉，但是一些集體行動卻可能要付出相當的代價成本，仍不一定能影響政府的政策。基本上，在探討集體行動的重點是擺在團體的運作上，而團體裡的成員們必須假定其享有共同的利益。縱然如此，團體運作的成果對每個成員來說，都可能獲得好處，但假若從個人理性出發，完全以追求自我利益為主要考量，卻可能會產生降低個人參與集體行動的意願，終將造成無人想參與集體行動的現象，團體也將無法透過集體行動來獲取成果，團體成員將無法享受到團體所爭取的好處。

利益團體（interest groups）通常被界定為一個組織，不同於政府，但與政府的關係卻是十分密切的，利益團體試圖去影響公共政策，來爭取或維護團體的利益，所以，利益團體常被視為是一種壓力團體（pressure groups）。基本上，利益團體的活動提供了政府與社會一個制度性的連結，一方面利益團體必然挾持代表社會，利用其集體行動的力量，來影響政府的決策；另一方面，政府也在其正當合法性（legitimacy）與自主性（autonomy）的考量下，做適度抗拒或接受的反應。總之，由於社會的多元化，各種行業、階層、階級等組成各式各樣有形或無形的組織，藉以表達各自的立場，並向政府爭取有利的政策決定。

值得注意的是，利益團體的活動與推動，往往會落入到幾個領導者的身上，造成利益團體整體性目標與利益產生變化的情況。最壞的情況，也可能是最常見的現象，即以追求「公共利益」作為藉口，掩飾私人的目的，達到變相獲利的事實。利益團體透過利用集體行動方式，尋求立法來改善經濟利益，只圖某幾個人的私利，並非利益團體所有成員的利益，遑論社會所有人的利益。

利益團體在團體動力的運動過程中，會出現一些非理性的決策現象，整體的利益可能會被忽視，或採行風險較高具有挑戰性的策略，甚至只是少數人的利益代表而已。從團體組織的動力學觀點來看，利益團體之成員集體行動的發展，可能會出現四種非理性的團體運作，第一種是「團

體成員之社會附從」（social conformity）的現象，社會附從係指團體成員會改變自己的判斷，以接近團體規範或目標的行為要求。因此，集體行動的現象並非是一種個人理性的表現，而是個人為迎合團體的要求，無意當個偏差怪異者，因而反映在對權威的服從上，所以這一種的集體行動結果，個人的理性與團體的目標間，存在著相當的差距。第二種是「團體深思」（group think）的現象，傾向於團體決定的方式，認為只要大家一起來做決定，便不會有錯。通常團體深思會產生三種效果：第一、「集思廣義」的效果，也就是「三個臭皮匠勝過一個諸葛亮」與「英雄所見者略同」的情況；第二、出現保守傳統的團體規範決策效果，特別是當團體的凝聚力相當高時，便不可能出現集思廣益的情況，因為團體成員會試圖去維持團體的一致性；第三、產生更高承擔風險意願的效果，就是一種風險轉移（risky shift）效果，當大家一起來做決定時，反正是大家一起來承擔後果，個人不必負成敗之責，所以個人心態上會傾向於接受更多的挑戰與風險抉擇，這些行為絕不會出現在個人理性行為的抉擇上；這是一種去個人化的作用，自我會從團體中消失，特別是在暴動團體中，會喪失責任感的意識，而去接納團體的非理性意識，做出個人單獨時不敢做的行為（李美枝，1980）。當組織團體的成員人數越多時，則個人去個人化的程度也會相對地越高；也就是在團體裡面存在著「混水摸魚」或「搭便車」的那些人，也會因團體的增大而增多。

　　第三種是「團體決策的現象」（group decision）。決策的過程通常可分成四個階段：第一、資料的收集與交換，來決定方針；第二、分析和評估收集到的資料，並找出可能解決的辦法；第三、達成決議，排除緊張氣氛之高漲；第四、恢復團體成員間的合諧與平衡，強調團體團結的重要性。在決策時，除了團體深思的效果，能使一些不穩定的決策團體脫離現實，做出非理性的結果；另一效果是團體極化的作用（group-polarization effects），在團體討論與爭辯中，個人所做的決定，往往比他們原先所持的意見更加極端；也就是說一個人單獨做決定時，會比團體成員討論後的決定，來得溫和些。團體極化效果出現在團體討論後，將會更強化成員傾向於贊同或反對的態度，其實這正是一種參考團體價值肯定的效果

（Deaux and Wrightsman, 1983）。

第四種是「寡頭鐵律」（the iron law of oligarchy）的現象（Michels, 1966），當團體越來越大時，寡頭鐵律出現的可能性也會提高，也就是出現團體或組織被領導階層控制的危險現象。當團體成員人數增加時，團體決策便不可能經由全體成員的討論方式而獲得，最後決策會落在領導核心手上，代行擬定政策的權力。當團體被領導核心控制時，團體的目標也會漸漸脫離一般成員的利益與目標，甚至出現團體的領導核心會為了其本身的利益，出賣團體的目標，以及違背所有成員的利益。

一般說來，個人參與利益團體之集體行動的動機，不外有四種：第一、理性的自利主義，也就是搭便車者；第二、理性的公平主義者，只有當大多數人付出的時候，才會願意付出；第三、道德的利他主義者，不考慮個人利益只為原則的付出，表現出「犧牲小我、完成大我」的態度；第四、順從領導的合作主義者，在一個凝聚力高的團體裡，個人表現在接受領導的方式，是一種認同團體的整合行為，也可以被視為是一種「被迫式的理性行為」，因為可以避免受到其他成員的排斥，免於落入偏差行為者被歧視的困境。第一種與第二種是屬於個人理性的行為，而第三種與第四種是社會規範約束的結果，假如集體行動是建立在個人理性的基礎上，那麼會參與身體行動的可能性不高，除非所獲取的利益大於所付出的成本；但是透過集體行動能獲取的利益，卻是難以掌握與評估，個人的理性行為是不會任意承擔高風險的活動。或許可以說，大部分的集體行動皆始於個人利他主義與服從順應的非理性行為，也或許團體的目標是理性的，但是對個人而言未必是理性。同時，唯有在許多人的非理性行為下，才有可能讓一些理性者存在，所以，集體行動的發生，不可能所有的成員均是理性者，反而大部分的成員是非理性者，搭便車的效果便有可能產生。

利益團體與公共政策間存在著相當的關聯性，利益團體的活動，對公共政策帶來相當的壓力。一般而言，利益團體對公共政策之影響程度，深受四個重要因素的影響。首先是政策議題範圍問題，對於涉及層面較大的社會與經濟問題，政黨組織的影響力比較大；而相對於層面較小的事務上，政黨很少表明其立場，也少有興趣，在此情況下，給予利益團體有

機可乘。其次是社會發展程度問題，利益團體的興起與社會經濟的發展有關，工業化程度越高，經濟發展層次越高，社會分工越複雜，利益也越多元化，社會也越民主化，利益團體有大量增加之勢，利益團體的勢力越大，對公共政策的影響也越大；反之，威權的社會，社會多元化的發展受阻，利益團體的形成也受壓抑，無法發揮政策的能力。再其次是關於政黨勢力問題，利益團體的活動與政黨力量的強弱有關，在政黨勢力薄弱的社會，利益團體對公共政策之影響較大；相反地，當政黨力量強大而又團結時，利益團體對公共政策的影響力降低，代表著唯有透過政黨的運作，才能影響公共政策（朱志宏，1983）。最後，利益團體的特徵問題，例如團體規模大小，內部團結程度、動員情況、成員參與集體行動意願、享有之社會資源、投票能力等，皆會對政策有所影響。

　　國家機關（the state）與利益團體間，存在著某種的結構關係（Wilson, 1990）。一個組織健全的利益團體，雖然對弱勢國家機關（weak states）構成相當潛在的威脅，但是對強勢國家機關來說，卻有相當的幫助，因為利益團體對於國家機關政策方案的建議、監督與警示，將降低國家機關在政治上或施政上的缺失。在當今複雜的社會裡，國家機關的科層組織很少擁有去預測政策草案結果的知識，利益團體的功能就有如國家機關部分的神經，讓決策者能接觸到真實的世界，降低政策的缺失。除此之外，如果說利益團體是對社會資源分配和權利與權威關係的必然現象，那麼利益團體將有兩種型態的功能，一是維持原有的分配方式與權威結構關係，甚至在原有的權威與分配結構關係中，追求更多的利益與權力地位；另一是改變既有的分配方式與權威關係結構，以俾製造利益。其實，不同性質的利益團體間，雖不一定會發生利益衝突，但利益資源的有限，以及代表著利益衝突的團體，自然前者功能與後者功能是相對的，也就是既得利益團體與未蒙受任何利益的團體間，相互較勁。此時出現的型態有三：第一、前者趨向於保守派，後者趨向於改革派，形成兩股對抗勢力；第二、前者是執政的支配統治團體，與在野的被支配統治團體，形成朝野的對立關係；第三、前者是社會的優勢團體，後者是社會的弱勢團體，強勢的利益團體對社會資源、政策，與權力分配的影響，對弱勢團體

之利益會產生排擠的效果，讓弱勢團體一直處於劣勢，並企圖維持利益、資源，與權威分配結構之不變，改善其劣勢的地位，反之，弱勢團體或利益團體會企圖改變原有的利益、資源，與權力結構。

利益團體與其政治體制結構的關係，可以歸納出三種類型，即組（統）合主義（corporatism）、多元論（pluralism）與國家機關主義（statism）。在組合主義制度下的利益團體，其政治影響力高，而且利益團體願意配合政府政策的程度也高（Marks, 1988）。所謂「組合主義」是一種利益結合的體系，國家授予利益團體表達其利益的權力，以及政策制定的特殊地位，以換取國家機關對其團體之控制權（Schmitter, 1974）。組合主義可以說是一種社會政治運作的方式與過程，利益團體提出其壟斷性的利益，在制定公共政策時，與國家機關進行協商，在國家機關接受其利益，並納入政策，利益團體必須支持或賦予國家機關全權來執行政策，在國家機關主導下，政治組合主義有「同舟共濟」、「生命共同體」的認同（Cawson, 1987；朱雲漢與黃德福，1989）。因此，在組合主義的架構下，利益團體除了扮演支配性的政治角色，可以對國家機關提出要求之外，也扮演著代表國家機關來管制其成員的角色（Williamson, 1989; Wilson, 1987）。而在組合主義的政治結構下，利益團體與國家機關間的關係是一種交換關係，也呈現出互賴的關係（周育仁，1982）。國家機關的權力，主要來自利益團體的承諾與支持。Schmitter（1974）將組合主義分成兩種類型：一是社會組合主義，也就是新組合主義；另一是國家組合主義。後者的情況常出現在威權主義國家裡，國家機關擁有由上而下對利益團體的操縱權，少數利益團體基本上就等於整個國家機關般，不同於前者；而前者通常出現在已開發多元化的國家裡，利益團體享有由下而上施予國家機關壓力，來影響其政策，保護或創造團體利益。

多元論與組合主義的看法不同，組合主義之利益團體如上所述，少數之優勢利益團體扮演政治支配性的角色；而多元論則認為所有的利益團體在國家機關所提供的政治競技場上，可以透過自由競爭與妥協談判方式，來影響國家政策的擬定（Williamson, 1989）。多元論認為國家機關只是被動的依據社會利益團體的需求與支持，以及利益團體間的相互協議與鬥

爭，來制定公共政策。一種情況是國家機關只是承受團體壓力的場所，國家機關並沒有預設政策的立場，而是反映社會利益團體的互動結果，換言之，利益團體互動過程，將決定公共政策的形成；而另一種情況，特別強調國家機關扮演著仲裁協調的角色，在利益團體的互動中，提供公平競爭的場所，讓不同性質的利益團體，不管優勢或弱勢，均有表達其立場或利益所在的機會，勿使國家機關淪為某一利益團體營利的工具。國家機關擬定的政策是一個綜合的結果，是代表所有利益團體的一個最適當、最佳的政策決定（Chalmers, 1987）。Marks（1988）認為在多元論的政治架構下，利益團體對政治與政策的影響力相當大，但是利益團體會配合國家機關政策的程度卻很低。

最後，是在國家機關主義下的利益團體，呈現出對國家機關政策的影響力較小，配合國家機關行動的程度卻高。強調國家機關享有相對於社會利益團體的「自主性」（autonomy），以及「職能性」（capacity），重視國家機關為一獨立的實體，有其追求的目標與利益，完全不同於社會利益團體的利益（Skocpol et al., 1979；Evans, 1979；宋鎮照，1993）。所謂自主性就是國家機關制定的政策，並非只是反映社會利益團體與階級的利益而已，也充分表現國家機關的企圖與利益，顯示出國家機關利益有別於社會利益團體之利益。所謂國家機關的職能性，是指國家機關面臨社會利益團體重大的壓力時，如何應付並排解利益團體之影響，不致對國家機關所制定或執行的政策構成威脅（Wilson, 1990）。

參、社會行動與社會選擇

人之所以異於禽獸，乃在於動物行為常表現在刺激和反應之間，不同於社會個體乃是經由「社會化」（socialization）機制，會表現出共同規範的「社會行動」（social action）。因為社會是由很多個人所組成，社會和個人之間的連結，主要來自於個人與個人之間的互動關係和關係結構。而當個人表現出來的社會行動，主要還是來自於和其他個人的社會行動之

抉擇反應，在認知、考慮、判斷、和抉擇之中作反應，並進而調整自身行動。因此，社會互動很自然地成爲社會個體之間的社會行動的集合體，而集合體的呈現則會組成不同的社會關係、規範、制度和結構。

在社會行動上的重要社會學的古典論述，都關係到行動意圖、意識和目標，主要有三位著名大師特別重視。首先是社會學大師帕森斯（Parsons, 1937），他認爲行動是社會學分析的基本單位，主要包含下面四個要素：一、行動者（是行動主體）；二、目的或結果（行動的未來狀態和目標）；三、情境（行動的條件與手段）；四、規範（包括思想、觀念與行爲取向等制約行動的發展或影響手段的選擇）。

其次是米德（G. H. Mead, 1938）對社會行動的看法，他用衝動、情景與完成目標的觀點來規定行動的概念，米德認爲「一個行動就是一個衝動」。這個「衝動」是以選擇它需要的某種刺激去維持生命過程。因此，生物創造了它的環境，刺激是衝動表達的需要。然而，理智是刺激的選擇，這個選擇是使生命得以維持，以及幫助再建立自由的選擇。

最後是馬克思韋伯（Max Weber, 1968）對行動與反應的關注，他將社會行動視爲是社會研究的基本單位，並將社會行動理解爲理性行爲意義。韋伯把「社會行動」當作研究社會的主要內涵和機制，他區分了四種社會行動的理想類型：一、目的理性行動（也稱工具理性行動）；二、價值理性行動；三、情感的行動；四、傳統的行動。韋伯認爲只有前兩種類型的行動，就是「目的理性」。而「工具理性」與「價值理性」的行動才屬於合理的社會行動。

「社會行動」若是被視爲社會的基本單位時，那麼社會行動具有四個重要的判准：一是社會行動具有社會意義和社會價值，也就是社會規範的反映。二是經由社會化的機制，讓生物個體轉變成符合社會期待的社會個體，也就是在社會遊戲規則上，社會的個體能有所依據，而能夠和其他社會的個體進行互動。三是社會行動的選擇也將是一種抉擇，而其抉擇的依據，主要又有三個層面：第一層面是依據自己個體的偏好、嗜好、愛惡、感覺、個性而定，另一層面就是來自社會規範所組成的社會價值，如態度、價值、對錯、動機、理想等。第三層面是來自於社會誘因，如財富、

權力、聲望、地位等。

　　選擇理論觀點認為選擇行為是我們社會生活的中心環節，因為導因於生存、愛、依附、權力、自由、樂趣、偏好、尊重、成就、財富、安全等，自然會影響到個人的社會選擇。個人在社會結構、社會制度、社會規範、社會行動、社會互動、社會交換的過程上，簡言之個人都只是在一連串的抉擇與互動反應。因此，選擇是一種社會行為的原動力，也是社會互動過程中在「刺激」和「反應」上，所產生出來的一連串思考與價值選擇，在個人的偏好、態度、價值、感受、動機上等多面向上的忖度，選擇出符合自己的良好選擇的社會行動（social action）。

　　很明顯地，在社會日常生活當中，人們的社會互動關係其實都面臨著「選擇」，選擇要買什麼、要做什麼、要獲得什麼、要送什麼、要生產什麼、要交換交易什麼等等，一連串的互動關係，其實也是一連串的思考與選擇，如何做到「最佳」的抉擇和選擇，無疑地便是所謂的「理性選擇」。而社會行動在某種程度上來說，就是社會選擇行為的結果和表現，社會行動的基礎也是一種具有規則可尋的行為，而且可以預測，發展出理性社會行動的選擇理論。

　　基本上，理性選擇理論主要以個體為分析單位，並以分析個體在韋伯社會行動中的「工具理性行動」為主。儘管後來理性選擇範式經過了修正與延伸，並將「價值理性行動」包括在內。

　　因此，理性選擇模式的基本理論假設包括有下列幾個原則：一、個體會追求自身最大的利益；二、在特定情境中會有不同的行為策略之選擇；三、在個體理智的抉擇上，不同的選擇會導致不同的結果；四、個體在主觀上的不同選擇，會有其不同的偏好排列。進一步來說，個體理性的目的就是極大化利益，或是效用最大化，而理性行動者會趨向於採取最佳的策略，並以最小的代價來取得最大的收益。

　　總之，由社會選擇理論發展出來的研究分析，逐漸可以跟古典經濟學基本假設的「經濟人」概念結合，即假定個人在一切經濟活動中的行為都是合乎理性的，也就是以自利為動機，試圖以最小的經濟代價，去追逐和獲得自身最大的經濟利益。「成本極小化、利益極大化」就是經濟理性行

爲的基礎。這跟理性選擇理論所講的「理性」，就是解釋個人有目的的行動，以及其所可能達到的結果之間的聯繫的工具性理性。

最後，最值得一提的當代知名學者科爾曼（James S. Coleman, 1990），他的理性選擇理論更具代表性，他於1990年出版的《社會理論的基礎》（*Foundations of Social Theory*），主張連結微觀與宏觀，並以個體行動爲出發點，而以宏觀的社會結構爲目標。

科爾曼主張用系統的不同組成部分，如個人、群體、組織、制度的行爲來解釋系統的行爲，稱之爲系統行爲的內部分析。也就是說，柯爾曼進行的是以個人理性行動爲基礎的多層次解釋，個體是如何合理性地展開行爲獲取最大效益，而這些眾多個體理性行爲又是如何形成社會規範，從而形成社會系統和社會秩序。

理性選擇理論以「理性人」爲基本假設和出發點，以效益最大化爲行動的追求目標。「理性人」不同於經濟學的純粹工具理性之「經濟人」假設，也不是社會學對受限於社會規範的「社會人」單面向的認知，而是處於社會互動、社會關係中的能動選擇的主體，獲取最大利益的主體。交換環境基本上包括三個基本要素：即行動者、資源、以及法規。所以具有目的性的理性人，都是有一定程度的利益偏好，去從事著各種經濟社會行動，爭取有限的資源，並在行動系統、行動結構、行動權利、以及社會最佳的基本法規概念上，建構這些概念來形成理性選擇理論的基礎。

柯爾曼認爲「合理性是理性行動者的基礎，而行動者的行動原則可以表達爲最大限度地獲取利益」。理性人的合理性行動促成了社會規範之形成，也孕育了社會結構和社會團體組織，同時也讓行動者在社會規範下的遊戲規則中，實現行動者在爲各自利益而進行各種交換互動，交換雙邊有限資源的最有效方式，通常資源的種類也很多，包括財富、事件、物品、信息、技能、情感等，資源是行動者進行行動的條件及保證，而最終此種交換互動關係結果，會形成一種持續存在的社會關係，例如權威關係、信任關係、互賴關係、生產與消費、分配與交易結構。

因此，「理性人」兼有「經濟人」和「社會人」的性質，既追求最大利益又受社會關係的制約。所以所考量的理性效益，並不完全局限於經濟

效益，還包括有社會的、文化的、情感的、道德的等多種偏好影響下的其他效用，而理性人正以這些合理性的行動與考量，去追求這些效益的最大化。

其次，在科爾曼看來，交換關係最能夠說明行動者之間的社會結構。因為最簡單的行動系統是兩個人之間進行資源交換。在資源交換過程中，每個行動者通過交換系統運作，交換雙邊的個體都期待為自己帶來最佳好處。對社會規範或是社會制度來說，無疑地也會被認為交換制度不僅是自願的，而且可以創造雙贏，這在經濟學領域上，會被視為是自由市場機制的制度。可是一旦交換超出經濟領域進入到非經濟領域，如政治領域，那就意味著交換可能進入非自願的、強迫行動領域，威脅和允諾都被看作交換，在政治領域可以被視為是經濟管控或是場管理，很自然會產生所謂的「競租」（rent-seeking）現象。

事實上，個體的社會行動必須依賴於社會規則或規範，這也是一種集體行動的博奕過程，這與其主體成員的構成、社會關係的結構、可供選擇的方式等密切相關。那麼個體的社會行動如何結合成社會行動法則？科爾曼提出了社會資本概念，認為現實社會中存在著諸如信任關係、權威關係、社會規範等等「社會資本」規則，一方面有自己個人之經濟利益考量，另一方面又有社會規範與制度的限制，而制度規範的提供與依據，基本上可以降低社會交易成本，但另一方面又可能會提高了交易成本。

在這種個人理性與社會制度影響下，個體理性的行動者便會處於「帕雷托改善」（Pareto Improvement）的狀態，如何達到「帕雷托優越」（Pareto Superior）的境界，甚至真正達到所謂的「帕雷托最適」（Pareto's Optimality）目標。對此，無疑地當個體理性行為在利益競爭考量和集體行動的搭便車之間，找到一種協調個人利益和集體利益之間的最佳理性選擇，才是可以理解的理性抉擇狀況與最終可能的結果。

參考文獻

第一章

一、中文部分

林華德　1990　*財政學要義（三版）*　台北：通美彩色有限公司。

宋鎮照　1993　「依賴發展的政治經濟學分析：一個理論研究架構的探討」　*思與言*　第31卷　第2期　51-87頁。

蕭全政　1988　*政治與經濟之整合*　台北：桂冠圖書公司。

彭懷恩　1990　*台灣發展的政治經濟分析*　台北：風雲論壇出版社。

郭建中　1992　「政治經濟學與台灣政經發展經驗」　*國立台灣大學中山學術論叢*　第10期　89-107頁。

周育仁　1992　「政治經濟學重要研究途徑之分析台海兩岸政經發展經驗」　*台南成功大學學術研討會論文*　一月分。

羅清俊與陳志瑋譯　1999　*公共政策新論*　台北：韋伯文化。

陳恆鈞、蔣麗君、韓家瑩、侯淑嫣、周劭彥譯　2004　*最新政策分析：概念與實踐*　台北：韋伯文化。

蔡育岱與譚偉恩　2008　「人類安全概念之形塑：建構主義的詮釋」　*政治科學論叢*　第37期　49-94頁。

二、英文部分

Adam Smith. 1776. An Inquiry into the Nature and Causes of Wealth of Nations. New York: Modern Library.

Caporaso, James A. and David P. Levine. 1992. *Theories of Political Economy*.

New York: Cambridge University Press.

Cardoso, F. H. and Enzo Faletto. 1979. *Dependency and Development in Latin America*. Berkeley, CA: University of California Press.

Colclough, Christopher. 1991. "Structuralism versus Neo-Liberalism: An Introduction" in *States or Markets* eds. by C. Colclough and J. Manor. pp. 1-25. New York: Oxford University Press.

Elliott, John E.. 1984. "The Institutionalist School of Political Economy" in *What is Political Economy*? ed. by David Whynes. pp. 59-89. Oxford: Basil Blackwell.

Evans, Peter. 1979. *Dependent Development: The Alliance of Multinational, State and Local Capital in Brazil*. Princeton, NJ: Princeton University Press.

Fatton, Robert Jr.. 1988. "Bringing the Ruling Class Back in: Class, State, and Hegemony in Africa" in *Comparative Politics*. 20: 253-264.

Gilpin, Robert. 1987. *The Political Economy of International Relations*. Princeton, NJ: Princeton University Press.

Harltley, Keith. 1977. *Problems of Economic Policy*. New York: George, Allen and Unwin.

Harpham, E. J. and Alan Stone. 1982. "The Study of Political Economy" in *The Political Economy of Public Policy* eds. by A. Stone and E. Harpham. pp. 11-25. Beverly Hills, CA: Sage.

Manor, James. 1991. "Politics and the Neo-Liberals" in *States or Markets* ed. by C. Colclough and J. Manor. pp. 306-320. New York: Oxford University Press.

Neil Fligsten. 1996. "Market as Politics: A Political-Cultural Approach to Market Institutions" in *American Sociology Review*. 61: 656-673.

Smith, Adam. 1776 (1937). *The Wealth of Nations* ed. by Edwin Cannan. New

York: The Modern Library.

Soong, Jenn-Jaw. 1991. *The Political Economy of Development in the Newly Industrializing Countries*. Ph.D. Dissertation, University of Florida.

Soong, Jenn-Jaw. 1992. "The Political Economy of State Enterprises: A Comparative Analysis of East Asian and Latin American NICs, 1950-1972" in *Journal of National Cheng Kung University*. 27: 103-116.

Staniland, Martin. 1985. *What Is Political Economy? A Study of Social Theory and Underdevelopment*. New Haven, CT: Yale University Press.

Steuart, James. 1967 (1761). *An Inquiry into the Principles of Political Economy*. London: Augustus M. Kelley. reprint.

Toye, John. 1991. "Is There a New Political Economy of Development?" in *States or Markets* eds. by C. Colclough and J. Manor. pp. 321-338. New York: Oxford University Press.

第二章

一、中文部分

李任初　1992　*新自由主義——宏觀經濟的蛻變*　台北：台灣商務。

林鐘雄　1993　*西洋經濟思想史（七版）*　台北：三民書局。

陳岱孫　1987　*從古典經濟學派到馬克思*　台北：谷風出版社。

侯立朝　1975　*世界經濟思想史（上、下冊）*　台北：博學出版社。

陳榮貴譯　1985　*世界十五大經濟學家*　台北：志文出版社。

湯慎之　1975　*現代經濟思潮*　台北：黎明文化事業。

蕭全政　1988　*政治與經濟之整合*　台北：桂冠政治學叢書。

二、英文部分

Bowden, Elbent V.. 1985. *Economic Evolution*. Cincinnati, OH: South-Western

Publishing.

Burkitt, Brian. 1984. *Radical Political Economy: An Introduction to the Alternative Economics*. New York: New York University Press.

Colclough, Christopher. 1991. "Structuralism versus Neo-liberalism: An Introduction" in *States and Markets* eds. by C. Colclough and J. Manor. pp. 1-25. New York: Oxford University Press.

Dolan, Edwin G.. 1986. *Macroeconomics*. 4th edition. Chicgao: Dryden Press.

Gilpin, Robert. 1987. *The Political Economy of International Relations*. Princeton, NJ: Princeton University Press.

Hartley, Keith. 1977. *Problems of Economic Policy*. New York: George, Allen and Unwin.

Malthus, T. R.. 1914(1798). An Essay on Population London: J. M. Dent. （中譯本：周憲文譯　民56年　人口論　台北：台灣銀行經濟研究室）。

Manor, James. 1991. "Politics and the Neo-liberals" in *States and Markets* eds. by C. Colclough and J. Manor. pp. 306-320. New York: Oxford University Press.

Meltzer, Allan and Alex Cukierman, Scott F. Richard (eds.). 1991. *Political Economy*. New York: Oxford University Press.

Smith, Adam. 1937(1776). *An Inquiry into the Nature and Causes of Wealth of Nations*. New York: Modern Library.

Staniland, Martin. 1985. *What is Political Economy*? New Haven, CT: Yale University Press.

Sundrum, R. M.. 1990. *Economic Growth in Theory and Practice*. London: Macmillan Press.

Toye, John. 1991. "Is There a New Political Economy of Development?" in *States and Markets* eds. by C. Colclough and J. Manor. pp. 321-338. New York: Oxford University Press.

第三章

英文部分

Amin, Samir. 1974. *Accumulation on a World Scale*. New York: Monthly Review Press.

Apter, David. 1987. *Rethinking Development: Modernization, Dependency, and Post-modern Politics*. Newbury Park, CA: Sage.

Banaji, J.. 1980. "Gunder Frank in Retreat" in *Journal of Contemporary Asia*. 9: 478-491.

Baran, Paul. 1973/1957. *The Political Economy of Growth*. New York: Monthly Review Press.

Becker, Howard. 1957. "Current Sacred-Secular Theory and its Development" in *Modern Sociological Theory in Continuity and Change* ed. by Howard Becker and Alvin Boskoff. New York: Dryden Press.

Bendix, Reinhard. 1967. "Tradition and Modernity Reconsidered" in *Comparative Studies in Society and History*. 9: 292-346.

Berger, Peter L. and Hsin-Huang Michael Hsiao (eds.). 1988. *In Search of an East Asian Development Model*. New Brunswick, NJ: Transaction Books.

Black, Jan Knippers. 1991. *Development in Theory and Practice: Bridging the Gap*. Boulder, CO: Westview Press.

Blomstrom, Magnus and Bjorn Hettne. 1984. *Development Theory in Transition: The Dependency Debate and Beyond-Third World Responses*. London: Zed Press.

Brewer, Anthony. 1990. *Marxist Theories of Imperialism: A Critical Survey*. New York: Routledge.

Cardoso, F. H.. 1973. "Associated-Dependent Development: Theoretical and Practical Implication" in *Authoritarian Brazil* ed. by Alfred Stephen. pp.

142-176. New Haven, CT: Yale University Press.

Cardoso, F. H. and E. Faletto. 1979. *Dependency and Development in Latin America*. Berkeley, CA: University of California Press.

Caute, David. 1978. *The Great Fear: the Anti-Communist Purges Under Truman and Eisenhower*. London: Secker & Warburg.

Chase-Dunn, Christopher. 1975. "The Effects of International Economic Dependence on Development and Inequality" in *American Sociological Review*. 40: 720-738.

Cheng, Tun-jen. 1990. "Political Regimes and Development Strategies: South Korea and Taiwan" in *Manufacturing Miracle* ed. by Gary Gereffi and Donald L. Wyman. pp. 139-178. Princeton, NJ: Princeton University Press.

Chilcote, Ronald and Dale L. Johnson. 1983. *Theories of Development: Mode of Production or Dependency?* Beverly Hills, CA: Sage.

Chilcote, Ronald and Joel Edelstein. 1974. *Latin America: The Struggle with Dependency and Beyond*. New York: John Wiley.

Corbrideg, Stuart. 1986. *Capitalist World Development*. London: Macmillan Education Ltd.

David, Winston. 1987. "Religion and Development: Weber and East Asia Experience" in *Understanding Political Development* ed. by Myron Weiner and Samuel Huntington. pp. 221-279. Boston: Littl, Brown.

Dos Santos, Theotonie. 1970. *Dependenciay Cambio Social*. No. 11. Santiago, Chile: Cuadernos de Estudios Socioeconomicos, ECSO.

Dos Santos, Theotonie. 1970. "The Structure of Dependence" in *American Economic Review*. 60: 231-236.

Dube, S. C. 1988. *Modernization and Development: The Search for Alternative Paradigms*. London: Zed Books Ltd.

Durkheim, Emile. 1883/1964. *The Division of Labor in Society*. New York: Free

Press.

Eisenstadt, Samuel N. 1966. *Modernization, Protest and Change*. Englewood Cliffs, NJ: Prentice-Hall.

Evans, Peter. 1979. *Dependent Development: The Alliance of Multinational, State, and Local Capitalist in Brazil*. Princeton, NJ: Princeton University Press.

Evans, Peter and John D. Stephens. 1988. "Studying Development Since the Sixties: The Emergence of a New Comparative Political Economy" in *Theory and Society*. 17: 713-745.

Fagen, Richard R.. 1983. "Theories of Development: The Question of Class Struggle" in *Monthly Review*. 35: 13-24.

Fitz Gerald, Frank. 1981. "Sociologies of Development" in *Journal of Contemporary Asia*. 11: 5-18.

Frank, Andre G.. 1967. *Capitalism and Underdevelopment in Latin America*. New York : Monthly Review Press.

Frank, Andre G.. 1969. *Latin America: Underdevelopment or Revolution*. New York : Monthly Review Press.

Frank, Andre G.. 1972. "The Development of Underdevelopment" in *Dependency and Underdevelopment: Latin America's Political Economy* ed. by James D. Cockcroft, A. G. Frank, D. L. Johnson. pp. 3-18. Garden City, NY: Doubleday & Company, Inc.

Friedmann, Harriet and Jack Wayne. 1977. "Dependency Theory: A Critique" in *Canadian Jorunal of Sociology*. 2: 399-416.

Gereffi, Gary. 1983. *The Pharmaceutical Industry and Dependency in the Third World*. Princeton, NJ: Princeton University Press.

Girvan, N.. 1973. "The Development of Dependency Economics in the Caribbean and Latin America: Review and Comparison" in *Social and*

Economic Studies. Vol. 22.

Gold, Thomas B.. 1986. *State and Society in the Taiwan Society*. New York: M. E. Sharpe.

Gordon, April. 1989. "The Myth of Modernization and Development" in *Sociological Spectrum*. 9: 175-196.

Hagen, Everett E.. 1962. *On the Theory of Social Change*. Homewood, IL: Dorsey Press.

Hamilton, Gary G. and Nicole Woolsey Biggart. 1988. "Market, Culture and Authority: A Comparative Analysis of Management and Organization in the Far East" in *American Journal of Sociology*. 94: 52-94.

Harris, Marvin. 1979. *Cultural Materialism: The Struggle for a Science of Culture*. New York: Random House.

Hermassi, Elbaki. 1978. "Changing Patterns in Research on the Third World" in *Annual Review of Sociology*. 4: 239-257.

Hofheinz, Jr., Roy and Kent E., Calder. 1982. *The Eastasia Edge*. New York: Basic Books.

Hoogvelt, Ankie M.. 1980. *The Sociology of Development Societies*. London: Macmillan.

Horowitz, Irving Loui. 1982. *Beyond Empire and Revolution: Militarization and Consolidation in the Third World*. New York: Oxford University Press.

Hoselitz, Bert F.. 1960. *Sociological Aspects of Economic Growth*. New York : Free Press.

Huntington, Samuel. 1968. *Political Order in Changing Societies New Haven*. CT: Yale University Press.

Huntington, Samuel. 1976. "The Change to Change: Modernization, Development, and Politics" in *Comparative Modernization: A Reader*. ed. by Cyril E. Black. pp. 25-61. New York: Free Press.

Huntington, Samuel. 1984. "Will More Countries Become Democratic?" in *Political Science Quarterly*. 99: 193-218.

Inkeles, Alex. 1964. "Making Men Modern: On the Causes and Consequences of Individual Change in Six Developing Countries" in *Social Change* eds. by Amitai Etzioni and Eva Etzioni. pp. 342-361. New York: Basic Books.

Inkeles, Alex. 1982. *Exploring Individual Modernity*. New York: Columbia University Press.

Inkeles, Alex and David H. Smith. 1974. *Becoming Modern: Individual Change in Six Developing Countries*. Cambridge, MA: Harvard University Press.

Jenkins, Rhys O.. 1987. *Transnational Corporations and Uneven Development: The Internationalization of Capital and the Third World*. London: Methuen.

Landsberg, Martin. 1979. "Export-led Industrialization in the Third World: Manufacturing Imprerialism" in *Review of Radical Political Economics*. 11: 50-63.

Larrain, Gorge. 1989. *Theories of Development: Capitalism, Colonialism and Dependency*. Cambridge, UK: Polity Press.

Lauer, Robert H.. 1973. *Perspectives of Social Change*. Boston: Allynand Bacon.

Lerner, Daniel. 1958. *The Passing of Traditional Society*. New York: Free Press.

Levy, Marion J.. 1966. *Modernization and the Structure of Society*. Vols. I and II. Princeton, NJ: Princeton University Press.

Levy, Marion J.. 1967. "Social Patterns and Problems of Modernization" in *Reading on Social Change*. eds. by W. Moore and Robert M. Cook. pp. 189-208. Englewood Cliffs, NJ: Prentice-Hall.

Leys, Colin. 1977. "Underdevelopment and Dependency: Critical Notes" in *Journal of Contemporary Asia*. 7: 92-116.

Lim, Hyun-Chin. 1986. *Dependent Development in Korea, 1963-1979*. Seoul:

Seoul National University Press.

Lipset, Seymour Martin. 1963. *Political Man*. Garden City, NY: Anchor.

Maine, H. Sumner. 1986/1963. *Ancient Law*. Boston: Beacon Press.

McClelland, David C.. 1976 (1961). *The Achieving Society*. New York: Van Nostrand.

McCord, William. 1991. *The Dawn of the Pacific Century: Implications for Three Worlds of Development*. London: Transaction Publisher.

Moore, Barrington. 1966. *The Social Origins of Dictatorship and Democracy: Lord and Peasant in the Making of the Modern World*. Boston: Beacon Press.

O'Donnell, Guillermo. 1978. "Reflections on the Pattern of Change in the Bureaucratic-Authoritarian State" in *Latin American Review*. 8: 3-38.

Oman, Charles and Ganeshan Wignaraja. 1991. *The Postwar Evolution of Development Thinking*. London: Macmillan Press.

Palma, Gabriel. 1978. "Dependence: A Formal Theory of Underdevelopment or a Methodology for the Analysis of Concrete Situations of Underdevelopment?" in *World Development*. 6: 881-924.

Parsons, Talcott. 1966. *Societies: Evolutionary and Comparative Perspectives*. Englewood Cliffs, NJ: Prentice-Hall.

Parsons, Talcott. 1971. *The System of Modern Society*. Englewood Cliffs, NJ: Prentice-Hall.

Peek, Richard. 1991. *Global Capitalism: Theories of Societal Development*. London: Routledge Press.

Petras, James F.. 1978. *Critical Perspectives on Imperialism and Social Class in the Third World*. New York: Monthly Review Press.

Pieterse, Jan Nederveen. 1991. "Dilemmas of Developmrnt Discourse: The

Crisis of Developmentalism and the Comparative Method" in *Development and Change*. 22: 5-30.

Portes, Alejandr. 1976. "On the Sociology of National Development: Theories and Issues" in *American Journal of Sociology*. 82: 55-85.

Portes, Alejandr. 1980. "Convergencies Between Conflicting Theoretical Perspectives in National Development" in *Sociological Theory and Research* ed. by Herbert Blalock. pp. 220-227. New York: Free Press.

Pratt, Raymond B.. 1973. "The Undeveloped Political Science of Development" in *Studies in Comparative International Development*. 8: 88-112.

Preston, P. W.. 1987. *Rethinking Development Essays on Development and Southeast Asia*. New York: Routledge & Kegan Paul.

Rogers, Evertte M.. 1962. *Diffusion of Innovation*. New York: Free Press.

Rostow, Walter W.. 1960. *The Stages of Economic Growth*. London: Cambridge University Press.

Rostow, Walter W.. 1971. *Politics and the Stage of Growth*. London: Cambridge University Press.

Rostow, Walter W.. 1978. *The World Economy: History and Prospect*. London: Macmillan.

Rubinson, Richard. 1976. "The World-Economy and the Distribution of Income Within States: Across-National Study" in *American Sociological Review*. 41: 638-659.

Rubinson, Richard. 1977. "Dependence, Government Revenence, and Economic Growth, 1955-1970" in *Studies in Comparative International Development*. 12: 3-28.

Skocpol, Theda. 1979. *State and Social Revolution: A Comparative Analysis of France, Russia, and China*. New York: Cambridge University Press.

Smelser, Neil J.. 1959. *Social Change in the Industrial Revolution*. London:

Routledge & KeganPaul.

Smelser, Neil J.. 1964. "Toward a Theory of Modernization" in *Social Change* eds. by Amitai Etzioni and Eva Etzioni. pp. 268-284. New York: Basic Books.

So, Alvin Y.. 1990. *Social Change and Development: Modernization, Dependency, and World System Theroies*. London: Sage Publications.

Sweezy, Paul M. (ed.). 1970/1942. *The Theory of Capitalist Development*. New York: Monthly Review Press.

Tai, Hung-Chao (ed.). 1989. *Confucianism and Economic Development: An Oriental Alternative*? Washington, DC: Washington Institute Press.

Taylor, John G.. 1979. *From Modernization to Modes of Production: A Critique of the Sociologies of Development and Underdevelopment*. New York: Macmillan.

Toennies, F.. 1887/1963. *Community and Society*. New York: Harper and Row.

Valenzuela, J. Samuel and Arturo Valenzuela. 1978. "Modernization and Dependency: Alternative Perspective in the Study of Latin American Underdevelopment" in *Comparative Politics*. 10: 535-557.

Wallerstein, Immanuel. 1976. *The Modern World System*. New York: Academic Press.

Weber, Max. 1968/1922. *Economy and Society*. ed. by Guenther Rothand Claus Wittich. New York: Bedminster Press.

Webster, Andrew. 1990. *Introduction to the Sociology of Development*. 2nd edition. London: Macmillan.

Weiner, Myron and Samuel Huntington (eds.). 1987. *Understanding Political Development*. Boston: Little, Brown.

Weiss, John. 1988. *Industry in Developing Countries: Theory, Policy, and Evidence*. New York: Croom Helm.

Werler, Scott. 1985. "Beyond the Dependency Paradigm" in *Journal of Contemproary Asia*. 15: 79-95.

Wong, Siu-Lun. 1988. "The Applicablility of Asian Family Values to Other Sociocultural Settings" in *In Search of an East Asian Development Model* eds. by Peter Berger and H. H. M. Hsiao. pp.134-154. New Brunswick, NJ: Transaction.

第四章

英文部分

Amin, Samir. 1977. *Imperialism and Unequal Development*. New York: Monthly Review Press.

Amsden, Alice H.. 1989. *Asia's Next Giant: South Korea and Late Industrialization*. New York: Oxford University Press.

Anglade, Christian and Carlos Fortin. 1990. "Accumulation, Adjustment and the Autonomy of the State in Latin America." in *The State and Capital Accumulation in Latin America* ed. by C. Anglade and C. Fortin. pp. 211-340. London: Macmillan.

Berger, Peter L.. 1986. *The Capitalist Revolution: Fifty Propositions About Prosperity, Equality, and Liberty*. New York: Basic Books.

Berger, Peter L. and Hsin-Huang Michael Hsiao (eds.). 1988. in *Search of an East Asian Development Model*. New Brunswick, NJ: Transaction Books.

Block, Fred. 1977. "The Ruling Class Does Not Rule: Notes in the Marxist Theory of the State" in *Socialist Revolution*. 7: 6-28.

Callaghy, Thomas. 1984. *The State-Society Struggle: Zaire in Comparative Perspective*. New York: Columbia University Press.

Caporaso, James A.. 1980. "Dependency Theory: Continuities and

Discontinuities in Development Studies" in *International Organization*. 34: 605-628.

Cardoso, Fernando H. and Enzo Faletto. 1979. *Dependency and Development in Latin America*. Berkeley, CA: University of California Press.

Carnoy, Martin. 1984. *The State and Political Theory*. Princeton, NJ: Princeton University Press.

Castells, Manuel. 1980. *The Economic Crisis and American Society*. Princeton, NJ: Princeton University Press.

Chase-Dunn, Christopher and Richard Rubinson. 1977. "Toward a Structural Perspective on the World-System" in *Politics and Society*. 7: 453-476.

Chirot, Daniel and Thomas D. Hall. 1982. "World-System Theory" in *Annual Review of Sociology*. 8: 81-106.

Crone, Donald K.. 1988. "State, Social Elites, and Government Capacity in Southeast Asia" in *World Politics*. 40: 252-268.

Dahrendorf, Ralf. 1959. *Class and Class Conflict in Industrial Society*. Stanford, CA: Stanford University Press.

Dos Santos, Theotonie. 1970. *Dependencialy Cambio Social*. No. 11. Santiago, Chile: Cuadernos de Estudios Socioeconomicos, CESO.

Eisenstadt, Shmuel N.. 1966. *Modernization, Protest, and Change*. Englewood Cliffs, NJ: Prentice-Hall.

Eisenstadt, Shmmel N.. 1973. *Tradition, Change, and Modernity*. New York: John Wiley & Sons.

Etzioni, Amitai and Eva Etzioni-Halevy (eds.). 1973. *Social Change: Sources, Patterns, Consequences*. New York: Basic Books.

Evans, Peter. 1979. *Dependent Development: The Alliance of Multinational, State, and Local Capitalist in Brazil*. Princeton, NJ: Princeton University Press.

Fatton, Robert Jr.. 1988. "Bringing the Ruling Class Back In: Class, State, and Hegemony in Africa" in *Comparative Politics*. 20: 253-264.

FitzGerald, Frank. 1981. "Sociologies of Development" in *Journal of Contemporary Asia*. 11: 5-18.

Gereffi, Gary. 1983. *The Pharmaceutical Industry and Dependency in the Third World*. Princeton, NJ: Princeton University Press.

Gerschenkron, Alexander. 1962. *Economic Backwardness in Historical Perspective*. Cambridge, MA: Harvard University Press.

Gramsci, Antonio. 1971. *Selections from the Prison Notebooks*. Tr. Q. Hoare and G. N. Smith. New York: International Publishers.

Gold, D. and C. Lo and E. O. Wright. 1975. "Recent Development in Marxist Theories of the State" in *Monthly Review*. 27: 29-43, 36-51.

Hagen, Everett E.. 1962. *On the Theory of Social Change*. Homewood, IL: Dorsey Press.

Haggard, Stephan. 1990. *Pathways from the Periphery: The Politics of Growth in the Newly Industrializing Countries*. Ithaca, NY: Cornell University Press.

Haggard, Stephan and Chung-In Moon. 1982. "The South Korean State in the International Economy: Liberal, Dependent, or Mercantile?" in *The Antinomies of Interdependence* ed. by John G. Ruggie. pp. 131-189. New York: Columbia University Press.

Hamilton, Nora. 1982. *The Limits of State Autonomy: Post-Revolutionary Mexico*. Princeton, NJ: Princeton University Press.

Harrison, David. 1988. *The Sociology of Modernization and Development*. London: Unwin Hyman.

Hofheinz, Jr. Roy and Kent E. Calder. 1982. *The Eastasia Edge*. New York: Basic Books.

Inkeles, Alex and David H. Smith. 1974. *Becoming Modern: Individual Change in Six Developing Countries*. Cambridge, MA: Harvard University Press.

Jessop, Bob. 1982. *The Capitalist State*. New York: New York University Press.

Kohli, Atul (ed.). 1986. *The State and Development in the Third World*. Princeton, NJ: Princeton University Press.

Krasner, Stephen. 1978. *Defending the National Interest*. Prinecton, NJ: Princeton University Press.

Krasner, Stephen D.. 1984. "Approaches to the State: Alternative Conceptions and Historical Dynamics" in *Comparative Politics*. 16: 223-246.

Lauer, Robert H.. 1973. *Perspectives of Social Change*. Boston: Allyn and Bacon.

Lim, Hyun-Chin. 1986. *Dependent Development in Korea, 1963-1979*. Seoul: Seoul National University Press.

Maxfield, Sylvia. 1990. *Governing Capital: International Finance and Mexican Politics*. Ithaca, NY: Cornell University Press.

McClelland, David C.. 1976 (1961). *The Achieving Society*. New York: Van Nostrand.

McCord, William. 1989. "An East Model of Development: Growth With Equity" in *Pacific Review*. 2: 209-217.

McCord, William. 1991. *The Dawn of the Pacific Century: Implications for Three Worlds of Development*. London: Transaction Publisher.

Miliband, Ralph. 1969. *The State in Capitalist Society*. London: Winfield and Nicholson.

Miliband, Ralph. 1983. *Class Power and State Power*. London: Verso Editions.

Needler, Martin C.. 1987. *The Problem of Democracy in Latin America*. Lexington, MA: Lexington Books.

Norwine, Jim and Alfonso Gonzalez. 1988. *The Third World: States of Mind and Being*. Boston, MA: Unwin Hyman.

O'Connor, James. 1974. *The Corporations and the State: Essays in the Theory of Capitalism and Imperialism*. New York: Harper and Row.

O'Donnell, Guillermo. 1973. *Modernization and Bureaucratic Authoritarianism*. Berkeley, CA: Institute of International Studies.

Offe, Claus. 1974. "Structural Problem of the Capitalist State: Class Rule and the Political System on the Selectiveness of Political Institutions" in *German Political Studies* ed. by Klaus Von Beyme. Vol. 1. Beverly Hills, CA: Sage.

Ossowski, S.. 1963. *Class Structure in the Social Consciousness*. New York: Macmillan.

Parsons, Talcott. 1966. *Societies: Evolutionary and Comparative Perspectives*. Englewood Cliffs, NJ: Prentice-Hall.

Petras, James F.. 1978. *Critical Perspectives on Imperialism and Social Class in the Third World*. New York: Monthly Review Press.

Poulantzas, Nicos. 1974. *Political Power and Social Classes*. London: New Left Books.

Poulantzas, Nicos. 1980. *State, Power, and Socialism*. London: Verso Editions.

Przeworski, Adam. 1979. "Economic Conditions of Class Compromise" in *University of Chicago* (Mimeo).

Robison, Richard. 1989. "Authoritarian States, Capital-Owning Classes, and the Politics of Newly Industrializing Countries: The Case of Indonesia" in *World Politics*. 41: 52-74.

Rueschemeyer, D. and Peter Evans. 1985 "The State and Economic Transformation: Towards an Analysis of the Conditions Underlying Effective Intervention" in *Bringing the State Back In* ed. by P. Evans,

D. Rueschemeyer, and T. Skocpol. pp. 44-77. New York: Cambridge University Press.

Skocpol, Theda. 1979. *State and Social Revolution: A Comparative Analysis of France, Russia, and China.* New York: Cambridge University Press.

Skocpol, Theda and Ellen Kay Trimberger. 1978. "Revolutions and the World-historical Development of Capitalism" in *Social Change in the Capitalist World Economy* ed. by Barbara Hockey Kaplan. pp. 121-138. Beverly Hills, CA: Sage Publication.

Skocpol, Theda and D. Rueschmeyer and Peter Evans (eds.). 1985. *Bringing the State Back In.* Cambridge, NY: Cambridge University Press.

Stepan, Alfred. 1978. *The State and Society: Peru in Comparative Perspective.* Princeton, NJ: Princeton University Press.

Story, Dale. 1986. *Industry, the State, and Public Policy in Mexico.* Austin, TX: University of Texas Press.

Sunkel, Osvaldo. 1973. "Transnational Capitalism and National Disintegration in Latin America?" in *Social and Economic Studies.* 22: 132-176.

Tai, Hung-chao (ed.). 1989. *Confucianism and Economic Development: An Oriental Alternative?* Washington, DC: Washington Institute Press.

Wade, Robert. 1990. *Governing the Market: Economic Theory and the Role of Government in East Asian Industrialization.* Princeton, NJ: Princeton University Press.

Wallerstein, Immanuel. 1974. *The Modern World-System.* New York: Academic Press.

Wasburn, Philo C.. 1982. *Political Sociology: Approaches, Concepts, Hypotheses.* Englewood Cliffs, NJ: Prentice-Hall, Inc.

Weber, Max. 1930. *The Protestant Ethic and the Spirit of Capitalism.* London: Allen & Unwin.

White, Gordon. 1988. *Developmental States in East Asia*. London: Macmillan.

Wolfe, Alan. 1977. *The Limits of Legitimacy: Political Contradictions of Late Capitalism*. New York: Free Press.

Worsley, Peter. 1984. *The Three Worlds: Culture and World Development*. Chicago, IL: University of Chicago Press.

Wright, Erik Olin. 1978. *Class, Crisis, and the State*. London: New Left Books.

第五章

一、中文部分

沈根榮譯　1992　R. Vernon and L. T. Wells 著　*國際企業的經濟環境*（*The Economic Environment of International Business*）　台北：五南圖書。

胡祖慶譯　1989　*國際政治體系理論解析*　台北：五南圖書。

李國威　1988　*國際關係新論*　台北：台灣商務。

歐陽勛與黃仁德　1990　*國際貿易理論與政策*　台北：三民書局。

黃紹基　1993　「從區域經濟整合探討大中華經濟圈的整合形式」　*台灣經濟*　第186期　六月　93-94頁。

江水平　1992　「從經濟發展到開放性區域主義」　*台灣經濟*　第179期　十一月。

梁發進　1992　「區域經濟整合之類型與效果」　*中國經濟*　第469期　一月。

任克敏　1992　「亞太地區經濟結合之理論與展望」　*台灣經濟金融*　第28期　十一月。

黃智輝　1991　*國際經濟學*（三版）　台北：三民書局。

宋鎮照　1993　「依賴發展的政治經濟分析」　*思與言*　第31卷　第2期　51-88頁。

彭懷恩　1990　*台灣發展之政治經濟分析*　台北：風雲論壇出版社。

陳玉璽　1992　*台灣的依附發展*　台北：人間出版社。

林妙雀　1987　*國際貿易政策*　台北：華視出版社。

王正毅　2010　*國際政治經濟學通論*　北京大學出版社。

曾怡仁　2010　「國際政治經濟學的發展與政治經濟學之關係」　*政治學報*　第49卷　105-133頁。

曾怡仁　2013　*國際政治經濟學理論*　台北：三民出版。

楊宇光與楊炯譯　2006　Robert Gilpin著　*全球政治經濟學：解讀國際經濟秩序*　上海：人民出版社。

黃東煬譯　2006　Ronen Palan著　*全球政治經濟學*（*Global Political Economy: Contemporary Theories*）　台北：韋伯出版。

二、英文部分

Amin, Samir. 1976. *Unequal Development: An Essay on the Social Formations of Peripheral Capitalism*. New York: Monthly Review Press.

Andersson, Thomas. 1991. *Multinational Investment in Developing Countries*. London: Routledge.

Blake, David H. and Robert S. Walters. 1987. *The Politics of Global Economic Relaxations*. New Jersey: Prentice-Hall, Inc.

Cardoso, Fernando H. and Enzo Faletto. 1979. *Dependency and Development in Latin America*. Berkeley CA: University of California Press.

Clark, Cal. and Donna Bahry. 1983. "Dependent Development: A Socialist Variant" in *International Studies Quarterly*. 27: 271-293.

Cooper, Richard. 1985. "Economic Interdependence and Coordination of Economic Policies" in *Handbook of International Economics*. eds. by R. Jones and P. B. Kanen. Vol. 2. Chapter 23. Amsterdam: North-Holland.

Corden, W. M.. 1974. *Trade Policy and Economic Welfare*. Oxford: Clarendon

Press.

Crone, Donald K.. 1983. *The ASEAN States: Coping with Dependence*. New York: Praeger.

Cypher, James M.. 1990. *State and Capital in Mexico: Development Policy Since 1940*. Boulder, CO: Westview Press.

Dos Santos, T.. 1970. "The Structure of Dependence" in *American Economic Review*. 60: 231-36.

Evans, Peter. 1979. *Dependent Development: The Alliance of Multinational, State, and Local Capital in Brazil*. Princeton, NJ: Princeton, University Press.

Frank, Andre Gunder. 1970. *Latin America: Underdevelopment or Revolution*. New York: Monthly Review Press.

Gilpin, Robert. 1987. *The Political Economy of International Relations*. Princeton, NJ: Princeton University Press.

Greenstein, F. I. and N. W. Polsby. 1983.（中文譯本）*國際政治學*　台北：幼獅文化事業公司。

Hans J. Morgenthau. 1985. Politics among Nations: the Struggle for Power and Peace. New York: McGraw-Hill, 6th edition.

Hertner, Peter and Geoffry Jones (eds.). 1986. *Multinational: Theory and History*. European Science Foundation.

Hirschman, Albert O.. 1945. *National Power and the Structure of Foreign Trade*. Berkeley, CA: University of California Press.

Jesudason, James V.. 1989. *Ethnicity and the Economy: The State, Chinese Business, and Multinationals in Malaysia*. Singapore: Oxford University Press.

John G. Ruggie. 1982. "International Regimes, Transactions, and Change: Embedded Liberalism in the Postwar Economic System" in *International*

Organization. 36: 379-415.

Johnson, Harry. 1965. "A Theoretical Model of Economic Nationalism in New and Developing States" in *Political Science Quarterly*. 80: 169-185.

John Williamson (ed.). 1989. Latin American Readjustment: How Much Has Happened. Washington, DC: Peterson Institute for International Economics.

Kenen, Peter B.. 1985. "Macroeconomic Theory and Policy: How the Closed Economy was Opened" in *Handbook of International Economics* eds. by R. Jones and P. B. Kenen Vol. 2. Chapter 13. Amsterdam: North-Holland.

Keohane, Robert O. and Joseph S. Nye. 1977. *Power and Interdependence*. Boston: Little, Brown.

Kuczynski, Pedro-Pablo. 1988. *Latin American Debt*. Baltimore: The Johns Hopkins University Press.

Robert Keohane and Joseph S. Nye, Jr.. 2012. Power and Interdependence. Boston: Pearson, 4th edition.

Sheahan, John. 1987. *Patterns of Development in Latin America: Poverty, Repression, and Economic Strategy*. Princeton, NJ: Princeton University Press.

Smith, Tony. 1980. *The Pattern of Imperialism: The United States, Great Britain, and the Late-Industrializing World Since 1815*. New York: Cambridge University Press.

Soong, Jenn-Jaw. 1991. *The Political Economy of Development in the Newly Industrializing Countries*. Ph.D. Dissertation, Department of Sociology, University of Florida.

Soong, Jenn-Jaw. 1992a. "The Political Economy of State Enterprises: A Comparative Analysis of East Asian and Latin American NICs, 1950-1972" in *Journal of National Cheng-Kung University*. 27: 103-116.

Soong, Jenn-Jaw. 1992b. "State and Society: A Theoretical Perspective of Political Economy on Development and Underdevelopment" in *Journal of Social Science Studies*. No. 5. pp. 255-282. National Cheng Kung University.

Spero, J. E.. 1990. *The Politics of International Economic Relations*. London: St. Martin's Press. 4th edition.

Vernon, Raymond. 1971. *Sovereignty at Bay: The Multinational Spread of U.S. Enterprises*. New York: Basic Books.

Wallerstein, I.. 1974. *The Modern World System*. New York: Academic Press.

Wallerstein, I.. 1976. *The Capitalist World Economy*. Cambridge: Cambridge University Press.

Weisskopf, Thomas E.. 1976. "Dependence as an Explanation of Under-development: A Critique" in *Center for Research on Economic Development*. University of Michigan.

第六章

一、中文部分

彭懷恩　1990　*台灣發展的政治經濟分析*　台北：風雲論壇出版社。

蕭全政　1989　*台灣地區的新重商主義*　台北：國家政策研究資料中心智庫叢書。

黃福德　1989　「論發展中地區國家資本主義的興起」　*成大社會科學學報創刊號*　1-17頁。

二、英文部分

Alt, James E. and K. Alec Chrystal. 1983. *Political Economics*. Berkeley, CA: University California Press.

Amsden, Alice H.. 1985. "The State and Taiwan's Economic Development" in *Bring the State Back in* eds. by Peter B. Evans, Dietrich Rueschemeyer, and Theda Skocpol. London: Cambridge University Press.

Cardoso, Fernando H. and Enzo Faletto. 1979. *Dependency and Development in Latin America*. Berkeley, CA: University of California Press.

Carnoy, Martin. 1984. *The State and Political Theory*. Princeton, NJ: Princeton University Press.

Crane, George T. and Abla Amawi. 1991. *The Theoretical Evolution of International Political Economy*. New York: Oxford University Press.

Deyo, F. (ed.). 1987. *The Political Economy of the New Asian Industrialiam*. Ithaca, NY: Cornell University Press.

Elliott, John E.. 1984. "The Institutionalist School of Political Economy" in *What is Political Economy?* ed. by David Whynes. pp. 59-89. Oxford: Basil Blackwell.

Evans, Peter. 1979. *Dependent Development: The Alliance of Multinational, State, and Local Capitalist in Brazil*. Princeton, NJ: Princeton University Press.

Gilpin, Robert. 1987. *The Political Economy of Internation Relations*. Princeton, NJ: Princeton University Press

Gilpin, Robert. 1975. *U.S. Power and the Multinational Corporation: The Political Economy of Foreign Direct Investment*. New York: Basic Books.

Gomes, Leonard. 1987. *Foreign Trade and the National Economy: Mercantilist and Classical Perspectives*. London: The Macmillan Press.

Gramsci, Antonio. 1971. *Selection from Prison Notebooks*. New York: Internation Publishers.

Haggard, Stephan Mark. 1983. *Paths from the Periphery: The Newly Industrializing Countries in the International System*. Ph.D. Dissertation.

University of California, Berkeley.

Haggard, Stephan M.. 1990. *Pathways from the Periphery: The Politics of Growth in the Newly Industrializing Countries*. Ithaca, NY: Cornell University Press.

Hamiton, G. G. and N. W. Biggart. 1988. "Market, Culture and Authority: A Comparative Analysis of Management and Organization in the Far East" in *American Journal of Sociology*. 94: 52-94.

Hamilton, Clive. 1983. "Capitalist Industrialization in East Asia's Four Little Tigers" in *Journal of Contemporary Asia*. 13: 35-73.

Jessop, Bob. 1990. *State Theory: Putting the Capitalist State in its Place*. New York: Oxford.

Johnson, C.. 1987. "Political Institutions and Economic Performance: The Government Business Relationship in Japan, South Korea, and Taiwan" in *The Political Economy of the New Asian Industrialism* ed. by F. C. Deyo. Ithaca, NY: Cornell University Press.

Katzenstein, Peter J.. 1985. *Small State in World Markets*. Ithaca, NY: Cornell University Press.

Laux, Jeanne Kirk and Maureen Appel Molot. 1988. *State Capitalism: Public Enterprise in Canada*. Ithaca, NY: Cornell University Press.

O'Donnell, Guillermo. 1973. *Modernization and Bureaucratic Authoritarianism: Studies in South American Politics*. Berkeley, CA: Institute of International Studies.

Peet, Richard. 1991. *Global Capitalism: Theories of Societal Development*. London: Routledge.

Petras, James. 1977. "State Capital and the Third World" in *Development and Change*. 8: 1-17.

Poulantzas, Nicos. 1969. "The Problem of the Capitalist State" in *New Left*

Review. 58: 67-78.

Poulantzas, Nicos. 1978. *State, Power, Socialism*. London: Verso.

Schmitter, Philippe. 1974. "Still the Century of Corporatism" in *Review of Politics*. 36: 85-131.

Staniland, Martin. 1985. "What Is Political Economy?" in *New Haven*. CT: Yale University Press.

Skocpol, Theda. 1979. *State and Social Revolution: A Comparative Analysis of France, Russia, and China*. New York: Cambridge University Press.

Skocpol, Theda, D. Rueschemeyer, and Peter Evans (eds.). 1985. *Bringing the State Back In*. Cambridge, NY: Cambridge University Press.

Soong, Jenn-Jaw. 1991. *The Political Economy of Development in the Newly Industrializing Countries*. Ph.D. Dissertation. University of Florida.

Soong, Jenn-Jaw. 1992. "The Political Economy of State Enterprises: A Comparative Analysis of East Asian and Latin American NICs, 1950-1972" in *Journal of National Cheng Kung University*. 27: 103-116.

Stepan, Alfred. 1978. *The State and Society: Peru in Comparative Perspective*. Princeton, NJ: Princeton University Press.

Sylvan, David J.. 1981. "The Newest Mercantilism" in *International Organization*. 35: 375-393.

Szentes, Thomas. 1976. *The Political Economy of Underdevelopment*. Budapest: A Kademal Kiado.

Wade, Rober. 1990. *Governing the Market: Economic Theory and the Role of Government in East Asian Industrialization*. Princeton, NJ: Princeton University Press.

London: Routledge.

Bukharin, Nikolai. 1972 (1918). *Imperialism and World Economy*. London: Merlin Press.

Emmanuel, A.. 1972. *Unequal Exchange: A Study of the Imperialism of Trade*. London: New Left Books.

Evans, Peter. 1979. *Dependent Development: The Alliance of Multinational, State, and Local Capitalist in Brazil*. Princeton, NJ: Princeton University Press.

Frank, A. G.. 1972. "The Development of Underdevelopment in Dependency and Underdevelopment: Latin America's Political Economy" eds. by J. D. Cockcroft, A. G. Frank, D. L. Johnson. pp.3-18. Garden City, NY: Doubleday & Company, Inc.

G. Hofstede and M. Bond. 1988. "The Confucius Connection: From Cultural Roots to Economic Growth" in *Organizational Dynamics*. 16: 5-21.

Gultung, Johan. 1971. "A Structural Theory of Imperialism" in *Journal of Peace Research*. 8: 81-117.

Hilferding, Rudolf. 1981 (1910). *Finance Capitalism: A Study of the Latest Phrase of Capitalist Development*. London: Routledge & Kegan Paul.

Hobson, J. A.. 1902/1938. *Imperialism: A Study*. 3rd edition. London: Allen & Unwin.

Hoogvelt, A. M.. 1976. *The Sociology of Developing Societies*. London.

Laclau, E.. 1971. "Feudalism and Capitalism in Latin America" in *New Left Review*. 67. May/June.

Lenin, V. I.. 1964 (1917). *Imperialism: the Highest Stage of Capitalism, in Collected Works*. Vol. 22. Moscow: Progress Publisher.

Luxemburg, Rosa. 1913/1968. *The Accumulation of Capital*. New York: Monthly Review Press.

M. Friedman. 1962. Capitalism and Freedom. Chicago: University of Chicago Press.

Peet, R.. 1991. *Global Capitalism: Theories of Societal Development.* New York: Routledge.

Reitmas, H. A. and J. M. G. Kleinpenning. 1985. *The Third World in Perspective.* Totpwa, NJ: Rowman & Allanheld.

R. J. Barro. 1999. "Determinants of Democracy" in *Journal of Political Economy.* 107: 158-183

Roxborough, Ian. 1979. "Theories of Underdevelopment" in *Atlantic Highlands.* NJ: Humanities Press.

Schumpeter, J. A.. 1976 (1942). *Cpaitalism, Socialism and Demecracy.* 5th edition. London: Allen & Unwin.

S. Lipset. 1959. "Some Social Requisites of Democracy: Economic Development and Political Legitimacy" in *The American Political Science Review.* 53: 69-105.

Sweezy, P.. 1942. *The Theory of Capitalist Development.* New York: Oxford University Press.

Wallerstein, I.. 1974. The *Modern World System.* New York: Academic Press.

Wallerstein, I.. 1979. *The Capitalist World Economy.* Cambridge: Cambridge University Press.

Warren, B.. 1980. *Imperialism: Pioneer of Capitalism.* London: New Left Books.

Warren, B.. 1973. Imperialism and Capitalist Industrialization *New Left Review.* 81. September/October.

第八章

一、中文部分

陳一筠譯　1990　*發展社會學*　台北：桂冠圖書公司。

馬康莊與陳信木譯　1989　*社會學理論*　台北：巨流圖書。

丁庭宇與馬康莊譯　1986　Richard E. Barrett and Martin King Whyte著　「依賴理論與台灣：一個異例的分析」　*台灣社會變遷的經驗*　台北：巨流圖書。

蕭新煌編　1985　*低度發展與發展*　台北：巨流圖書。

蔡明哲　1987　*社會發展理論*　台北：巨流圖書。

林嘉誠　1992　*社會變遷與社會運動*　台北：黎明文化事業。

李茂興與徐偉傑譯　1998　Malcolm Waters著　*全球化*（*Globalization*）　台北：弘智出版。

二、英文部分

Anthony Giddens. 1994. Sociology. Cambridge: Polity Press.

Baran, Paul. 1957. *The Political Economy of Growth*. New York: Monthly Review.

Bellah, Robert N.. 1957. *Tokugawa Religion*. Boston: Beacon.

Blumer, Herbert. 1990. *Industrialization as an Agent of Social Change: A Critical Analysis*. New York: Aldine de Gruyter.

Boudon, Raymond. 1984. *Theories of Social Change: A Critical Appraisal*. London: Polity Press.

Chodak, Szymon. 1973. *Societal Development*. New York: Oxford.

Coser, Lewis. 1956. *The Functions of Social Conflict*. Glencoe, IL: Free Press.

Dahrendorf, Ralf. 1959. *Class and Class Conflict in Industrial Society*. Stanford,

CA: Stanford University Press.

Daniel Bell. 1976. The Coming of Post-industrial Society. New York: Basic Books.

David Held and Anthony McGrew. 2007. Globalization Theory: Approaches and Ccontroversies. Cambridge, Massachusetts: Polity Press.

Dos Santos, T.. 1970. "The Structure of Dependence" in *American Economic Review*. 60: 231-236.

Emmanuuel, Arghiri. 1974. "Myths of Development Versus Myths of Underdevelopment" in *New Left Review*. 85: 61-82.

Frank, Ander G.. 1969. *The Development of Underdevelopment*. New York: Monthly Review.

Frank Webster. 2002. Theories of the Information Society. Cambridge: Routledge.

Furtado, Celso. 1964. *Development and Underdevelopment*. Berkeley, CA: University of California Press.

Furtado, Celso. 1971. *The Sociology of Development and the Underdevelopment of Sociology*. London: Pluto Press.

Hagen, Everett E.. 1962. *On the Theory of Social Change: How Economic Growth Begins*. Homewood, IL: Dorsey Press.

Hayter, Theresa. 1971. *Aid as Imperialism*. Harmondsworth: Penguin.

Inkeless, Alex. 1964. "Making Modern Men" in *Social Change* ed. by Amitai and Eva Etzioni. pp.342-361. New York: Basic Books.

Jan Aart Scholte. 2000. Globalization: A Critical Introduction. London: MacMillan.

Kenichi Ohmae. 1989. "Managing in a Borderless World" in *Harvard Business Review*. 67: 152-161.

Kenichi Ohmae. 1994. The Borderless World: Power and Strategy in the Global Marketplace. New York: Harper Collins.

Kerr, Clark, J. T. Dunlop, F. H. Harbison, and C. A. Myers. 1964. *Industrialism and Industrial Man*. New York: Oxford.

Lenski, G.. 1976. "History and Social Change" in *American Journal of Sociology*. 82(3): 548-64.

Lenski, Gerhard E. and J. Lenski. 1974. *Human Societies: An Introduction to Macrosociology*. New York: McGraw Hill.

Lipset, S. M.. 1963. "Economic Development and Democracy" in *Political Man* by S. M. Lipset. pp.27-63 Garden City, NY: Anchor.

Logos-Matus, Gustavo. 1963. *International Stratification and Underdeveloped Countries*. Chapel Hill, NC: University of North Carolina Press.

Martin, Kurt. 1991. *Strategies of Economic Development: Readings in the Political Economy of Industrialization*. London: Macmillan Academic and Professional Ltd.

McClelland, David. 1961. *The Achieving Society*. Princeton, NJ: Van Nostrand.

Moore, Wilbert E.. 1974. *Social Change*. Englewood Cliffs, NJ: Prentice-Hall.

Nisbet, R.. 1969. *Social Change and History*. New York: Oxford University Press.

Parsons, Talcott and Edward A. Shils. 1951. "Values, Motives and Systems of Actions." in *Toward A General Theory of Action* eds. by Talcott Parsons and Edward A. Shils.

Parsons, Talcott. 1960. *Structure and Process in Modern Societies*. Chicago: Free Press.

Parsons, Talcott. 1966. *Societies: Evolutionary and Comparative Perspectives*. Englewood Cliffs: Prentice-Hall.

Rostow, Walt W.. 1961. *The Stages of Economic Growth: A Non-Communist Manifesto.* New York: Cambridge.

Sahlins, Marshall and E. Service (eds.). 1960. *Evolution and Culture.* Ann Arbor, MI: University of Michigan Press.

Smith, Anthony. 1973. *The Concept of Social Change: A Critique of the Functionalist Theory of Social Change.* London: Routledge.

Snyder, David and Edward Kick. 1979. "Structural Position in the World System and Economic Growth 1955-1970: A Multiple Network Analysis of Transnational Interactions" in *American Journal of Sociology.* 84: 1096-1126.

So, Alvin Y.. 1990. *Social Change and Development.* London: Sage Publications.

Sundrum, R. M.. 1990. *Economic Growth in Theory and Practice.* London: The Macmillan Press Ltd.

Sztompka, Piotr. 1993. *The Sociology of Social Change.* Cambridge: Blackwell.

Steward, Julian H.. 1975 (1955). *Theory of Culture Change.* Urbana, IL: University of Illinois Press.

Thirlwall, A. P.. *Growth and Development.* 4th edition. London: Macmillan Education Ltd.

Vago, Steven. 1982. *Social Change.* New York: Holt, Rinehart and Winston.

Weiner, Muron. 1966. "Introduction." in *Modernization: The Dynamics of Growth* ed. by M. Weiner. pp. 1-14. New York: Basic.

White, Leslie. 1959. *The Revolution of Culture.* New York: McGraw Hill.

第九章

一、中文部分

朱志宏　1983　*公共政策概論*（二版）　台北：三民書局。

張笠雲　1990　*組織社會學*（二版）　台北：三民書局。

周育仁　1993　*政治與經濟之關係*　台北：五南圖書。

林水波與張世賢　1989　*公共行政*（四版）　台北：五南圖書。

宋鎮照　1993　「依賴發展的政治經濟分析」　*思與言*　第31卷　第2期　51-87頁。

李美枝　1980　*社會心理學*（三版）　台北：大洋出版社。

朱雲漢與黃德福　1989　*建立台灣政治經濟新秩序*　台北：國家政策研究資料中心。

二、英文部分

Alfano, G. and Gerald Marwell. 1981. "Experiements on the Provision of Public Goods III: Non-divisibility and Free Riding in Real Group" in *Social Psychology Quarterly*. 43: 300-309.

Barry, Brian and Russell Hardin. 1982. *Rational Man and Irrational Society*. Beverly Hills, CA: Sage.

Bayes, Jane H.. 1982. *Ideologies and Interest-Group Politics: The United States as a Special-Interest State in the Global Economy*. Novato, CA: Chandler & Sharp.

Berry, Jerry. 1984. *The Interest Group Society*. Boston: Little, Brown.

Bray, M.. 1982. "Learning, Estimation, and the Stability of Rational Expectations" in *Journal of Economic Theory*.

Cawson, A.. 1987. *Blackwell Encyclopaedia of Political Thought*. Oxford: Blackwell.

Chalmers, D. A.. 1988. "Corporatism and Comparative Politics" in *Comparative Politics in the Post-behavioral Era* eds. by L. Cantori and A. Ziegler, Jr.. pp. 134-158. Boulder, CO: Lynne Rienner.

Deaux, Kay and L. S. Wrightsman. 1983. *Social Psychology in the 80's*. 4th edition. Monterey, CA: Brooks/Cole.

Evans, Peter. 1979. *Dependent Development: The Alliance of Multinational, State and Local Capital in Brazil*. Princeton, NJ: Princeton University Press.

Hardin, Reuusell. 1982. "Collective Action as an Agreeable n-Prisoner's Dilemma" in *Rational Man and Irrational Scoeity*? eds. by Brian Barry and R. Hardin. pp. 121-136. Beverly Hills, CA: Sage Publications.

James S. Coleman. 1990. Foundations of Social Theory. Cambridge, MA: Harvard Univ. Press.

Knoke, David. 1990. *Organizing for Collective Action: The Political Economy of Associations*. New York: Aldine de Gruyter.

Locke, E. A.. 1976. "The Nature and Causes of Job Satisfaction" in *Handbook of Industrial and Organizational Psychology* ed. by M. D. Dunnette. Chicago: Rand McNally.

Luce, R. D. and H. Raiffa. 1957. *Games and Decisions*. New York: Wiley and Sons, Inc.

March, J. G. and H. A. Simon. 1958. *Organizations*. New York: John Wiley & Sons, Inc.

Marks, Gary W.. 1988. "STATE-Economy Linkages in Advanced Industrialized Societies" in *Political Economy in Western Democracies* eds. by N. Vig and S. Schier. New York: Holmes & Meier.

Marwell, Gerald and Ruth E. Ames. 1981. "Economists Free Ride, Does Anyone Else: Experiemens on the Provision of Public Goods IV" in *Journal of*

Public Economics 15: 295-310.

Maslow, A. H.. 1954. *Motivation and Personality*. New York: Harper & Row.

Mead, G. H.. 1938. The Philosophy of the Act. Chicago: Chicago University Press.

Michesls, Robert. 1966. *Political Parties*. New York: Free Press.

Mueller, Dennis C.. 1989. *Public Choice II*. New York: Cambridge University Press.

Olson, Mancur. 1965. *Logic of Collective Action: Public Good and the Theory of Groups*. Cambridge: Harvard University Press.

Parsons, Talcott. 1937. *The Structure of Social Action*. New York: Free Press.

Parsons, T.. 1937. The Structure of Social Action, New York: McGraw-Hill.

Reisman, David. 1990. *Theories of Collective Action: Downs, Olson and Hirsch*. London: The Macmillan Press.

Salisbury, Robert H.. 1975. "Interest Grop" in *Handbook of Political Science* ed. by Fred I. Greenstein and Nelson W. Polsby. Vol. 4. pp. 171-228. Reading, MA: Addison-Wesley.

Schmitter, Philiooe. 1974. "Still the Century of Corporatism?" in *The New Corporatism: Social and Political Structures in Iberian World* eds. by F. B. Pike and T. Stritch. Notre Dame: University of Note Dame.

Skocpol, T. et al.. 1985. *Bringing the State Back In*. Cambridge: Cambridge University Press.

Stogdill, R. M.. 1974. "Personal Factors Associated with Leadership" in *Journal of Psychology*. pp. 36-71.

Williamson, Peter J.. 1989. *Corporatism in Perspective: An Introductory Guide to Corporatist Theory*. London: Sage.

Walliser, Bernard. 1989. "Instrumental Rationality and Cognitive Rationality" in

Theory and Decision. 27: 7-36.

Webber, M.. 1968. Economy and Society. New York: Badminster.

Wilson, Frank L.. 1987. *Interest Group Politics in France*. Cambridge: Cambridge University Press.

Wilson, Graham K.. 1990. *Interest Groups*. Cambridge, MA: Blackwell.

國家圖書館出版品預行編目資料

發展政治經濟學／宋鎮照著. -- 二版. --
臺北市：五南圖書出版股份有限公司，
2019.09
　面；　公分
ISBN 978-957-763-202-9（平裝）

1.政治經濟學

550.1657　　　　　　　107021440

1M57

發展政治經濟學

作　　　者 ― 宋鎮照（78）

編輯主編 ― 劉靜芬

責任編輯 ― 林佳瑩、王者香、李孝怡、蔡琇雀

封面設計 ― 姚孝慈

出　版　者 ― 五南圖書出版股份有限公司

發　行　人 ― 楊榮川

總　經　理 ― 楊士清

總　編　輯 ― 楊秀麗

地　　　址：106臺北市大安區和平東路二段339號4樓

電　　　話：(02)2705-5066

網　　　址：https://www.wunan.com.tw

電子郵件：wunan@wunan.com.tw

劃撥帳號：01068953

戶　　　名：五南圖書出版股份有限公司

法律顧問　林勝安律師

出版日期　1995年9月初版一刷（共七刷）
　　　　　2019年9月二版一刷
　　　　　2024年11月二版二刷

定　　　價　新臺幣380元

經典永恆·名著常在

五十週年的獻禮——經典名著文庫

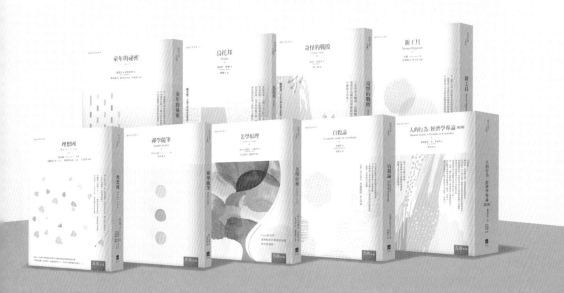

五南，五十年了，半個世紀，人生旅程的一大半，走過來了。

思索著，邁向百年的未來歷程，能為知識界、文化學術界作些什麼？

在速食文化的生態下，有什麼值得讓人雋永品味的？

歷代經典·當今名著，經過時間的洗禮，千錘百鍊，流傳至今，光芒耀人；

不僅使我們能領悟前人的智慧，同時也增深加廣我們思考的深度與視野。

我們決心投入巨資，有計畫的系統梳選，成立「經典名著文庫」，

希望收入古今中外思想性的、充滿睿智與獨見的經典、名著。

這是一項理想性的、永續性的巨大出版工程。

不在意讀者的眾寡，只考慮它的學術價值，力求完整展現先哲思想的軌跡；

為知識界開啟一片智慧之窗，營造一座百花綻放的世界文明公園，

任君邀遊、取菁吸蜜、嘉惠學子！